Doze lições sobre a história

Coleção
HISTÓRIA & HISTORIOGRAFIA

Antoine Prost

# Doze lições sobre a história

TRADUÇÃO

Guilherme João de Freitas Teixeira

2ª edição
7ª reimpressão

**autêntica**

Copyright © 1996 Éditions du Seuil.
Copyright © 2008 Autêntica Editora Ltda.

Título original: *Douze leçons sur l'histoire*

Todos os direitos reservados pela Autêntica Editora. Nenhuma parte desta publicação poderá ser reproduzida, seja por meios mecânicos, eletrônicos, seja via cópia xerográfica, sem a autorização prévia da Editora.

COORDENADORA DA COLEÇÃO HISTÓRIA E HISTORIOGRAFIA
Eliana de Freitas Dutra

EDITORA RESPONSÁVEL
Rejane Dias

REVISÃO TÉCNICA
Vera Chacham

REVISÃO
Aiko Mine

CAPA
Teco de Souza
(Sobre imagem de Puvis de Chavannes. *Le Bois sacré* [detalhe]. Grand amphithéâtre de la Sorbonne, Paris. Archives Giraudon.)

DIAGRAMAÇÃO
Tales Leon de Marco

**Dados Internacionais de Catalogação na Publicação (CIP)**
**(Câmara Brasileira do Livro)**

Prost, Antoine, 1933- .
Doze lições sobre a história / Antoine Prost ; [tradução de Guilherme João de Freitas Teixeira]. – 2. ed.; 7. reimp. – Belo Horizonte : Autêntica Editora , 2024. -- (Coleção História e Historiografia, 2)

Título original: Douze leçons sur l'histoire.
Bibliografia.
ISBN 978-85-7526-348-8

1. Historiografia 2. História - Metodologia I. Título.

08-07528                                                              CDD-907.2

Índices para catálogo sistemático:
1. Historiografia 907.2

**Belo Horizonte**
Rua Carlos Turner, 420
Silveira . 31140-520
Belo Horizonte . MG
Tel.: (55 31) 3465 4500

**São Paulo**
Av. Paulista, 2.073, Conjunto Nacional,
Horsa I. Salas 404-406 . Bela Vista
01311-940 . São Paulo . SP
Tel.: (55 11) 3034 4468

www.grupoautentica.com.br
SAC: atendimentoleitor@grupoautentica.com.br

# SUMÁRIO

Introdução.................................................................. 7

Capítulo I – A história na sociedade francesa
(séculos XIX e XX).................................................... 13

Capítulo II – A profissão de historiador......................... 33

Capítulo III – Os fatos e a crítica histórica.................... 53

Capítulo IV – As questões do historiador...................... 75

Capítulo V – Os tempos da história.............................. 95

Capítulo VI – Os conceitos......................................... 115

Capítulo VII – A história como compreensão............... 133

Capítulo VIII – Imaginação e atribuição causal............ 153

Capítulo IX – O modelo sociológico............................ 169

Capítulo X – A história social..................................... 189

Capítulo XI – Criação de enredos e narratividade........ 211

Capítulo XII – A história se escreve............................ 235

Conclusão – Verdade e função social da história......... 253

Referências............................................................. 273

Lista dos textos em destaque.................................... 286

# Introdução

Se é verdade – aliás, este estudo tenta fazer tal demonstração – que a história depende da posição social e institucional de quem a escreve, não ficaria bem ocultar o contexto em que estas reflexões foram elaboradas; tendo surgido de um curso, o título deste livro – *Lições sobre a história* – é utilizado em seu sentido próprio.

Com efeito, a formação dos estudantes em história inclui, tanto na universidade da qual sou professor quanto em um grande número de outras, o ensino de historiografia ou de epistemologia que, através de diferentes abordagens, visa suscitar um olhar crítico sobre o que se faz quando se pretende fazer história. Esse ensino inscreve-se, por sua vez, em uma tradição secular: antes de ter sido professado, em seu tempo, por Pierre Vilar ou Georges Lefebvre, ele havia sido inaugurado em 1896-1897, na Sorbonne, por Charles-Victor Langlois e Charles Seignobos, cujo curso foi publicado, em 1897, com o título – que teríamos adotado de bom grado – *Introduction aux études historiques*.

No entanto, trata-se de uma tradição frágil e ameaçada; até o final da década de 1980, na França, a reflexão metodológica sobre a história foi considerada inútil. É verdade que alguns historiadores, tais como Ch.-O. Carbonell, F. Dosse, F. Hartog, O. Dumoulin e ainda outros, chegaram a manifestar interesse pela história da história, mas eles deixaram a reflexão epistemológica nas mãos dos filósofos (R. Aron, P. Ricœur). É significativo que, atualmente, as únicas obras de síntese disponíveis em livraria sejam iniciativas oriundas do exterior: o livro *Histoire et mémoire*, de J. Le Goff, foi publicado, inicialmente, em italiano; por sua vez, o compêndio de E. Carr deve-se a *George Macaulay Trevelyan lectures de Cambridge*, assim como o livrinho – que continua sendo notável – de H.-I. Marrou, *De la connaissance historique*, contendo as aulas administradas em Louvain, na cátedra Cardinal-Mercier. Os inspiradores da escola dos *Annales* – F. Braudel, E. Le Roy Ladurie, F. Furet, P. Chaunu – multiplicaram as coletâneas de artigos ou promoveram a publicação de obras coletivas, por exemplo, aquelas organizadas por J. Le Goff e P. Nora; no entanto, Marc Bloch, com seu livro *Apologie pour l'histoire* – infelizmente, inacabado – foi o único que se empenhou em explicar o ofício de historiador.

Aliás, essa é a consequência de uma atitude deliberada: até aqui, os historiadores franceses haviam feito pouco caso das considerações gerais. Para L. Febvre, "filosofar" constituía "o crime capital";[1] na aula inaugural no *Collège de France*, ele já havia observado que "os historiadores não possuem grandes necessidades filosóficas". E, para confirmar sua afirmação, citava o "depoimento irônico" do poeta Charles Péguy (1988):

> Habitualmente, os historiadores fazem história sem meditar a respeito dos limites, nem das condições dessa matéria. Sem dúvida, eles têm razão; é preferível que cada um exerça seu ofício. De maneira geral, um historiador deveria começar por fazer história sem delongas: caso contrário, nunca conseguirá fazer seja lá o que for![2]

Tal postura vai além da simples divisão das tarefas: mesmo que lhes fosse oferecida tal oportunidade, inúmeros historiadores recusariam empreender uma reflexão sistemática sobre sua disciplina. Tal rejeição relativa às filosofias sobre a história é considerada por Philippe Ariès, em seu livro *Le temps de l'histoire*, como "uma insuportável vaidade": "Elas são ignoradas ou postas de lado, deliberadamente, com um simples dar de ombros, como se tratasse de falatório teórico de amadores sem competência: a insuportável futilidade do técnico que permanece confinado dentro de sua técnica, sem nunca ter tentado observá-la de fora!" (ARIÈS, 1986 p. 216).

Abundam as declarações para confirmar a pertinência desse depoimento. Tendo frequentado assiduamente os historiadores, sem se eximir de criticá-los, Paul Ricœur – em sua obra, *Temps et Récit*, I – cita a este propósito, de forma um tanto pérfida, Pierre Chaunu:

> A epistemologia é uma tentação que deveria ser afastada resolutamente [...] No máximo, admite-se que seja oportuno que essa tarefa seja

---

[1] Resenha do livro de Marc Bloch, *Apologie pour l'histoire*, na *Revue de métaphysique et de morale* (LVII, 1949), em *Combats pour l'histoire* (FEBVRE, 1953, p. 419-438): "O autor não poderá ser acusado de filosofar – o que significa, na boca de um historiador, estejamos certos disso, o crime capital" (p. 433).

[2] Ver a aula de Lucien Febvre em Combats pour l'histoire (1953, p. 3-17; em particular, p. 4).

> executada por alguns mentores – não é esse, absolutamente, nosso caso, nem alimentamos tal desejo – a fim de que os robustos artesãos de um conhecimento em construção – aliás, essa seria a nossa única pretensão – fiquem mais bem preservados das perigosas tentações da mórbida Cápua. (RICŒUR, 1983-1985, p. 171)

Com efeito, os historiadores franceses adotam, naturalmente, a postura de um modesto artesão: para a foto de família, eles posam em seu ateliê e exibem-se como homens de ofício que, após uma longa aprendizagem, dominam os recursos de sua arte. Elogiam a beleza da obra e valorizam a habilidade, em vez das teorias de que estão entulhados – em sua opinião, inutilmente – os colegas sociólogos. Inúmeros são aqueles que, no começo de seus livros, se eximem de definir – tarefa considerada obrigatória pelos colegas alemães – os conceitos e os esquemas de interpretação utilizados. Por maior força de razão, eles julgam que a elaboração de uma reflexão sistemática sobre sua disciplina é algo de pretensioso e perigoso: isso corresponderia a reivindicar uma posição de fundador de escola que é uma atribuição rejeitada por sua modéstia – mesmo que seja fingida – e que, sobretudo, deixá-los-ia expostos à crítica, nem um pouco benevolente, de colegas que, eventualmente, pudessem ter a impressão de que eles pretendem ensinar-lhes o ofício. Segundo parece, a reflexão epistemológica atenta contra a igualdade dos "mestres" da corporação; eximir-se de levá-la a efeito é uma forma de evitar, por um lado, perder seu tempo e, por outro, expor-se às críticas dos pares.

Felizmente, essa atitude está em via de mudar. A indagação metodológica tornou-se mais frequente, tanto nas revistas mais antigas – por exemplo, a *Revue de synthèse* –, quanto nas mais recentes, como *Genèses*. Por sua vez, em seu sexagésimo aniversário, a revista dos *Annales* retomou uma reflexão que, desde então, continua a ser elaborada.

É verdade que se alterou a conjuntura do fazer história. O complexo de superioridade dos historiadores franceses, orgulhosos de pertencerem, em maior ou menor grau, à escola dos *Annales* – cuja excelência, supostamente, é elogiada pelos historiadores do mundo inteiro – começou a tornar-se, não propriamente irritante, mas injustificado. A historiografia francesa fragmentou-se e três questões têm lançado a dúvida relativamente a suas antigas certezas. Assim, as tentativas de síntese aparecem como ilusórias e votadas ao fracasso; a ênfase é atribuída, neste momento, às micro-histórias e monografias sobre temas cujo inventário permanece ilimitadamente aberto. Por outro lado, a pretensão científica – compartilhada, apesar de seu desacordo, por Seignobos e Simiand – vacila sob os efeitos de um subjetivismo que incorpora a história à literatura; o universo das representações desqualifica o dos fatos. Por último, o empreendimento unificador de Braudel e dos defensores de uma história total que fosse capaz de recapitular a contribuição de todas as outras ciências sociais redundou em uma crise de confiança: à força de servir-se de questões, conceitos e métodos que ela pede de empréstimo à economia, sociologia, etnologia e linguística, a história passa, hoje em dia, por uma crise de identidade que suscita a reflexão. Em poucas palavras, F. Dosse transformou, acertadamente, essa constatação em título de um livro: a história encontra-se, atualmente, "em migalhas".

Neste novo contexto, um livro de reflexão sobre a história nada tem a ver com o manifesto de uma escola. Em vez de uma tomada de posição teórica, destinada a valorizar determinadas formas de história, desvalorizando as outras, trata-se de participar de uma reflexão comum para a qual todos os historiadores estão convidados; atualmente, nenhum deles pode evitar o confronto entre o que julga fazer e o que faz.

Posto isto, não vale dissimular que esta reflexão empreendeu, aqui, o itinerário didático de um curso destinado a estudantes universitários do primeiro ciclo. Tive prazer de apresentá-lo repetidas vezes; minha impressão é a de que ele correspondia a uma expectativa, até mesmo, a uma necessidade. Portanto, resolvi ordená-lo e introduzir notas de referência, ou seja, torná-lo mais consistente e aprimorá-lo, sem perder de vista seu público-alvo. Resolução que implica evidentes serventias: o leitor tem o direito de esperar, por exemplo, determinadas informações mais pertinentes sobre aspectos peculiares aos historiadores experientes, a crítica histórica de acordo com Langlois e Seignobos, ou os três tempos da história segundo Braudel. Do mesmo modo, para garantir a nitidez do texto, tive de sacrificar algumas liberdades de estilo e todas as alusões.

Naturalmente, como qualquer professor, elaborei estas aulas a partir de reflexões elaboradas por outros. Tive um verdadeiro prazer na leitura de Lacombe, Seignobos, Simiand, Bloch, Febvre, Marrou; ou, entre os autores do exterior, Collingwood, Koselleck, Hayden White, Weber e ainda muitos outros – seria impossível mencionar o nome de todos. O desejo de fazer compartilhar este prazer levou-me a apresentar longas citações, integrando-as no meu próprio texto; de fato, pareceu-me destituído de interesse repetir bem, pessoalmente com menos qualidade, o que já havia sido afirmado com brilhantismo por uns, com humor por outros, e com pertinência, por todos. Daí, os "boxes" que não deverão ser postos de lado pelo leitor afobado em chegar à conclusão: tais textos constituem, muitas vezes, etapas essenciais da argumentação.

Como se pode ver, em vez de um manifesto pretensioso ou de um ensaio brilhante, este livro é uma modesta reflexão com o objetivo de ser útil: eis uma ambição de que sou capaz de avaliar a amplitude. Além disso, trata-se de uma forma, semelhante a outras, de reencontrar a postura – tão apreciada pelos historiadores franceses – do artesão que explica o ofício aos aprendizes...

CAPÍTULO I

# A história na sociedade francesa (séculos XIX e XX)

## A história é o que fazem os historiadores

Em vez de uma essência eterna, de uma ideia platônica, a disciplina chamada história é uma realidade, em si mesma, histórica, ou seja, situada no tempo e no espaço, assumida por homens que se dizem historiadores e que são reconhecidos como tais, além de ser aceita como história por diversos públicos. Em vez de uma história *sub specie aeternitatis*, cujas características tivessem atravessado, sem qualquer alteração, as vicissitudes do tempo, existem diferentes produções que os contemporâneos de determinada época estão de acordo em considerar como história; ou seja, antes de ser uma disciplina científica – segundo sua pretensão e, até certo ponto, conforme ela o é efetivamente –, a história é uma prática social.

Essa afirmação pode tranquilizar o historiador que empreende uma reflexão sobre sua disciplina, na medida em que o remete ao que ele está acostumado a fazer: o estudo de um grupo profissional, de suas práticas e de sua evolução. Existem grupos de historiadores que reivindicam tradições, constituem escolas, reconhecem normas constitutivas de seu ofício comum, obedecem a uma deontologia, além de praticarem rituais de incorporação e exclusão. Os homens e as mulheres que se consideram historiadores – cuja união ocorre, efetivamente, pela consciência de pertencer a essa comunidade – fazem história para um público que os lê ou escuta, discute com eles e acha seu trabalho interessante. Certamente, eles são estimulados, também, pela curiosidade intelectual, pelo amor pela verdade e pelo culto à ciência; no entanto, seu reconhecimento social, assim como sua subsistência, dependem da sociedade que lhes atribui um *status* e lhes garante uma remuneração. Portanto, um duplo reconhecimento – pelos pares e pelo público – consagra o historiador como tal.

Eis por que os textos historiográficos dos historiadores estão relacionados com uma história indissociavelmente social e cultural. A opinião dos historiadores de determinada época ou escola sobre sua disciplina é suscetível de uma dupla leitura: a primeira, ao pé da letra, empenha-se na concepção da história definida por seus textos; e a outra, mais distanciada, atenta ao contexto da história, decifra sua exposição metodológica ao identificar as múltiplas implicações desses documentos. Por exemplo, o célebre livro de Langlois e Seignobos, *Introduction aux études historiques*, correspondeu, em um primeiro plano, a um discurso do método em que a análise das diversas formas de crítica histórica conserva um interesse por si mesmo; em um segundo nível, tal obra remetia a um contexto intelectual, inclusive, político, dominado pelas ciências experimentais à maneira de Claude Bernard,[3] enquanto a emergência da sociologia durkheimiana – ao preconizar a aplicação de um rigoroso método experimental aos fatos sociais – ameaçava a pretensão científica da história em seu próprio fundamento.

Assim, os historiadores que escrevem sobre a história – e, neste aspecto, não estamos fora do destino comum – estariam condenados a situar-se em relação a seus predecessores e seus contemporâneos da mesma disciplina, mas também em relação às corporações científicas semelhantes, com as quais a história mantém uma inevitável competição pelo controle de um campo simultaneamente científico e social. Além disso, eles devem levar em consideração a sociedade em seu conjunto e em seus segmentos que, afinal, são os destinatários de seu trabalho e para quem essa história tem, ou não, sentido. Como a história é, antes de ser uma prática científica, uma prática social ou, mais exatamente, como seu objetivo científico é, também, uma forma de tomar posição e adquirir sentido em determinada sociedade, a epistemologia da história é, por sua vez, em parte, uma história; o que é ilustrado, de maneira exemplar, pelo caso francês.

## A história na França: uma posição privilegiada

No universo cultural e social dos franceses, a história ocupa uma posição eminente. Em parte alguma, ela está tão presente nos discursos políticos ou nos comentários dos jornalistas; em parte alguma, ela se beneficia de um *status* tão prestigioso. A história é a referência obrigatória, o horizonte incontornável de toda a reflexão. Já se afirmou que ela era uma

---

[3] Fisiologista (1813-1878), seu livro *Introdução ao estudo da medicina experimental* (1865) definiu os princípios fundamentais de toda a pesquisa científica. (N.T.).

"paixão francesa" (JOUTARD, 1993);[4] talvez fosse possível até considerá-la como uma afecção contagiosa no plano nacional.

Prestemos atenção, por exemplo, às vitrines das livrarias: as coleções de história destinadas ao grande público aparecem aí em maior número e são mais importantes que no exterior. Além das editoras universitárias e dos editores especializados, a história suscita o interesse das grandes editoras – Hachette, Gallimard, Fayard, Le Seuil, Plon, sem esquecer Flammarion, nem Aubier-Montaigne, etc. – as quais possuem uma ou várias coleções na área da história. Algumas dessas coleções, tais como as biografias publicadas pela Editora Fayard, têm sido verdadeiros sucessos; por outro lado, determinados títulos – por exemplo, o livro de E. Le Roy Ladurie, *Montaillou, village occitan* – chegaram a atingir, sem dúvida, uma tiragem superior a 200.000 mil exemplares.[5] Do mesmo modo, as revistas especializadas em história – *Le Miroir de l'histoire*, *Historia* (vendas em 1980: 155.000 exemplares), *Historama* (195.000), *L'Histoire,* etc. – vendem-se bem nas bancas de jornais das estações ferroviárias. Com uma tiragem total de 600.000 exemplares, contra 30.000 no Reino Unido, a imprensa de vulgarização de temas históricos, que não se restringem a assuntos de pouca importância, garante a audiência do grande público, ao passo que Alain Decaux "relata" a história na televisão, desde 1969, com um sucesso tal que, após dez anos, lhe abriu as portas da *Académie Française*. Portanto, não é surpreendente a porcentagem de franceses que, em 1983, afirmaram seu "interesse" (52%) e sua "paixão" (15%) pela história.[6]

O argumento extraído desse sucesso de audiência não é, entretanto, decisivo. O fato de que a história tenha um maior número de leitores ou curiosos, em relação à sociologia ou à psicologia, estabelece, entre essas disciplinas, uma diferença de grau e não de natureza; tal constatação não prova que ela se beneficie de um *status* específico ou de uma posição particular no campo cultural francês. Ora, aí se encontra o essencial: a função à parte que a história desempenha, na França, constitui um papel decisivo.

---

[4] Tendo analisado a produção de obras históricas, o autor faz recuar ao século XVI a constituição de uma memória nacional; pelo contrário, ao atribuirmos um papel mais importante ao ensino, nossa análise privilegia a Revolução Francesa e o século XIX na institucionalização dessa memória.

[5] Segundo as indicações do editor, a tiragem desse livro havia atingido, em janeiro de 1989, 188.540 exemplares; por sua vez, o livro de Georges Duby, *Le Temps des cathédrales*, tinha tido uma tiragem de 75.500 exemplares. Ver CARRARD, 1982, p. 16.

[6] Sondagem da revista *L'Express*, ver JOUTARD, 1993, p. 511.

Para ilustrar essa constatação, vou basear-me em uma frase, cujo interesse é o de parecer evidente. Afirmação de bom senso que se impõe, por si só, sem que alguém tenha vontade de questioná-la; e, por acréscimo, qualificada por ter sido proferida pela maior autoridade do Estado. Em 1982, por ocasião de um Conselho de Ministros em que havia sido evocado o problema do ensino da história, o presidente Mitterrand recebeu uma aprovação unânime ao declarar: "Um povo que não ensina sua história é um povo que perde sua identidade".

Nessa afirmação, o interessante não é, em primeiro lugar, sua falsidade, aliás, confirmada por uma simples olhadela lançada para fora do Hexágono[7]: apesar da posição marginal, inclusive inexistente, do ensino da história em numerosos países – a começar pelos EUA e a Grã-Bretanha –, seus habitantes não deixam de manifestar um sentimento bastante vigoroso de identidade nacional. Nos EUA, por exemplo, em toda a escolaridade até os dezoito anos, o lugar da história reduz-se, em geral, a um só curso, administrado durante um único ano. De fato, a construção da identidade nacional pode servir-se de um grande número de outros expedientes, além da história. Inversamente, esta não consegue desenvolver, automaticamente, a identidade tão cobiçada: a independência da Argélia foi empreendida por homens que, durante a infância, haviam aprendido a história da França, repetindo "Nossos antepassados, os gauleses...". Em decorrência exatamente dessa generalidade, a afirmação do ex-presidente da República é errônea.

Contudo, ela não deixa de ser bastante significativa por duas razões: em primeiro lugar, ninguém ousou apontar, nem mesmo de forma respeitosa, o erro do presidente. De fato, ele não havia manifestado uma opinião pessoal: limitara-se a exprimir o ponto de vista correntemente aceito, uma banalidade. Entre os franceses, existe unanimidade para considerar que sua identidade – e, praticamente, sua existência nacional – passa pelo ensino da história: "Uma sociedade que, insensivelmente, retira a história de suas escolas é suicida".[8] Nada menos...

Nosso intuito, aqui, não é discutir tal convicção: ao passar por outras vias, a identidade nacional não exclui que, na França, ela esteja enraizada, efetivamente, em uma cultura histórica. O importante é que, fundamentado

---

[7] Metonímia aplicada ao território francês, cuja configuração geográfica faz lembrar essa figura geométrica. (N.T.).

[8] Editorial da revista *L'Histoire*, janeiro de 1980, citado em *Historiens et Géographes*, n. 277, fev./mar. 1980, p. 375.

ou não, o consenso francês em torno da função identitária da história acaba investindo os historiadores da mais importante e prestigiosa de todas as missões; seu *status* na sociedade encontra-se enaltecido, seja qual for o preço a pagar por esse prestígio redobrado.

Em segundo lugar, ninguém se espantou que o chefe de Estado tivesse decidido exprimir sua opinião sobre o ensino da história; para os franceses, parece ser evidente que isso faça parte dos deveres de sua função. A França é, sem dúvida, o único país no mundo em que o ensino da história é uma questão de Estado, evocada como tal no Conselho de Ministros – por exemplo, em 31 de agosto de 1982; melhor ainda, é o único país em que o primeiro-ministro acha que, no exercício de suas funções, não perde seu tempo ao pronunciar o discurso inaugural de um colóquio sobre o ensino da história.[9] Se, porventura, o presidente dos EUA ou o primeiro-ministro britânico adotassem tal procedimento, eles suscitariam entre os jornalistas um espanto parecido ao que seria provocado se esses políticos se pronunciassem sobre a arbitragem de uma partida de futebol. Na França, pelo contrário, a função identitária atribuída ao ensino da história acaba por transformá-lo em uma questão importante da política.

Esse lugar particular da história na tradição cultural francesa aparece, portanto, associado à sua posição no ensino: trata-se, de fato, do único país em que ela constitui uma disciplina obrigatória em todas as seções e em todos os anos da escolaridade obrigatória, ou seja, dos seis aos dezoito anos.[10] A história do ensino da história na França há de esclarecer-nos sobre a função específica que ela desempenha na sociedade francesa, assim como o lugar ocupado em sua tradição cultural.[11]

Deste ponto de vista, a diferença é evidente entre o ensino médio e o fundamental: no primeiro, a história torna-se obrigatória desde 1818; e, no segundo, efetivamente, desde 1880. Ou seja, no século XIX, a história não diz respeito à escola do povo, mas trata-se de um assunto de notáveis.

---

[9] Alusão ao discurso de Pierre Mauroy por ocasião do *Colloque national sur l'histoire et son enseignement*, em Montpellier, em janeiro de 1984 (MINISTÈRE..., 1984, p. 5-13).

[10] Em geral, a história é obrigatória, somente, em uma parte da escolaridade, mais frequentemente nas classes elementares que nas classes superiores.

[11] Nosso intuito não é delinear, propriamente, a história da história no ensino médio e fundamental. Esse tema foi abordado por Paul Gerbod, em relação ao ensino médio, em seu artigo publicado em *L'Information historique* (1965), texto que continua sendo insubstituível; relativamente ao ensino fundamental, cf. o artigo de Jean-Nöel Luc publicado em *Historiens et Géographes* (1985, p. 149-207), assim como a tese de Brigitte Dancel (1996).

# Os usos sociais da história no século XIX

## A história no ensino médio

A introdução precoce da história no ensino médio é tanto mais impressionante pelo fato de que tal operação o distinguia não só do ensino fundamental, mas também do ensino superior: a história foi ensinada nos liceus e colégios muito antes de ser incluída entre as matérias das faculdades. À primeira vista, trata-se de uma defasagem surpreendente, mas que explica a posição central ocupada pelo ensino médio na sociedade francesa. Até a década de 1880, as próprias faculdades de letras estão orientadas para esse ensino: não é verdade que sua principal função consistia em outorgar o *baccalauréat*?[12] Os raros cursos de história eram ministrados a um público mundano, sob uma forma retórica, pelo professor encarregado, simultaneamente, de história universal e geografia mundial; foi necessário esperar pela derrota de 1870[13] e pela chegada dos republicanos para ser constituído, nas faculdades, o ensino científico da história com professores relativamente especializados, de alguma forma historiadores "profissionais".[14]

Em compensação, um papel capital na formação das elites foi desempenhado pelo ensino médio que, bem cedo, entre suas matérias, incluiu a história: após uma tímida aparição nas escolas centrais da Revolução e uma inscrição de princípio nos programas dos liceus napoleônicos, ela se instalou realmente, em 1814, nos programas do ensino médio; e, em 1818, tornou-se matéria obrigatória, à razão de uma aula de duas horas por semana, a começar pela classe de *cinquième* até a classe de *première*. Na sequência, esse ensino passou por várias vicissitudes, sem ter desaparecido:

---

[12] Ou, na forma abreviada, "bac": designa, ao mesmo tempo, os exames e o diploma conferido ao final do 2º ciclo do ensino de 2º grau. Para facilitar a compreensão do texto, apresentamos o quadro da correspondência, aproximada, entre o sistema escolar francês e o sistema escolar brasileiro: a classe de *sixième* corresponde, aproximadamente, à 5ª série; *cinquième* = 6ª série; *quatrième* = 7ª série; *troisième* = 8ª série; *seconde* = 1º ano do 2º grau; *première* = 2º ano do 2º grau; *terminale* = 3º ano do 2º grau; e *baccalauréat* = vestibular. Cf. BOURDIEU, 1998, p. 249. (N.T.).

[13] Diante da Alemanha que sacramenta a queda do 2º Império de Napoleão III, seguida pela proclamação da 3ª República. Para facilitar a compreensão do texto, apresentamos o quadro dos regimes franceses, a partir da Revolução Francesa (1789): 1ª República (1791-1804); 1º Império (1804-abril de 1814) e os Cem Dias (março-junho de 1815); Restauração (1814-1830); Monarquia de Julho (1830-1848); 2ª República (1848-1852); 2º Império (1852-1870); 3ª República (1871-1940); Estado Francês/Vichy (1940-1944); Governo provisório da República (1944-1947); 4ª República (1947-1959); 5ª República (com a proclamação da nova Constituição, em 26 de setembro de 1959). (N.T.).

[14] Em relação a esses aspectos bem conhecidos, ver CARBONELL e KEYLOR.

aliás, todos os homens que, no século XIX, exerceram influência na França, incluindo aqueles que se contentaram com os primeiros anos do ensino médio sem terem atingido o *baccalauréat*, fizeram a matéria de história.

Pelo menos, em princípio. De fato, muitas vezes, verificou-se uma grande diferença entre os programas e a prática nas escolas; além disso, o lugar reservado, oficialmente, à história não coincidiu necessariamente com a posição ocupada, efetivamente, por esta disciplina nos trabalhos e cursos dos colegiais. Convém, portanto, conferir melhor a situação concreta.

Neste aspecto – trata-se da segunda característica interessante para nossa tese –, uma tendência nítida se delineou: o ensino da história emancipou-se, progressivamente, da tutela das humanidades para conquistar sua autonomia e avançar até a época contemporânea, ao passo que a compreensão panorâmica de ordem política e social acabou substituindo a memorização das cronologias e a enumeração dos reinos. Esta dupla evolução dos conteúdos e métodos deveu-se, em grande parte, à especialização progressiva dos professores de história: o princípio de um professor especial foi estabelecido, em 1818 – e confirmado, em 1830 –, pela criação de uma *agrégation*[15] de história que permitiu formar e contratar um pequeno núcleo de historiadores qualificados. Sua supressão pelo Império autoritário,[16] durante o curto período de 1853 a 1860, não chegou a comprometer a constituição do corpo de docentes de história.

Ora, era capital que a história fosse ensinada no curso médio por especialistas; com efeito, ao ser ministrada por professores de letras, ela não passava de uma disciplina auxiliar para o estudo dos clássicos gregos e latinos – daí, o lugar considerável ocupado pela história da Antiguidade – ou, então, para um ensino acessório e subalterno, garantido graças a compêndios, *Elementos de cronologia*, *Resumos*, que expunham, superficialmente, a história universal ou a história da França.

O recurso a professores especializados transformou radicalmente o ensino. A história deixou de estar a serviço dos textos clássicos; a relação inverteu-se de modo que estes se tornaram fontes a serviço da história que, por sua vez, já não se contentava em situar cronologicamente os fatos, autores e monarcas, mas visava compreender a realidade em todos os seus aspectos. A título de exemplo significativo dessa reviravolta, mencionemos as questões de história antiga constantes do programa de *agrégation*, em

---

[15] Concurso destinado a recrutar professores para os liceus e para algumas faculdades. (N.T.).

[16] Eleito triunfalmente para presidente, em 1848, Napoleão III instituiu, três anos depois, um regime presidencial autoritário que se liberalizou a partir de 1860. (N.T.).

1849: o estudo, de acordo com os autores da Antiguidade comparados entre si, das mudanças introduzidas na constituição e na sociedade atenienses, desde o final das Guerras Médicas até Alexandre; a história da ordem dos cavaleiros romanos, desde os Gracos até a morte de Augusto; e o estado moral e político da Gália no momento das invasões, de acordo com os autores contemporâneos (GERBOD, 1965, p. 127). Ora, independentemente de terem preparado o concurso por si mesmos ou na *École normale supérieure* (ENS), os *agrégés*[17] acabaram por dar o tom, apesar de seu reduzido número: 4 a 6 em cada ano e 33 em 1842. Eles eram professores nos liceus mais importantes e seus compêndios – por exemplo, a coleção lançada por Victor Duruy, jovem *agrégé* estudante da ENS, nas vésperas dos acontecimentos de 1848[18] – impuseram uma concepção mais abrangente da história.

O mesmo movimento fortaleceu o lugar reservado à história contemporânea; na verdade, ela nunca tinha sido totalmente excluída. A lista das questões previstas pelo programa de 1840 para o exame de *baccalauréat* – os examinadores não tinham o direito de modificar os termos em que elas haviam sido formuladas – compreendia, por exemplo, 50 questões sobre a história antiga, 22 sobre a história da Idade Média e 23 de história moderna até 1789. Em 1852, a fronteira simbólica da Revolução Francesa foi transposta e a Antiguidade perdeu sua preeminência, limitada a 22 questões, contra 15 sobre a história medieval e 25 sobre a história dos tempos modernos até o 1º Império.

No entanto, tendo sido ministro de 1863 a 1869, Victor Duruy incrementou, de maneira decisiva, a importância dos últimos séculos: em 1863, o programa de retórica incluía o período entre meados do século XVII e 1815; por sua vez, o de filosofia referia-se à Revolução de maneira detalhada e prosseguia até 1863, segundo uma perspectiva amplamente aberta para os outros países e para a história que designaríamos como econômica e social.

---

**1. – Victor Duruy: Algumas questões de seu programa**
24- Rápido desenvolvimento da União Norte-Americana, suas causas. – Descoberta das jazidas auríferas da Califórnia e da Austrália: efeitos da abundância de ouro no mercado europeu. – Guerra entre os Estados

---

[17] Estudante que obteve êxito no concurso de "agrégation", por conseguinte, portador do título de "agrégé" e titular do posto de professor de liceu ou de faculdade. Para o ensino superior na França, consultar: http://www.france.org.br. (N.T.).

[18] As Jornadas de Fevereiro criaram a 2ª República, que estabeleceu o sufrágio universal, assim como a liberdade de imprensa e de reunião. (N.T.).

do Norte e os do Sul. – Situação das antigas colônias espanholas. – Expedição do México. – Tomada de Puebla e ocupação do México [...].

26- Novas características da sociedade moderna:

1° – Relações estreitas estabelecidas entre os povos pelas estradas de ferro e pela navegação a vapor, pelo telégrafo elétrico, pelos bancos e pelo novo regime comercial [...].

2° – Solicitude dos governos pelos interesses materiais e morais do maior número possível de pessoas.

3° – Pela igualdade dos direitos e pela livre expansão da atividade industrial, a riqueza é produzida em maior abundância e se distribui em melhores condições [...]. – Grandeza, não sem perigo, da civilização moderna, necessidade de desenvolver os interesses morais para compensar o imenso desenvolvimento dos interesses materiais. – Participação da França na obra geral de civilização. (PIOBETTA, 1937, p. 834-835)

Revista em várias ocasiões, essa arquitetura dos programas de história subsistiu até 1902; ela se caracterizava por um percurso contínuo dos tempos históricos. Assim, o programa de 1880 reservava 2 horas semanais para o ensino da história antiga, a começar pela classe de *sixième* até a *quatrième*. E depois, 3 horas, nas classes seguintes: a Idade Média, em *troisième*, até o ano 1270; em *seconde*, de 1270 a 1610; em retórica, de 1610 a 1789; e, de 1789 a 1875, em filosofia ou matemática elementar.

A constituição pelos republicanos de um verdadeiro ensino superior na área das letras, nas últimas décadas do século XIX, serviu de coroamento a essa evolução. A *agrégation* tornava-se a via normal de recrutamento de professores especializados, formados daí em diante por historiadores profissionais das faculdades de letras; ela incluía uma iniciação à pesquisa com a obrigação de obter, previamente, o Diploma de Estudos Superiores (1894), predecessor da *maîtrise*.[19] A reforma de 1902 acabou por conferir as características desse ensino, ao estabelecer a distinção entre um primeiro e um segundo ciclos: em cada um, percorre-se a totalidade dos períodos, desde as origens ao tempo presente (DUBIEF, s.d., p. 9-18).[20]

Terceiro aspecto interessante: essa evolução direcionada para uma história mais autônoma, mais contemporânea e mais sintética foi conflitante;

---

[19] Diploma de 2° ciclo, equiparado à graduação plena no Brasil, é outorgado no final do 4° ano universitário. (N.T.)

[20] A estrutura em dois ciclos foi interrompida entre 1935 e 1938. Para uma comparação sistemática dos programas, ver LEDUC; MARCOS-ALVAREZ; LE PELLEC, 1994.

não foi uma evolução linear, mas uma sucessão de avanços e recuos, associados ao contexto político. A introdução da história como matéria obrigatória deveu-se aos constituintes, inspirados pelos ideólogos – por exemplo, Royer-Collard – entre 1814 e 1820. A criação da *agrégation*, seu fortalecimento e a multiplicação das cátedras especializadas caracterizaram a Monarquia de Julho.[21] O Império liberal e, em seguida, a 3ª República consagraram a importância da história nos programas e horários; inversamente, a passagem pelo poder dos ultrarreacionários de 1820 a 1828, assim como o Império autoritário, foram períodos de infortúnio para a disciplina "história".

Com efeito, do ponto de vista político esse ensino não foi neutro. Certamente, de todos os lados, repetia-se que ele deveria evitar as considerações demasiado genéricas e os juízos categóricos; de acordo com seus partidários, ele poderia desenvolver o amor pela religião e pelo trono. Apesar de todos os seus esforços, a história ensinava, por definição, que os regimes e as instituições eram mutáveis; tratava-se de um empreendimento de dessacralização política. A reação podia aceitar uma história reduzida à cronologia, centrada na história sagrada e no passado mais longínquo; ao abordar os tempos modernos, e mesmo detendo-se no patamar de 1789, ela tornava-se suspeita de conivência com o espírito moderno.

Inversamente, os partidários da história assumiram essa função política, conforme vimos mais acima, com o programa de V. Duruy. Os republicanos reafirmaram, ainda com mais nitidez, a mesma posição: "A história da França, em particular, deverá enfatizar o desenvolvimento geral das instituições do qual é oriunda a sociedade moderna; ela deverá inspirar o respeito e o apego aos princípios que servem de alicerce a essa sociedade".[22] O lugar da história no ensino médio remetia explicitamente a uma função política e social: tratava-se de uma propedêutica da sociedade moderna, tal como ela procedia da Revolução e do Império.

## Os historiadores no debate público

Nos liceus e colégios do século XIX, a história foi, assim, um ensino precocemente obrigatório que evoluiu em direção ao contemporâneo e à síntese, graças a professores especializados, através de conflitos que lhe conferiram uma significação política e social. No entanto, convém

---

[21] Período de 1830 a 1848 que corresponde ao reinado de Luís Filipe, marcado pela supremacia política e econômica da burguesia. (N.T.).

[22] Portaria de 12 de agosto de 1880, ver GERBOD, 1965, p. 130.

A HISTÓRIA NA SOCIEDADE FRANCESA (SÉCULOS XIX E XX)

descobrir as razões de tais características: por que motivo esse ensino se tornou obrigatório? Como teria adquirido essa importância?

A resposta não pode ser procurada no próprio ensino já que ele carecia dos méritos pedagógicos que poderiam justificá-lo. A maneira caricatural como a história havia sido ensinada no início do século XIX tenderia a condená-la: o simples aprendizado de listas de datas ou reinados não poderia, de modo algum, servir de formação. A legitimidade e a necessidade relativamente ao ensino da história baseavam-se em outros aspectos, explicando-se por razões semelhantes às que justificaram a posição considerável ocupada pelos historiadores no debate público da época.

Existe aí um paradoxo. Com efeito, o ensino da história nas faculdades inexistia, praticamente, durante os primeiros 75 anos do século XIX; no entanto, nesse período, grandes historiadores acabaram suscitando o interesse do público, promovendo debates e conquistando notoriedade. De fato, em Paris, existiam algumas cátedras de história – em grandes estabelecimentos, tais como o *Collège de France*,[23] *École normale supérieure* e *Sorbonne* –, cujo funcionamento era bastante diferente das faculdades interioranas de letras: seus titulares não se dirigiam a estudantes, mas a uma numerosa audiência culta em uma época em que as reuniões públicas careciam de autorização e a imprensa estava sob controle. Nesses recintos preservados, os cursos de história assumiam, inevitavelmente, um alcance político sublinhado, às vezes, por aplausos. Ocorria que, por sentir-se incomodado, o governo poderia ordenar a suspensão do curso, tal como aconteceu com Guizot, em 1822; a retomada de sua cátedra, em 1828, foi saudada como uma vitória política.

O grupo desses historiadores era impressionante. Ao lado de Guizot, Michelet, Quinet e, mais tarde, Renan e Taine, conviria contar com autores, tais como Augustin Thierry, Thiers ou Tocqueville: no debate intelectual de seu tempo, eles ocupavam um lugar central. A história que escreviam ainda não era a história erudita dos historiadores profissionais do final do século: em vez de um verdadeiro trabalho de erudição, ela baseava-se em crônicas e compilações; além disso, o próprio Michelet, que afirmava ter extraído sua obra de uma frequência assídua dos arquivos, segundo parece, havia limitado sua consulta às ilustrações. Por outro lado, tratava-se de uma história bastante literária, no estilo propositalmente oratório: aliás, situação facilmente explicável pelas condições em que ela se desenvolvia. Os professores de universidade republicanos de 1870-1880, sensíveis ao

---

[23] Estabelecimento de ensino superior, fora da Universidade, fundado em Paris, em 1529, por Francisco 1º. (N.T.).

atraso da França diante da erudição alemã, irão criticar seus predecessores por terem sido artistas, em vez de cientistas. No entanto, por sua qualidade de escrita, a obra desses historiadores ainda continua legível, atualmente.

Tanto mais que essa história demonstra certa ousadia. Seu público não teria suportado que eles se perdessem em detalhes insignificantes. Eles tinham predileção pelos amplos afrescos cronológicos, percorrendo vários séculos em algumas aulas, o que lhes permitia identificar as grandes evoluções. Deste modo, sua história não era estritamente política; raramente se referiam ao detalhe dos acontecimentos, preferindo resumir a significação global e respectivas consequências. Seu objeto era mais amplo: tratava-se da história do povo francês, da civilização (Guizot) ou da França (Michelet). À luz das evoluções sociais, eles explicavam as transformações das instituições; em suma, tratava-se de uma história, simultaneamente, social e política.

Na verdade, essas obras históricas – marcadas, às vezes, pela reflexão filosófica ou pelo que designamos, atualmente, por ciência política, tal como a de Tocqueville – giravam em torno de uma questão central, ou seja, aquela que a Revolução Francesa havia formulado à sociedade do século XIX.[24] Daí, a suspeição atribuída à história pelos reacionários: para começar, ela aceitava a Revolução, ao considerá-la como um fato que se explica e não como um erro, uma falta ou um castigo divino. Conservadores ou republicanos, os historiadores partiam da Revolução como fato consumado já que eles andavam à procura de suas causas e consequências.

Ora, a sociedade francesa do século XIX se questionava, predominantemente, sobre a questão política formulada por esse evento; tratava-se do conflito entre o Antigo Regime e o que se designava, então, como a sociedade "moderna" ou "civil", ou seja, sem rei nem deus. Diferentemente do que ocorria no Reino Unido, a problemática não se referia ao pauperismo. O problema suscitado pelas revoltas operárias não tinha a ver propriamente com o desenvolvimento econômico, mas com o regime; além disso, elas eram analisadas como novas figuras da Revolução. No entanto, esse conflito político comportava verdadeiros desafios sociais: de fato, tratava-se dos princípios que serviam de suporte para organizar a sociedade inteira. Assim, na sociedade francesa, a história assumia o lugar que a economia ocupava na sociedade britânica. Do outro lado do Canal da Mancha, a amplitude do desemprego e da miséria fazia apelo a uma reflexão econômica: o

---

[24] A respeito deste aspecto, ver, evidentemente, os trabalhos de François Furet – citados na bibliografia – sobre as leituras da Revolução pelos historiadores e políticos do século XIX.

debate intelectual era dominado por Adam Smith, Ricardo e Malthus. Na França, Guizot, Thiers, A. Thierry, Tocqueville, Michelet tornaram-se protagonistas por abordarem a questão decisiva da Revolução e das origens da sociedade moderna.

Ao proceder desta forma, eles forneciam aos franceses a explicação de suas divisões, conferindo-lhes sentido, o que lhes permitia assumi-las e vivê-las sob o modo político e civilizado do debate, em vez do modo violento da guerra civil. Por um desvio reflexivo, a mediação da história permitiu assimilar e integrar o acontecimento revolucionário, além de reordenar o passado da nação em função de tal evento (JOUTARD, 1993, p. 543-546). Pela história, a sociedade francesa representou-se a si mesma, procurou sua própria compreensão e refletiu sobre si mesma; neste sentido, é profundamente exato que a história serve de fundamento à identidade nacional.

A maneira como, após 1870, a escola histórica francesa adotou o modelo da erudição alemã confirma essa análise. Seignobos, por exemplo, depois de ter elogiado a erudição crítica dos alemães, não deixou de censurá-los por esquecer a "composição histórica"; eles careciam de ideias gerais e de um trabalho de organização e criação. À primeira vista, tratava-se de uma acusação surpreendente por parte de um historiador que criticava Guizot, Thiers e Michelet por fazerem literatura; essa acusação, porém, traduzia um apego fundamental à função social da história, tal como ela se havia consolidado na França. A história – escreve ele –, "em vez de relatar ou comprovar, é feita para responder às questões sobre o passado suscitadas pela observação das sociedades presentes" (SEIGNOBOS, 1884, p. 35-60). No mesmo artigo, ele fixava-lhe como objeto a descrição das instituições e a explicação de suas mudanças, de acordo com uma concepção comtiana em que haveria alternância entre períodos de estabilidade e revoluções. Mas tal postura vem a dar no mesmo. De fato, por instituição, ele entendia "todos os usos que garantem a união dos homens na sociedade" (SEIGNOBOS, 1884, p. 37). O problema central era, portanto, o da coesão social – cuja manutenção cabe às instituições –, o que remetia à fragilidade da sociedade francesa ou, antes, ao sentimento experimentado pelos contemporâneos, obcecados pela sucessão de revoluções que marcaram o século XIX. Eis por que, na memória assim construída, não havia lugar para memórias complementares, ideológicas, sociais ou regionais.[25]

---

[25] De acordo com a lúcida observação de JOUTARD, 1993.

Tendo sido, ao lado de Lavisse, um dos organizadores dos estudos de história nas faculdades, no final do século, Seignobos colocava, assim, as técnicas da erudição alemã a serviço de uma concepção da história herdada da primeira metade do século XIX: ele permitia que a história prosseguisse a mesma função social ao beneficiar-se dos prestígios conjugados da modernidade com a ciência.

No início do século XX, os programas do ensino médio, elaborados por Lavisse e Seignobos, confirmaram essa orientação que já havia sido encetada por Duruy. Ela foi explicitada por Seignobos (1984):"O ensino da história é uma parte da cultura geral por levar o aluno a compreender a sociedade em que ele viverá, tornando-o capaz de tomar parte na vida social". A história era, neste caso, uma propedêutica do social, de sua diversidade, de suas estruturas e de sua evolução. Ela ensinava aos alunos que, por ser normal, a mudança não deveria causar receio; a história mostrava-lhes como os cidadãos podiam dar sua contribuição para tal efeito. Em uma perspectiva progressista e reformista, a meio caminho das revoluções e do imobilismo, tratava-se exatamente de transformar a história em "um instrumento de educação política".

# O século XX: uma história fragmentada

## O ensino fundamental: uma história diferente

Enquanto o debate político esteve limitado aos notáveis, a história referia-se à elite culta e era ministrada apenas no ensino médio. No entanto, com a democracia, a política tornou-se o negócio de todos; neste caso, levantou-se a questão da história no ensino fundamental.

Neste ponto, as datas são eloquentes: em 1867, quando o 2º Império se liberalizava, a história tornou-se, em princípio, matéria obrigatória, no ensino fundamental. Entretanto, na prática, ela se impôs nas classes somente após o triunfo dos republicanos: em 1880, fazia parte da prova oral para a obtenção do Certificado de Estudos[26] e foi necessário esperar o ano de 1882 para que viesse a ocupar seu lugar definitivo nos horários – 2 horas por semana – e programas da escola elementar.[27] O ensino da história foi implementado, então, com seu desenrolar regular e seus suportes pedagógicos; por sua vez, o compêndio tornou-se obrigatório em 1890. A história na escola primária atingiu seu apogeu após a Grande

[26] Diploma outorgado no final da 8ª série. (N.T.).

[27] Refere-se ao período até a 4ª série. (N.T.).

Guerra: por uma portaria de 1917, foi instituída uma prova escrita de história ou de ciências (por sorteio) para a obtenção do Certificado, já mencionado.

Em relação ao ensino médio, a defasagem cronológica é patente, duplicando-se por uma diferença fundamental no espírito e nos métodos. Enquanto a continuidade reinava entre a história do ensino médio, por um lado, e, por outro, a dos grandes historiadores da primeira metade do século ou a dos historiadores profissionais da universidade republicana, a orientação era diferente no ensino fundamental: a história da escola primária difere da história tanto dos liceus, quanto das faculdades.

Em primeiro lugar, ela dirigia-se a crianças: para ser compreensível, convinha que fosse o mais simples possível, evitando raciocínios demasiadamente detalhados. No entanto, além das exigências pedagógicas, outros aspectos foram objeto de discussão. Os republicanos contavam com a história para desenvolver o patriotismo e a adesão às instituições; além de ter o objetivo de inculcar conhecimentos bem definidos, o ensino da história deveria levar à partilha de sentimentos. "O amor pela pátria não se aprende de cor, mas nasce do coração",[28] afirmava Lavisse. E ainda: "Evitemos, definitivamente, aprender a história com a insensibilidade que convém ao ensino do uso dos particípios; neste aspecto, trata-se da carne de nossa carne e do sangue de nosso sangue"(NORA, 1984, p. 283).

Esse objetivo supunha o recurso às imagens, narrativas e lendas. A determinação dos republicanos relativamente à construção de uma identidade, indissociavelmente patriótica e republicana, ficou perfeitamente demonstrada por seus esforços para começar o ensino da história no maternal (LUC, 1985, p. 127-138); com efeito, desde os cinco anos de idade, eles previam "historietas, narrativas e biografias extraídas da história nacional". Tratava-se de construir um repertório comum de lendas em que, incessantemente, fossem evocadas as mesmas figuras, desde Vercingetórix até Joana d'Arc. Apesar de conscientes do exagero de tal ambição, as inspetoras hesitaram contestar, em 1880, um ensino que, aparentemente, era defendido com tanto empenho pelos políticos. Foi necessário esperar o início do século XX para que a história e a geografia nacionais deixassem de aparecer no programa do maternal.

---

[28] No original, "L'amour de la patrie ne s'apprend point *par cœur*, il s'apprend *par le cœur*" – trocadilho, em francês, a partir de um vocábulo cujo étimo latino é *cor, cordis*, "coração". (N.T.).

O ensino da história teria atingido o objetivo fixado pelos republicanos? É difícil apresentar um balanço. Graças à tese de B. Dancel, sabemos como esse ensino era ministrado. A memória ocupava aí um lugar decisivo, apesar da resolução dos pedagogos oficiais: "Convém confiar à memória apenas o que a inteligência tenha compreendido perfeitamente", prescrevia Compayré. De fato, a aula de história organizava-se em torno de palavras-chave, inscritas no quadro negro, explicadas e comentadas pelo mestre, antes de se tornarem o pivô de perguntas, cujas respostas constituíam seu resumo que deveria ser aprendido e recitado na aula seguinte. Os programas não privilegiavam a Revolução Francesa, nem a história do século XIX, abordados, em princípio, no terceiro trimestre do *cours moyen*;[29] com efeito, esses temas ocupavam um lugar central no teste destinado à obtenção do Certificado de Estudos. No entanto, as provas da década de 1920, encontradas no departamento de Somme, não autorizavam qualquer tipo de triunfalismo: apenas metade dos alunos candidatos a esse certificado – que, por sua vez, nem representavam 50% dos indivíduos de sua faixa etária – foram capazes de responder, sem erros, a um pequeno núcleo de conhecimentos sobre 1789, a Tomada da Bastilha ou a batalha de Valmy.[30] O precário conhecimento de história adquirido por um entre quatro alunos do ensino fundamental já é, certamente, alguma coisa, mas seria possível esperar melhores resultados...

Neste caso, deveríamos tirar a conclusão de que a escola primária fracassou na transmissão da mensagem que lhe havia sido confiada pelos republicanos? Isso não é certo. A ideia de que a Revolução teria instituído um corte – entre um "antes" no qual, certamente, os reis esforçaram-se por reunir o território, mas no qual predominavam os privilégios, ao lado da ausência de liberdade, e um "depois" perseguido pela República com a garantia da liberdade, o estabelecimento da igualdade entre os cidadãos e, graças à escola, a possibilidade do progresso – parece ser, efetivamente, objeto de um consenso.

Pelo menos, o ensino da história teria conseguido impor-se: os franceses já não concebem ensino fundamental – por maior força de razão, ensino médio – sem história. Eficaz ou não, tal ensino parece ser indispensável; o que será demonstrado por suas vicissitudes ulteriores.

---

[29] Corresponde, aproximadamente, à 4ª série. (N.T.)

[30] Em pleno período revolucionário (1789-1799), a vitória obtida nesta batalha (20 de setembro de 1792) contra os prussianos interrompeu a invasão do território e devolveu a confiança ao exército francês. (N.T.)

## As peripécias da segunda metade do século XX

Ao universalizarem a escolarização além da escola elementar, em estabelecimentos do 1º ciclo[31] que, progressivamente, ganharam autonomia, as reformas escolares do período entre 1959 e 1965 transformaram a própria função da escola primária. Daí em diante, ela deixou de ser a única escola do povo e de ter a obrigação de fornecer sozinha aos futuros cidadãos a bagagem de conhecimentos de que teriam necessidade durante a vida inteira; as lacunas do ensino da escola primária serão completadas, posteriormente, pelo colégio de ensino geral ou médio.

Essa transformação morfológica do sistema escolar duplicou-se por uma evolução pedagógica. A década de 1960 acolheu, de bom grado, as abordagens psicossociológicas ou psicológicas: na empresa, verificou-se a moda da dinâmica de grupo ou dos seminários inspirados por Carl Rogers; no ensino, começou-se a pensar que Piaget e os psicólogos teriam algo a dizer. Prevaleceu a ideia de que a democratização do ensino supunha uma renovação sensível dos métodos.

O ensino fundamental passou, então, por um profundo questionamento que atingiu o estatuto de todas as disciplinas. À aprendizagem das linguagens fundamentais — francês e matemática —, opunham-se disciplinas, tais como história, geografia e ciências; de acordo com as instruções oficiais, deixou de ser necessária a aquisição, na faixa etária de 6 a 11 anos, dos conhecimentos indispensáveis a essas disciplinas, uma vez que estes serão garantidos no decorrer do 1º ciclo. Em 1969, a reforma do terceiro tempo pedagógico reservou 15 horas semanais às linguagens básicas, 6 horas à educação física e esportiva, além de 6 horas às "atividades de estímulo". Para "privilegiar a formação intelectual", a escola elementar teve de abandonar o procedimento de memorização dos conhecimentos, "tornando, assim, o espírito curioso em relação à sua existência e levando-o a participar de sua elaboração"; era a condenação dos programas, em benefício de uma ação pedagógica convidada a servir-se de "todas as oportunidades oferecidas pelo ambiente de vida imediato ou longínquo" e a privilegiar o trabalho individualizado, a investigação e a pesquisa de documentos (Luc, 1985, p. 145-207).

A filosofia inspiradora dessa reforma não era absurda. No entanto, o "estímulo" teria pressuposto medidas de acompanhamento que foram menosprezadas. Com base na pretensão de suscitar as iniciativas, os professores

---

[31] Compreende, aproximadamente, o período entre a 5ª e a 8ª séries. (N.T.).

primários haviam sido levados a descobrir por si mesmos a maneira como implementar tais princípios. Ora, esse procedimento era muito mais difícil e complexo que a aplicação de um programa bem definido. Convidados a inovar sem ajuda nem instruções, os professores primários adotaram as mais diversas soluções: uns – uma minoria da ordem de um em cinco – abandonaram tal ensino, em especial, no curso elementar; outra minoria, um pouco mais numerosa, dispôs-se a ministrá-lo de forma episódica; os restantes continuaram a ensinar a história de forma regular, dos quais cerca da metade – ou seja, 25% do total – conservou o programa anterior.

A transformação da história em atividade de estímulo, na escola primária, já havia sido empreendida há vários anos quando outra reforma havia incluído esta matéria, precisamente, no 1° ciclo. Apesar de sua hostilidade aos ímpetos reformistas, o ministro René Haby empreendeu, nesse nível, a unificação do ensino da história, geografia e de um rudimento de ciências econômicas e sociais, em nome da afinidade entre essas disciplinas relativamente a seus procedimentos, objetos e objetivos. Ainda neste aspecto, a intenção era interessante: a interdisciplinaridade – em moda, nessa época – poderia permitir a abordagem do mesmo objeto por vários procedimentos convergentes. Entre os historiadores, uma corrente inovadora oriunda de Maio de 68 preconizava a quebra dos compartimentos estanques; entretanto, em seu entender, o ministro era suspeito de pretender subjugar o ensino às exigências de um capitalismo modernizador. Portanto, ele foi combatido, à direita, pelos conservadores e, ao mesmo tempo, à esquerda, pelos reformadores que o acusavam de traição.

Foi um deus nos acuda. Durante o ano de 1980, verificou-se uma mobilização midiática, sem precedentes, em favor da história: na imprensa escrita, espocaram tanto as críticas, quanto as invectivas. A campanha culminou no início de março: no dia 4, por ocasião do lançamento de seu 400° número, a revista *Historia* organizou uma jornada de debates com a participação do ministro, de políticos – por exemplo, M. Debré, E. Faure, J.-P. Chevènement – e de historiadores, tais como F. Braudel, E. Le Roy Ladurie, M. Gallo, H. Carrère d'Encausse, além do presidente da *Associação dos Professores de História e de Geografia* (APHG). Tendo recebido a espada de acadêmico no dia 5, com a cerimônia de recepção na *Académie* marcada para o dia 13, A. Decaux conferiu a esse debate uma repercussão sem precedentes. Nos dias 6 e 7, a revista *Les Nouvelles littéraires*, organizou duas jornadas sobre a história no auditório da livraria

FNAC. "O ensino da história de nosso país é ruim ou inexistente", afirmou o novo acadêmico que pediu ao ministro para transformar seu Waterloo em Austerlitz. O presidente da APHG deu o alerta: "Na escola elementar, é o desmantelamento; no 1° ciclo, a deterioração; e, no 2° ciclo,[32] o descalabro".[33] Esta campanha de denúncia não apresentou qualquer tipo de provas que, de resto, nem obteriam o aval das raras investigações disponíveis. O espírito da época encontrava-se na primeira página de *La Vie* (7 a 13 de fevereiro de 1980), um semanário de inspiração católica, em que Bonaparte se lamentava: "Ó França, tua história já era".[34] As raras pessoas – por exemplo, L. Genet, decano da Inspeção Geral de História – que tentaram questionar os fatos e, apoiando-se nos programas, mostraram que a cronologia não havia sido menosprezada, além de lembrar que os professores continuavam ensinando, foram silenciadas sem cortesia. Lá se foi o tempo em que a instrução era tranquila: encerrados os debates, o ministro nada pôde fazer além de prometer que levava em consideração as reivindicações da opinião pública.

De fato, em 1980, os programas retomaram as "atividades de estímulo" e reintroduziram a história no *cours moyen*; por sua vez, foi abandonada a reforma Haby relativamente ao 1° ciclo. A chegada da esquerda ao poder, em 1981, fortaleceu esse movimento. Em 1983, foi publicado um relatório encomendado ao professor René Girault (1983) que estabelecia um balanço detalhado, mas não levou em consideração as referidas provas de 1925 que foram analisadas, mais tarde, por B. Dancel; suas proposições de compromisso, consolidadas no ano seguinte por um colóquio nacional com a participação de um grande número de historiadores profissionais e de professores universitários, reservaram ainda um lugar demasiado importante aos métodos ativos a ponto de terem sido homologadas pelo recém-empossado ministro, J.-P. Chevènement. Os novos programas restabeleceram a história nos programas do ensino fundamental sob sua forma tradicional.

Os dois colóquios convergentes de 1980 e de 1984, além de chamarem a atenção para a importância atribuída por nossa sociedade ao ensino da história, mostraram duas forças em ação, inexistentes no século XIX: a mídia e a profissão de historiador.

---

[32] Corresponde, aproximadamente, ao 2° grau. (N.T.)

[33] Citações extraídas do relatório publicado em *Historiens et Géographes*, n. 278, abril-maio 1980, p. 556-561.

[34] Edição correspondente ao período de 7 a 13 de fevereiro de 1980.

CAPÍTULO II

# A profissão de historiador

A história está presente na nossa sociedade não apenas através de uma disciplina universitária, de livros e de algumas grandes figuras, mas também – como ficou demonstrado no decorrer dos debates de 1980 – por um grupo de pessoas que se afirmam historiadores com o acordo de seus colegas e do público. Esse grupo, por sua vez, diversificado, compreendendo essencialmente professores e pesquisadores, está unido por uma formação comum, uma rede de associações e de revistas, assim como pela consciência nítida da importância da história. Além de compartilhar critérios de julgamento – sobre a produção de obras históricas, sobre o que é um bom ou ruim livro de história, sobre o que um historiador deve, ou não deve, fazer –, ele está unido por normas comuns, a despeito de previsíveis clivagens internas. Em suma, estamos em presença de uma profissão – poderíamos dizer, quase, de uma corporação – se levarmos em consideração o grande número de referências ao ofício, à oficina e à bancada de trabalho que circulam no interior do grupo.

## A organização de uma comunidade científica

A profissão de historiador aparece na transição da década de 1880 quando as faculdades de letras propuseram um verdadeiro ensino da história.[35] Anteriormente, havia amadores – muitas vezes, de talento; e, às vezes, de gênio –, mas não uma profissão, ou seja, uma coletividade organizada com suas regras, seus rituais de reconhecimento e suas carreiras.

---

[35] Sobre esse assunto, poderemos consultar – além das obras de CARBONELL (1983) e KEYLOR (1975) – o livro de Christophe Charle, *La République des universitaires* (1994); o artigo de NOIRIEL (1990) e o texto de CORBIN (1992).

Os únicos especialistas, formados nos métodos da erudição pela *École des chartes*, fundada em 1821, eram os arquivistas paleógrafos, em geral, isolados nas sedes das administrações regionais e absorvidos pela edição de documentos e inventários, sem vínculo com liceus e faculdades.

Ao tomarem o poder, os republicanos pretendiam criar na França, a exemplo do que ocorria na Alemanha, um verdadeiro ensino superior; tal iniciativa exigia uma profunda reforma para fornecer verdadeiros estudantes às faculdades de letras, graças às bolsas concedidas para a obtenção de *licence*[36] (1877) e de *agrégation* (1880), além da criação, ao lado de cursos públicos, de "conferências" – hoje, falaríamos de seminários. Assim, os estudantes tiveram a possibilidade de se iniciar, pela prática, nos métodos rigorosos da erudição, tais como eles haviam sido ilustrados pelos beneditinos do século XVIII ou pelos alunos de *l'École des chartes e* eram praticados pelas universidades alemãs.

Essa reforma recebeu o vigoroso apoio de uma geração de jovens historiadores, sensíveis ao prestígio da historiografia alemã e críticos relativamente ao amadorismo "literário" dos historiadores franceses. Pouco antes da Guerra de 1870, a *Revue critique d'histoire et de littérature*, fundada em 1866, a exemplo de *Historische Zeitschrift*, criticava Fustel de Coulanges, autor de *La Cité antique* (1864), por não ter procedido a uma análise suficientemente séria dos fatos e detalhes; no entanto, a confirmação da nova história "científica" ocorreu apenas com a criação da *Revue historique* por G. Monod e G. Fagniez, em 1876, e com a nomeação de E. Lavisse como diretor do Departamento de história na Sorbonne (NORA, 1986).

A profissão de historiador construía-se na conjunção desse empreendimento de "cientificização" da história, que lhe conferia as normas metodológicas, com a política universitária dos republicanos ao garantir-lhe uma moldura institucional. Com efeito, a reforma implicou a criação de postos de professores universitários ao lado das cátedras que se multiplicaram e se especializaram: na Sorbonne, por exemplo, as duas cátedras de história existentes em 1878 passaram, em 1914, para 12.[37] O departamento ganha visibilidade, sem atingir uma dimensão considerável em decorrência do número reduzido de estudantes: em seu conjunto, as faculdades de letras, incluindo a Sorbonne, outorgaram menos de 100 *licences* em história, por

---

[36] Título outorgado no final do 3° ano universitário. (N.T.).

[37] Cifras fornecidas por DUMOULIN (1983); por sua vez, KEYLOR (1975) apresenta números um pouco mais elevados.

ano, no final do século XIX[38] e, em 1914, elas contavam apenas com 55 cátedras de história.

A dupla hierarquia, estatutária e geográfica, dos postos nas faculdades permitiu a organização de carreiras; as mais bem-sucedidas conduziam do posto de professor universitário no interior a uma cátedra na Sorbonne (CHARLE, 1990, p. 82 ss.). No entanto, a tomada de decisões competia aos pares: as nomeações eram feitas pelo ministro a partir da proposição do Conselho de cada faculdade. Os candidatos eram julgados, portanto, pela bitola de seu valor científico, tal como ele havia sido apreciado pelos colegas da disciplina, e por sua notoriedade no mundo acadêmico, uma vez que os votantes eram os professores titulares de todas as disciplinas.

Como as carreiras dependiam do julgamento dos pares, as normas profissionais adotadas por eles impunham-se à corporação e contribuíam para unificá-la; a tese deixou de ser uma dissertação para tornar-se um trabalho de erudição, elaborado a partir de documentos, e, em primeiro lugar, de documentos de arquivos. O respeito pelas regras do método crítico – formalizado, um pouco mais tarde, por Langlos e Seignobos, para uso dos estudantes (LANGLOIS; SEIGNOBOS, 1897) – quando um primeiro trabalho de pesquisa lhes era imposto antes de se submeterem à prova da *agrégation*, para a obtenção do Diploma de Estudos Superiores (1894), tornou-se a condição prévia absoluta de qualquer reconhecimento pelos pares. A corporação adotou critérios de admissão e de exclusão. De uma forma bastante pragmática, ela também produziu métodos de trabalho: a partir de então, as fichas substituíram os cadernos para as anotações extraídas dos documentos; ao mesmo tempo, as bibliografias e as referências de rodapé se tornaram incontornáveis.

A profissão de historiador que se constituiu nas faculdades, entre 1870 e 1914, não deixou de permanecer, entretanto, vinculada ao ensino médio; com efeito, a maior parte das carreiras de professor de faculdade começavam pela obtenção de um posto de *agrégé* em um liceu. Aliás, não seria essa a única posição que permitia a um pesquisador preparar sua tese? A nomeação para a faculdade não descartava a eventualidade de alguém vir a ser integrado ao ensino médio porque a preparação dos estudantes para a *agrégation* constituía uma das principais funções dos professores;[39] portanto, as duas ordens de ensino permaneceram solidárias.

---

[38] GERBOD (1965, p. 115) indica 40 *licences* em 1871 e, em 1898, 70.

[39] Ver sobre este aspecto, o estudo de CHERVEL, 1992, em particular, o capítulo VIII, "L'agrégation et les disciplines scolaires".

Essa solidariedade acarretou particularidades notáveis que marcaram a singularidade dos historiadores franceses. Os professores universitários britânicos ou alemães não possuíam vínculos análogos com o ensino médio, nem eram contratados entre os professores de *grammar school* ou de *Gymnasium*. As qualidades retóricas indispensáveis ao sucesso no concurso da *agrégation* tinham, naturalmente, menos importância no exterior que na França e era possível contentar-se em "ler seu texto". Entre os nossos vizinhos, inversamente, é pela pesquisa que os candidatos às cátedras universitárias se destacam. Eles permaneciam na órbita dos seminários que os haviam formado e constituíam uma plataforma de investigação, sem equivalente fora da França.

Além de explicar a preferência pelas ideias gerais e a importância atribuída às qualidades de composição e de expressão, o vínculo entre a profissão de historiador e o ensino médio justificava o parentesco bastante forte que unia a história à geografia. Todos os historiadores franceses fizeram geografia porque essa disciplina é obrigatória no concurso de *agrégation* e, com a história, todos eles a ensinaram aos alunos do ensino médio; deste modo, na França, a geografia tem sido ensinada nas faculdades de letras, e não nas faculdades de ciências, como ocorre no exterior. Essa singularidade epistemológica foi fortalecida pela influência de mestres, tais como Vidal de Lablache, cujo livro *Tableau de la géographie de la France*[40] marcou sucessivas gerações de historiadores e, em particular, os fundadores dos *Annales*, como eles próprios tinham prazer em sublinhar; deste ponto de vista, conviria estabelecer um balanço das consequências positivas e negativas do impacto da geografia sobre Bloch, Febvre ou Braudel.

## A escola dos *Annales* e a história-pesquisa

### Uma revista de combate

No universo acadêmico, a profissão de historiador se beneficiou, no final do século XIX, de uma dupla preeminência. Por um lado, como vimos mais acima, a função social da história era eminente: pela história, a sociedade francesa refletia sobre si mesma. E, por outro, a história constituiu um modelo metodológico para outras disciplinas: a crítica literária tornou-se história literária e a filosofia, história da filosofia. Para escapar

---

[40] Tomo I de Histoire de la France depuis les origines jusqu'à la Révolution, dirigida por Lavisse (1903).

à subjetividade do exprimir-se corretamente e garantir um texto rigoroso pretensamente "científico", nas matérias "literárias", os contemporâneos contavam apenas com os métodos da história.

Esse duplo predomínio foi ameaçado pela emergência da sociologia com Durkheim e a revista *Année sociologique*, desde 1898. A sociologia pretendia propor uma teoria de conjunto da sociedade a partir de métodos mais rigorosos. Teremos a oportunidade de voltar, mais adiante, de forma mais aprofundada, ao importante debate epistemológico que, nessa época, opunha historiadores e sociólogos. Ao atacar, em 1903, Seignobos, auxiliar de Lavisse e teórico do método histórico, Simiand foi mal-sucedido; de fato, por razões complexas – a mais insignificante das quais não foi a ausência de vínculo histórico com o ensino médio –, a sociologia não conseguiu implantar-se, então, na universidade francesa.[41] O fracasso dos sociólogos em se constituir como profissão deixou intacta, provisoriamente, a posição predominante dos historiadores.

A organização da profissão vai, no entanto, modificar-se sob a influência de três fatores, cuja natureza e importância são bastante desiguais: o definhamento das faculdades de letras, a criação dos *Annales* e a do CNRS.[42] O contexto da década de 30 foi bastante desfavorável para as faculdades. O mercado universitário se retraiu;[43] a criação de cátedras tornou-se um acontecimento raro e ocorreu, essencialmente, no interior da França. O número de cátedras de história – 55, em 1914 – passou, em 1938, para 68, contando as 12 permanentes da Sorbonne, cuja porta de acesso se tornou cada vez mais estreita. Com a aposentadoria aos 70 anos e, inclusive, aos 75 para os membros do *Institut*,[44] era necessária uma longa espera pela liberação de uma cátedra: por exemplo, G. Lefebvre, candidato à Sorbonne em 1926, eleito para outra cátedra em 1935, já havia completado 63 anos quando teve acesso à cátedra de história da Revolução, em 1937.

O retraimento e a decrepitude da história universitária acarretaram um verdadeiro conservadorismo; a renovação metodológica, a abertura

---

[41] Ver, sobre este aspecto, CLARK (1973) e KARADY (1976).

[42] Sigla de *Centre national de recherche scientifique* [Centro Nacional de Pesquisa Científica]. (N.T.).

[43] Todo este desenvolvimento baseia-se diretamente na tese principal de O. Dumoulin, *Profession historien* (1983). É incompreensível que, contrariamente a inúmeros estudos sem o seu valor, essa excelente tese não tenha sido publicada.

[44] Trata-se do *Instituto de França*, instituição cultural francesa criada em 1795 e formada por 5 Academias: *Academia Francesa, Academia das Inscrições e das Belas-Letras, Academia das Ciências, Academia das Belas-Artes* e *Academia de Ciências Morais e Políticas*. (N.T.).

para novas problemáticas e para novos horizontes ficaram comprometidas pelo imobilismo. Em decorrência, particularmente, de sua posição no ensino médio e de seu papel no concurso da *agrégation*, a história política manteve sua preeminência. Do ponto de vista institucional, tornou-se necessário procurar paliativos: a dificuldade de acesso à Sorbonne aumentou o interesse pelos estabelecimentos de ensino franceses no exterior, tais como as Escolas de Atenas e de Roma, e ainda mais, em Paris, pela *École des hautes études* (IV seção) e pelo *Collège de France*.

Simultaneamente, surgiram os primeiros elementos do que virá a ser o CNRS; criada em 1921, a *Caisse des recherches scientifiques* subvencionou os trabalhos em curso. Em 1929, Marc Bloch se beneficiou desse recurso para sua investigação sobre as estruturas agrárias.Várias instituições – *Caisse nationale des lettres* (1930), *Conseil supérieur de la recherche scientifique* (1933) e *Caisse nationale de la recherche scientifique* (1935) – prodigalizaram um tratamento favorável aos historiadores ao financiarem coleções e grandes inventários. Em 1938, G. Lefebvre obteve uma subvenção para mandar empreender pesquisas relativamente à situação dos casebres insalubres. Nestas condições, apareceram os primeiros professores com contrato por tempo determinado; além disso, o Estado chegou a remunerar pesquisadores profissionais, cuja única contrapartida consistia em efetuar suas investigações. No caso da história, tratava-se, quase sempre, de pessoas idosas, cujo mérito havia sido reconhecido tardiamente, tais como Léon Cahen, secretário da *Société d'histoire moderne*, que foi contratado como professor na área da pesquisa aos 62 anos.

Nesse contexto institucional de uma profissão em crise, convém incluir a fundação, por Marc Bloch e Lucien Febvre, em 1929, dos *Annales d'histoire économique et sociale*.[45] A iniciativa deve ser analisada, a um só tempo, como uma estratégia profissional e como um novo paradigma da história. Esses dois aspectos são indissociáveis: a qualidade científica do paradigma

---

[45] Raros episódios da historiografia foram tão estudados. Citaremos, em particular, o colóquio de Estrasburgo editado por CARBONELL; LIVET, 1983. Do lado dos defensores da herança, ver os artigos "Annales" de REVEL e CHARTIER, assim como "Histoire nouvelle" de GOFF (1978); ver, também, os artigos de BURGUIÈRE (1979) e de REVEL (1979), o de Pomian (1986), além da obra de STOIANOVICH (1976), com prefácio de F. Braudel. Nem por isso serão menosprezados os estudos dos adversários, em particular, COUTAU-BÉGARIE: sua obra, *Le Phénomène nouvelle histoire* (1989) – às vezes, exagerada – apresenta um número considerável de informações. O texto de J. H. Hexter, "Fernand Braudel & the Monde Braudellien [sic]", retomado em *On Historians* (p. 61-145), é repleto de verve e de perspicácia; além disso, o balanço lavrado por GLÉNISSON em 1965, em "L'historiographie française contemporaine", continua sendo útil e profundo. Para a evolução ulterior, além do compêndio de BOURDÉ e MARTIN (1983), mencionaremos DOSSE, em *L'Histoire en miettes*. Por ter tomado conhecimento demasiado tarde da obra de RAPHAËL (1994), não a levei em consideração neste estudo.

condicionava o sucesso da estratégia; inversamente, a estratégia orientava o paradigma. Aliás, a iniciativa obteve sucesso sob esse duplo aspecto: além de terem sido titularizados em Paris – L. Febvre no *Collège de France*, em 1933, e M. Bloch na Sorbonne, em 1936 –, tornou-se incontornável o tipo de história promovido por ambos.

A novidade dos *Annales* não está no método, mas nos objetos e nas questões. As normas da profissão foram integralmente respeitadas por L. Febvre e M. Bloch: o trabalho a partir dos documentos e a citação das fontes. Eles haviam aprendido o ofício na escola de Langlois e Seignobos,[46] sem deixar de criticar a estreiteza das indagações e a fragmentação das pesquisas; rejeitam a história política factual que, nessa época, era dominante em uma Sorbonne que, além de se isolar, estava corroída pelo imobilismo. Eles chegaram a diabolizar, sem poupar exageros e simplificações (DUMOULIN, 1972, p. 70-90; Prost, 1994), essa história "historicizante" – o termo foi criado por Simiand no debate de 1903 – para opor-lhe uma história amplamente aberta, uma história total, empenhada em assumir todos os aspectos da atividade humana. Essa história "econômica e social" – para retomar o título da nova revista – pretendia acolher as outras disciplinas: sociologia, economia e geografia. História viva, ela se interessava diretamente pelos problemas contemporâneos. A maior originalidade da revista, entre 1929 e 1940, foi o lugar considerável atribuído aos séculos XIX e XX: 38,5% dos textos incidiram sobre esse período, contra 26% do espaço reservado aos diplomas de estudos superiores, 15,6% às teses e 13,1% aos artigos da *Revue historique* (DUMOULIN, 1983).[47]

Do ponto de vista científico, o paradigma dos *Annales* fornecia à história uma inteligibilidade bastante superior: a vontade de síntese, relacionando os diferentes fatores de uma situação ou de um problema, permitia compreender, a um só tempo, o todo e as partes. Tratava-se de uma história mais rica, mais viva e mais inteligente.

Entretanto, a criação dos Annales perseguia, simultaneamente, desafios mais estratégicos, comprovando-se a veracidade de que "todo projeto científico é inseparável de um projeto de poder".[48] Neste caso,

---

[46] Marc Bloch evoca "o homem de inteligência tão perspicaz que foi meu caro mestre, Seignobos" (1960, p. 16). E, em outro trecho, falando dele e de Langlois, escreve: "Recebi preciosas demonstrações da boa vontade de ambos; fico devendo grande parte de meus primeiros estudos a seu ensino e a suas obras" (p. 109).

[47] Lembremos que o Diploma de Estudos Superiores corresponde à atual maîtrise.

[48] BURGUIÈRE (1979): "O historiador está inserido em uma rede complexa de relações universitárias e científicas, cujo pretexto é a legitimação de seu saber – ou seja, de seu trabalho – e a preeminência de sua disciplina. Da dominação puramente intelectual às múltiplas 'repercussões' sociais dessa dominação,

os *Annales* empreendiam o combate em duas frentes: por um lado, ataque contra a concepção dominante da história, o que correspondia a uma disputa leal, uma vez que seus representantes se encontravam em competição com os partidários dessa história para obter a hegemonia no campo da disciplina;[49] por outro, reivindicação para a história de uma posição privilegiada no campo das ciências sociais ainda em via de estruturação. Ao preconizar uma história aberta às outras ciências sociais, ao afirmar a unidade profunda de tais ciências e a necessidade de seu vínculo recíproco, eles defendiam a história como o próprio espaço desse vínculo. Conferiam-lhe, assim, uma espécie de preeminência: a história – a única capaz de fazer convergir as ciências sociais e de promover a ligação entre as respectivas contribuições – tornava-se a disciplina rainha, *mater et magistra*, tanto mais que ainda não havia uma rival suficientemente forte para contestar-lhe esse papel. Ao retomar por sua conta, com a condenação da história historicizante, as perspectivas defendidas pelos sociólogos no debate de 1903, os *Annales* fortaleciam a posição dominante que a história havia assumido no início do século; a adesão dos historiadores ao seu campo era tanto mais fácil na medida em que suas proposições apareciam como mais bem posicionadas para confirmar a supremacia da história. A estratégia externa dos *Annales*, diante das outras ciências sociais, fortaleceu, assim, sua estratégia interna, diante das outras formas de história.

## A institucionalização de uma escola

Após a guerra, os *Annales* – cuja revista passou a ter o título de *Annales, Économies, Sociétés, Civilisations* – perseguiram essa dupla estratégia em um contexto diferente. Em primeiro lugar, em 1947, com o apoio de fundações americanas e da diretoria do ensino superior, a criação de uma *VIe section* na *École pratique des hautes études* direcionada para as ciências econômicas e sociais, cuja presidência foi entregue a L. Febvre. No início da década de 50, o revezamento foi assumido por Fernand Braudel que vinha de ser consagrado por sua tese sobre *La Méditerranée à l' époque de Philippe II* (1949) e, afinal, tinha um temperamento de construtor de império; graças aos mesmos apoios e à ajuda do CNRS,

---

a ambição científica pode adotar um verdadeiro leque de objetivos mais ou menos comuns, segundo o temperamento do cientista e sua posição na sociedade".

[49] Temível polemista, Lucien Febvre perdeu o controle, nesse combate, a ponto de cometer injustiças ainda remanescentes; apresento alguns exemplos de suas posições no meu artigo "Seignobos revisité" (1994). Sobre a "diabolização" de seus adversários pelos *Annales*, ver DUMOULIN (1983, p. 79-103).

desenvolveu a *VI^e section* que, em 1971, se tornou a EHESS, ou seja, *École des hautes études en sciences sociales*. Foram criados postos para orientadores de estudos ou para pesquisadores; tais condições permitiram aos historiadores da nova escola – por exemplo, J. Le Goff[50] ou F. Furet – adquirir uma estabilidade profissional, fora dos liceus e das universidades, proporcionando-lhes a possibilidade de uma dedicação total a suas pesquisas.

Esse desenvolvimento permitiu que, na década de 60, a história enfrentasse o desafio lançado pela linguística, pela sociologia e pela etnologia que criticavam sua insuficiência teórica e seus objetos: o econômico e o social. Com certeza, os historiadores não poderiam defender-se contra essa ofensiva – empreendida, em particular, pelo estruturalismo – sem a existência de espaços dedicados à pesquisa: as universidades haviam sido desestabilizadas por seu crescimento e, em seguida, pelo choque de 1968 e suas consequências. Portanto, a EHESS esteve no âmago de uma renovação que levou para o primeiro plano a história das mentalidades e, em seguida, a história cultural, ao pedir de empréstimo as problemáticas e os conceitos das outras ciências sociais para abordar seus próprios objetos, a partir de métodos transpostos da história econômica e social.[51] Numerosos professores universitários participaram desse empreendimento[52] que, finalmente, foi bem-sucedido – pelo menos, de acordo com a afirmação dos historiadores – para o prestígio de toda a profissão; assim, a história pôde conservar sua posição privilegiada ao renovar sua legitimidade científica.

Esse sucesso redundou, entretanto, em revisões dilacerantes, bem analisadas por F. Dosse. Na década de 60, os *Annales* designavam claramente a história a ser rejeitada e a que deveria ser feita: por um lado, a recusa da história política, factual, do tempo curto e do período pré-construído. Por outro, a história-problema de longa duração e, naturalmente, serial: a região do *Beauvaisis*, de P. Goubert, ou *La Méditerranée*, de F. Braudel,

---

[50] Ao conseguir essa situação estável, o próprio Jacques Le Goff exprimiu sua jubilosa surpresa, tanto mais que ele nem suspeitava da existência desse posto. Ver seu depoimento para os *Essais d'égo-histoire*, sob a direção de P. Nora (1987, p. 216 ss).

[51] Uma boa ilustração de tal iniciativa são os três volumes dirigidos por LE GOFF e NORA (1974).

[52] Em relação a este aspecto, o CNRS desempenhou um papel importante ao permitir que, por desligamentos de uma duração de dois ou três anos, alguns professores de liceu pudessem explorar novos territórios da história, antes de seu acesso à faculdade.

uma história global, atenta às coerências que servem de liame aos aspectos econômico, social e cultural.[53]

Para enfrentar o desafio da linguística e da etnologia, os historiadores – que se autoproclamam "novos" – privilegiaram novos objetos e novas abordagens para retomar o título de dois dos três volumes de *Faire de l'histoire*. Certamente, ainda subsistem historiadores fiéis à vontade de compreensão global da primeira fase dos *Annales*, mas um grande número renunciou a essa ambição, considerada exagerada, para dedicar-se ao estudo de objetos limitados, cujo funcionamento é desmontado por eles. O livro de E. Le Roy Ladurie, *Montaillou*[54] (1975), por seu próprio sucesso, confirmou o deslocamento dos temas originais: apesar de evidentes continuidades, a monografia suscitou, daí em diante, mais interesse que o afresco panorâmico, o acontecimento tornou-se o "revelador de realidades que, caso contrário, permaneceriam inacessíveis" (POMIAN, 1984, p. 35);[55] assim, passava-se das estruturas materiais para as mentalidades, ao passo que o insólito levava a melhor sobre a relação com o presente.

Simultaneamente, o aspecto político voltou com todo o vigor e, em sua companhia, o acontecimento: a implosão das democracias populares e o trabalho coletivo sobre a memória da guerra prestavam homenagem ao tempo curto e, com um vivo interesse, foi possível seguir Marc Ferro, ex-secretário da redação dos *Annales*, na série televisiva semanal, *Histoire parallèle*, ao revisitar as atualidades da última guerra.

Desde então, tornou-se possível fazer todo o tipo de história: a extensão ilimitada das curiosidades históricas tratadas acarretou o fracionamento dos objetos e dos estilos de análise; esse é precisamente o tema da história "em migalhas" (DOSSE, 1987). Em vez de continuar a se definir através de determinado paradigma científico, a escola dos *Annales* pautou-se por sua realidade social de grupo centrado sobre uma instituição (a EHESS e a revista). A história em migalhas não é o fim dos polos de influência, mas apenas o de sua definição em termos científicos.

---

[53] Trata-se da pesquisa *Beauvais et le Beauvaisis de 1600 à 1730. Contribution à l'histoire sociale de la France du XVII<sup>e</sup> siècle* (1982), em que, além dos grandes comerciantes, o autor tentou conhecer os camponeses desta região a 70 km a norte de Paris. (N.T.).

[54] Referência à monografia etnográfica – *Montaillou, village occitan* – em que ele estuda o mundo dessa aldeia de pastores do século XIV. (N.T.).

[55] Voltarei a este aspecto na conclusão deste livro.

# A fragmentação da profissão

## Polos de influência

O sucesso, pelo menos, provisório dessa estratégia externa preservou a posição da história no campo das ciências sociais e foi acompanhado pelo sucesso da estratégia interna à disciplina. A criação da EHESS não se limitou a uma mudança de nome: semelhante às universidades, o novo estabelecimento pôde conferir doutorados. Diante da Sorbonne, enfraquecida e dividida após 1968, um polo autônomo se constituiu e se consolidou e nele se afirmava uma história isenta das condicionantes do ensino, inclusive, superior. No mesmo momento, o efetivo dos historiadores conheceu um brusco crescimento: seu número passou de algumas centenas, em 1945, para um milhar de professores universitários e de pesquisadores, em 1967, e, em seguida, para o dobro, em 1991.[56] A profissão de historiador se manifestou, assim, aos poucos, entre dois – ou, antes, três – polos de influência desigual que traçaram uma espécie de triângulo no *quartier Latin*:[57] cada um dispunha de seus próprios meios de publicação, de suas próprias redes de influência e de suas clientelas.

O polo universitário continua sendo o mais importante e, por força, o mais tradicional, uma vez que leva aos concursos de contratação; em si mesmo, é plural, disseminado entre uma meia dúzia de universidades na região parisiense e alguns grandes centros no interior do país (por exemplo, Lyon ou Aix-en-Province). Ele controla as revistas clássicas, tais como a *Revue historique* ou a *Revue d'histoire moderne et contemporaine*; suas pesquisas são publicadas pelas editoras das universidades (PUF)[58] ou pelas editoras clássicas (Hachette); domina as teses, os comitês de especialistas e as carreiras universitárias. Apesar de ser, incontestavelmente, o polo mais poderoso pelo número e pela diversidade de seus integrantes e atividades, sua plena irradiação é impedida pelas rivalidades internas.

O segundo polo é constituído pela EHESS, fortalecida pelo CNRS. As pesquisas são mais livres e a inovação tem sido mais facilitada: o desejo de explorar novos territórios ou novos procedimentos está isento de qualquer

---

[56] Ver CHARLE (1993, p. 21-44) e BOUTIER; JULIA (1995, p. 13-53). Limitando-se aos historiadores, titulares de postos nas universidades, esses autores indicam (p. 29) as cifras de 302, em 1963, e de 1.155, em 1991.

[57] "Bairro Latino", na margem esquerda do rio Sena: com a fundação da Sorbonne em 1257, esse bairro parisiense concentra, em grande parte, a vida universitária. (N.T.).

[58] Sigla de *Presses universitaires de France* [Editoras Universitárias da França]. (N.T.).

restrição pedagógica. Esse polo apoia-se em uma poderosa rede de relações internacionais, a qual, certamente, tem como referência o prestígio dos *Annales*. Entre seus trunfos, ele tem cultivado com esmero as relações estabelecidas com a mídia e as editoras: o semanário *Le Nouvel Observateur* aceita, de bom grado, as resenhas elaboradas por algum dos diretores de departamento ou de pesquisa da Escola do Boulevard Raspail sobre o último livro de um dos membros da prestigiosa instituição, com a condição de receber um tratamento semelhante; por sua vez, a editora Mouton para as publicações eruditas, enquanto Gallimard e outros editores para os estudos menos especializados, têm publicado as obras desses pesquisadores. Grandes iniciativas editoriais, tais como *Faire de l'histoire* (1974), o dicionário *La Nouvelle Histoire* (1978), os volumes dos *Lieux de mémoire* de P. Nora – abertos, ecumenicamente, aos historiadores exteriores a esse polo – ampliam sua influência.

O terceiro polo é menos coerente por ser constituído por algumas grandes instituições, tais como a *École française de Rome*, dedicada à Antiguidade e à Idade Média, e, sobretudo, o *Institut d'études politiques de Paris* [I.E.P.], direcionado para a história política contemporânea. Apoiado na *Fondation des sciences politiques*, presidida durante muito tempo por P. Renouvin – e, mais recentemente, por R. Rémond –, dispondo de recursos financeiros autônomos eventualmente completados pelo CNRS, de postos de pesquisadores e de professores universitários, aos quais garante condições de trabalho menos restritivas que as das universidades, este polo é capaz de se opor, até certo ponto, aos *Annales* e à EHESS; dispõe, igualmente, de gráficas próprias, durante muito tempo associadas à editora Armand Colin, assim como de relações cordiais com a editora Le Seuil, cujas grandes coleções são sobejamente conhecidas, além de englobarem todos os aspectos da realidade, tais como a *Histoire de la France rurale*, *La France urbaine* ou *La Vie privée*. O lançamento – em colaboração com o *Institut d'histoire du temps présent*, fundado pelo CNRS, em 1979 – de uma nova revista, *Vingtième siècle, revue d'histoire*, fortalece a influência desse polo.

Entre esses três polos, está fora de questão imaginar fronteiras intransponíveis: os historiadores não são assim tão estúpidos a ponto de ignorar seus colegas e amigos que não deixam de ser rivais. A homogeneidade da formação recebida, a estabilidade de sua definição, desde o início do século, assim como a precocidade geral da especialização da disciplina "história" têm impedido a fragmentação da profissão.[59] Existe

---

[59] Os sociólogos são muito sensíveis a esses fatores de unidade que lhes fazem falta. Ver PASSERON (1991, p. 66 ss).

intercâmbio entre os três polos; além disso, a convivência mantém a possibilidade de administrar em conjunto essas instituições que são úteis à comunidade inteira. No entanto, existem também algumas mesquinharias: há repugnância em falar bem de um colega de outro polo e, até mesmo, em citá-lo.[60] Travam-se, igualmente, verdadeiros combates em torno de verdadeiros desafios: eis o que é perfeitamente visível quando M. Winock e o Conselho editorial de Le Seuil tiveram a ideia de lançar um grande revista de vulgarização, em que os artigos destinados ao grande público seriam redigidos pelos melhores historiadores. Os polos dos *Annales* e da EHESS julgaram que tal iniciativa pretendia fazer-lhes concorrência: neste caso, competia-lhes promover o empreendimento. Eles começaram por recusar sua colaboração – como é testemunhado pelo sumário dos primeiros números de *L'Histoire* – e tentaram desafiar essa iniciativa através do lançamento de uma revista concorrente pela editora Hachette, ou seja, *H Histoire*. No entanto, a contraofensiva fracassou na medida em que a equipe de Le Seuil, apoiada em outro grande magazine de vulgarização científica, *La Recherche*, dispunha de uma competência e de redes mais eficazes. Assim, os historiadores dos *Annales* resignaram-se a escrever em *L'Histoire* (GRAND-CHAVIN, 1994).

Esse episódio é revelador, a um só tempo, da solidariedade e dos desafios. Em primeiro lugar, relativamente à solidariedade, o espaço universitário francês é demasiado restrito para que a EHESS, as universidades e *Sciences po*[61] venham a desencadear entre si uma verdadeira guerra: é preferível chegar a compromissos ou alianças táticas, em vez dos anátemas diretos, e superar os conflitos em surdina, em vez dos duelos à luz do dia. Eis o que é perfeitamente visível quando analisamos os títulos das grandes coleções de história. É assim que a coleção "L'univers historique" da éditions le Seuil acolheu, desde sua criação em 1970 até seu termo em 1993, um número semelhante de pesquisadores da EHESS e de historiadores das universidades ou de *Sciences po*; o grupo completava-se com um número apreciável de estrangeiros (25%). Simetricamente, a obra *Les Lieux de mémoire*, dirigida por Pierre Nora, na editora Gallimard, equilibra aproximadamente os grupos;

---

[60] Assim, o texto de Le Goff sobre "L'histoire nouvelle", em *La Nouvelle Histoire*, menciona uma vez Maurice Agulhon, o promotor da história da sociabilidade e, por conseguinte, próximo dos *Annales*; mas ele ignora Michelle Perrot, Alain Corbin, Daniel Roche e Claude Nicolet. No lado oposto, seria possível encontrar silêncios convergentes; entretanto, não estamos interessados em escolher o trigo do joio, tampouco tornar pública uma cotação relativa aos historiadores.

[61] Criada em 1872, a *École libre des sciences politiques* – ou, abreviadamente, *Sciences po* –, por seu potencial científico, é uma das mais importantes instituições francesas em matéria de pesquisa em ciências sociais, incluindo, ciência política, sociologia, economia e história. (N.T.).

de fato, o número de pesquisadores do polo EHESS é ligeiramente superior ao dos especialistas do polo universidades – *Sciences po*.[62]

Em seguida, os desafios. O controle da mídia e o acesso ao grande público detêm, atualmente, uma importância profissional: a reputação dos historiadores não surge apenas na intimidade das salas de aula das faculdades – de passagem, superlotadas –, tampouco na ambiência em surdina, erudita e alusiva dos júris de tese ou dos comitês de redação das revistas cultas, mas é suscitada também entre o grande público pela intervenção na mídia, televisão e revistas.

## Um mercado desregulamentado

Deste modo, foi possível defender a tese de um duplo mercado para a área tanto da história, quanto das outras ciências sociais (BOUDON, 1981, p. 465-480). Por um lado, um mercado acadêmico em que a competência científica é confirmada por trabalhos eruditos e o reconhecimento atribuído pelos pares, concorrentes virtuais pouco propensos à indulgência; neste caso, o valor é remunerado, em primeiro lugar, por gratificações simbólicas ou morais e, em seguida, eventualmente, por vantagens de carreira. Por outro lado, o mercado do grande público em que, em vez da novidade (é possível reescrever a mesma *Jeanne d'Arc*, de quinze em quinze anos...) ou da originalidade metodológica – ainda que esses aspectos possam constituir um incentivo interessante –, as qualidades mais cobiçadas são aquelas que garantem o sucesso junto aos profanos, a saber: a amplitude e o interesse do assunto, uma apresentação sintética e elegante, sem o aparato crítico e, às vezes, a carga ideológica da obra, além da capacidade do autor – ou da assessoria de imprensa de sua editora – para suscitar comentários favoráveis. Nesse mercado, o veredicto do número é soberano: ele acarreta remuneração em termos de notoriedade, tiragens e direitos autorais.

---

[62] No artigo, "'L'Univers historique': une collection d'histoire à travers son paratexte (1970-1993)", in: *Genèses*, n. 18, jan. 1995, p. 110-131, G. Noiriel deu-se conta dessa solidariedade, sem ter aprofundado todos os seus aspectos; de acordo com sua lista de autores, identifico 26 pesquisadores da EHEES, 16 da Universidade, 9 de *Sciences po* e 16 estrangeiros. Para a obra *Les Lieux de mémoire*, a lista dos colaboradores no final de cada volume facilita a enumeração; no entanto, de um volume para o outro, a ligação institucional de cada autor pode ter sido alterada. Os colaboradores dos quatro primeiros volumes são 63 e os dos três últimos, 65, dos quais os professores universitários, respectivamente, são 21 e 18; os de *Sciences po* 1 e 4; os da EHESS, no sentido estrito, 11 e 19. No entanto, convém acrescentar o CNRS (5 e 5) e o *Collège de France* (igualmente, 5 e 5); por sua vez, o número de colaboradores do exterior é reduzido (8 e 4). A originalidade tem a ver com o grupo dos conservadores de museus, arquivistas ou amadores cultos, cuja posição é invejável (12 e 10). No total, a EHESS, em companhia do *Collège de France* e do CNRS, representa 40% dos colaboradores desse grande empreendimento, enquanto as universidades, fortalecidas por *Sciences po*, contam com um pouco menos de 35%.

Não tenho a certeza de que essa tese seja inovadora: afinal de contas, sempre existiu o duplo mercado e Michelet ou Taine, assim como a escola dos *Annales*, souberam servir-se de ambos. Sem dúvida, o último meio século foi marcado pelo que C. Charle designa como a "recomposição do público da história" ou a emergência de um "novo público específico". A mudança ocorreu na "intelectualização desse público de massa: atualmente, ele lê o que, outrora, era reservado ao público erudito ou cativo das universidades" (CHARLE, 1993, p. 36-37). Entretanto, de fato, o duplo mercado traduz a dupla realidade de uma profissão especializada que desempenha uma função social analisada por P. Bourdieu como "uma espécie de duplo jogo ou dupla consciência":

---

**2. – Pierre Bourdieu: A organização do campo histórico**

Ela [a história] oscila entre o modernismo de uma ciência dos fatos históricos, por um lado, e, por outro, o academicismo e o conformismo circunspectos de uma tradição letrada (visíveis, em particular, na relação com os conceitos e a escrita); ou, mais precisamente, entre uma pesquisa necessariamente crítica, por ser aplicada a objetos *construídos contra* as representações comuns e ignoradas, totalmente, pela história da celebração, e uma história oficial ou semioficial, empenhada na gestão da memória coletiva através de sua participação nas comemorações [...]. Segue-se que o campo histórico tende a se organizar em torno da oposição entre dois polos, diferenciados segundo seu grau de autonomia em relação à demanda social: por um lado, a história científica, desprovida do objeto estritamente nacional (a história da França, no sentido tradicional), pelo menos, pela maneira de construí-la, e elaborada por profissionais que produzem para outros profissionais; por outro lado, a história comemorativa que permite a alguns profissionais, quase sempre, os mais consagrados, garantir o prestígio e os lucros mundanos auferidos com a vendagem do livro utilizado como presente por ocasião das festas de Natal e Ano Novo (em particular, graças às biografias) e da literatura de comemoração ou das grandes obras coletivas, cujas tiragens são elevadas, servindo-se da ambiguidade para ampliar o mercado dos trabalhos de pesquisa [...]. Confesso meu receio de que o peso do mercado e do sucesso mundano – cada vez mais atuante através da pressão dos editores e da televisão, instrumento de promoção comercial e, também, de promoção pessoal – venha a fortalecer cada vez mais o polo da história comemorativa. (BOURDIEU, 1995, p. 109-110)

---

Que essa tensão seja constitutiva do campo da história torna-se motivo tanto de regozijo, quanto de preocupação; afinal de contas, é algo de positivo que os profissionais obtenham sucesso junto ao grande público. Conviria, aliás, introduzir alguns matizes nesta análise: as relações entre os dois mercados são mais complexas que a apresentação feita aqui (LANGLOIS, 1995, p. 112-124). Assim, seria necessário levar em consideração a história ensinada nas escolas: os historiadores consultados pelos professores do ensino médio não são, certamente, os vulgarizadores bem-sucedidos, nem os especialistas meticulosos... Assim, eis o único motivo de inquietação: se o reconhecimento obtido junto ao grande público viesse a servir de moeda de troca no mercado profissional.

Aí reside, talvez, o perigo. Por razões associadas ao próprio funcionamento das instituições, a avaliação tem ocorrido, de fato, muito mais lentamente no segundo mercado que no primeiro: o julgamento dos pares exprime-se nas revistas especializadas, quase sempre trimestrais, e as resenhas são publicadas após um período de vários meses; por sua vez, no mercado do grande público – que não é assim tão grande! – a avaliação é imediata. Apenas publicado, quando não foi precedido por resenhas favoráveis, um livro bem lançado é aclamado como um importante acontecimento científico por jornalistas a quem não se pergunta se tiveram tempo de ler seu conteúdo. Mais tarde, os pares irão invalidar, talvez, esse julgamento, mas tal posicionamento não terá qualquer influência; aliás, sua avaliação não terá sido alterada por esses julgamentos rápidos? Como será possível criticar, em uma revista científica, um livro já elogiado por um tão grande número de personalidades reconhecidas? Corre-se o sério risco de uma contaminação do julgamento científico pelo julgamento midiático, ou seja, a validação no primeiro mercado dos méritos conquistados no segundo: assim, certos historiadores obteriam a habilitação para dirigir pesquisas e, em seguida, uma cátedra em uma universidade, em decorrência da produção de suas séries televisivas ou da reputação que lhes teria sido fabricada por jornalistas que nunca entraram em um depósito de arquivos, nem chegaram a ler realmente uma obra erudita.

Essa ameaça espreita, talvez, um pouco mais a história que as outras ciências sociais por duas razões. Em primeiro lugar, o interesse suscitado no grande público: os leitores profanos preferem um trabalho no âmbito da história a um estudo de linguística chomskiana. Em seguida, pela própria fragilidade da comunidade científica: enfraquecida por sua fragmentação, a profissão não possui uma instância de regulação interna análoga às grandes associações científicas norte-americanas, por áreas. Há trinta anos, a *Association d'histoire moderne et contemporaine* desempenhava esse papel e suas reuniões – um domingo por mês – constituíam uma verdadeira bolsa de valores universitários: os principiantes eram convidados a apresentar uma comunicação diante do *establishment* da profissão e, para o professor do interior, candidato à Sorbonne, a exposição de seus trabalhos nesse recinto era uma oportunidade não desprezível. A ampliação numérica da profissão asfixiou essa instância, sem que algo tivesse vindo ocupar seu espaço.

Entre as diferentes estratégias de poder desenvolvidas sob a aparência do progresso da ciência, uma arbitragem científica reconhecida seria, apesar de tudo, útil; ora, isso é raro. As defesas de tese e os colóquios – que deveriam constituir os momentos apropriados do confronto científico – são também, para não dizer, em primeiro lugar, manifestações de sociabilidade em que a conveniência prevalece em relação ao rigor e à busca da verdade. As defesas de tese tendem a tornar-se simples celebração dos méritos do candidato; assim, a formulação de uma crítica – por maior força de razão, justificada – aparece, às vezes, como descabida. Para se desenrolar com harmonia, o rito de passagem a que são convidados os amigos, relações e familiares do impetrante exige padrinhos, de preferência, prestigiosos e, antes de mais nada, benevolentes. Se essa deriva continuar, os membros dos júris que identificarem erros em uma tese – sempre possíveis, a exemplo do que ocorre em qualquer livro de história – serão julgados tão mal-educados quanto um convidado ao fazer a observação de que o assado está queimado.

Por sua vez, em decorrência do grande número de colóquios, é impossível que todos tenham a mesma seriedade – quero dizer uma justificação do ponto de vista científico. Os organizadores perseguem, sem dúvida, objetivos científicos; no mínimo, essa é sua intenção e, certamente, estão convencidos disso. No entanto, visam também se impor, ou impor sua instituição, como instância cientificamente legítima na área: ora, tal pretensão nem sempre é fundamentada. Procede a denúncia de J. Le Goff relativamente ao abuso de colóquios inúteis, que "tiram demasiado tempo à pesquisa, ao ensino e à redação de textos e de obras". "Chegamos ao ponto, diz ele, em que o número e a frequência dos colóquios têm algo de patológico. Temos de nos vacinar contra a coloquite" (LE GOFF, 1993, p. 35). O colóquio torna-se, certamente, um espaço para discussões, às vezes, interessantes; no entanto, a maior parte delas são enfadonhas e inócuas. Os assuntos não deixam de ter interesse e os intervenientes podem ser competentes; contudo, em vez de participarem do debate, seu objetivo consiste apenas em exibir-se com alarde. Os mais interessantes são os principiantes: como têm necessidade de se fazer conhecer e reconhecer, eles permanecem o máximo de tempo possível. Por sua vez, os notáveis da profissão, sobrecarregados de múltiplas obrigações, contentam-se em marcar, por sua passagem, o interesse que atribuem aos organizadores ou ao assunto: após uma curta aparição, eles deixam o evento, satisfeitos por ter garantido sua caução e ter cumprido seu dever de mandarins. Alguns têm a consciência profissional de dar uma olhada, antes da sessão a que assistem – ou, melhor ainda, presidem –, pelos trabalhos a serem apresentados. Outros, mais imbuídos de sua pessoa, ou dispondo de menos tempo, mas não necessariamente mais idosos, dispensam tal consulta, correndo o risco de cometer contrassensos; inclusive, alguns chegam a apresentar um relatório geral sobre trabalhos que nem tinham lido... Tal postura comprova perfeitamente que, neste caso, os verdadeiros desafios não são de ordem da ciência, mas da sociabilidade profissional e das estratégias de poder.[63]

Entretanto, certa regulamentação está em via de surgir através dessas discussões de salão ou de corredor: circulam informações, fazem-se, confirmam-se e desfazem-se reputações, a exemplo do que ocorre nos seminários de pesquisa em que pesquisadores mais ou menos próximos vêm expor, alternadamente, seus estudos. Reduzir as defesas de tese e os colóquios – ou as políticas editoriais das revistas – a simples intercâmbio de sociabilidade ou a puras estratégias de poder seria uma forma de tornar sua própria existência ainda mais enigmática. Ocorre que os critérios propriamente científicos de regulamentação de uma profissão que pretende ser erudita carecem de clarividência; daí, talvez, a importância renovada que, neste preciso momento da história da corporação, assume a reflexão epistemológica sobre a disciplina.

Voltamos a encontrar nossa afirmação inicial: a história é uma prática tanto social, quanto científica; além disso, a história que é o produto do trabalho dos historiadores, assim como a teoria da história que lhes serve de orientação, depende da posição ocupada por eles nesse duplo conjunto, social e profissional. Eis o que acaba relativizando o objetivo deste livro. Rejeitar a escolha normativa de determinada história como a única válida; defender que toda história reconhecida como tal merece ser levada a sério e analisada; argumentar que ninguém tem total liberdade de escrever o

---

[63] Esse uso social – e não tanto científico – dos colóquios não é característico da França, nem dos historiadores. David Lodge provocou o riso de milhares de leitores com sua crítica incisiva contra o uso dos congressos científicos pelos norte-americanos. Ver o livro *Un tout petit monde* (1992 [1. ed. inglesa, 1984]), Prefácio de Umberto Eco, traduzido do inglês para o francês por Maurice e Yvonne Couturier.

que lhe aprouver e que cada um faz sempre, mais ou menos, a história decorrente de sua posição nesse campo, é, de certa maneira, manifestar uma opinião sobre a história adaptada ao período de indecisão e fragmentação vivenciado, atualmente, pela disciplina e, ao mesmo tempo, tentar superá-lo. A exemplo do que ocorre com qualquer método, todos os discursos do método são tributários de uma situação: em vez de significar sua subserviência, pretende-se dizer somente que eles não podem ignorá-la. Por maior força de razão, se seu objetivo consiste em libertar-se dessa situação.

CAPÍTULO III

# Os fatos e a crítica histórica

Se há uma convicção bem enraizada na opinião pública é que, na história, existem fatos e que eles devem ser conhecidos.

Essa convicção esteve na origem da contestação dos programas de história, desencadeada em 1970 e 1977; além disso, ela exprimiu-se nos debates de 1980 com uma flagrante ingenuidade. A acusação mais grave era a seguinte: "Atualmente, os alunos não sabem nada...". Portanto, em história, existem coisas para conhecer ou, mais exatamente, fatos e datas. Pessoas de bem que ignoram se a batalha de Marignan foi uma vitória ou uma derrota, e quais teriam sido suas implicações, ficam indignadas pelo fato de que os alunos não sabem a data de sua ocorrência. Para o grande público, a história reduz-se, na maior parte das vezes, a um esqueleto constituído por fatos datados: revogação do Edito de Nantes – 1685; Comuna de Paris – 1871; Descobrimento da América – 1492, etc. Assim, aprender história é conhecer os fatos e memorizá-los. E, até mesmo, em níveis de estudo mais avançados: "Se você tiver memória, conseguirá a *agrégation* de história", eis o que cheguei a ouvir, repetidas vezes, enquanto eu me preparava para esse concurso.

Neste aspecto, encontra-se, sem dúvida, a principal diferença entre o ensino e a pesquisa, entre a história que se expõe didaticamente e aquela que se elabora: no ensino, os fatos já estão prontos; na pesquisa, é necessário fabricá-los.

## O método crítico

Tal como é ensinada nas escolas, inclusive, nas salas de aula das faculdades, a história comporta dois momentos: em primeiro lugar, conhecer os fatos; em seguida, explicá-los, concatená-los em uma exposição coerente.

Essa dicotomia entre o estabelecimento dos fatos e sua interpretação foi teorizada no final do século XIX pela escola "metódica" e, em particular, por Langlois e Seignobos; aliás, ela serve de estrutura para o plano dos livros *Introduction aux études historiques* (1897) e *La Méthode historique appliquée aux sciences sociales* (1901).

## Os fatos como provas

Para Langlois e Seignobos, os fatos não estão prontos: pelo contrário, esses autores levaram muito tempo para explicar as regras a ser cumpridas para construí-los. Entretanto, na sua mente e de toda a escola metódica formalizada por eles, os fatos são construídos de uma forma definitiva. Daí, a divisão do trabalho histórico em dois momentos e entre dois grupos de profissionais: os pesquisadores – entenda-se, os professores da faculdade – estabeleciam os fatos que ficavam à disposição dos professores do liceu. Os fatos são como as pedras utilizadas para a construção das paredes do edifício chamado "história". Em seu livrinho sobre *L'Histoire dans l'enseignement secondaire*, Seignobos (1906, p. 31) demonstrou certo orgulho nesse trabalho de fabricante de fatos:

> O hábito da crítica permitiu-me fazer a triagem das histórias tradicionais, transmitidas pelos professores de geração em geração, suprimindo as historietas apócrifas e os detalhes legendários. Consegui renovar a provisão de fatos característicos verdadeiros com os quais o ensino da história deve ser alimentado.

A importância atribuída ao trabalho de construção dos fatos explica-se por uma preocupação central: como fornecer um status de ciência ao texto do historiador? Como garantir que, em vez de uma sequência de opiniões subjetivas, cuja aceitação ou rejeição ficaria ao critério de cada um, a história é a expressão de uma verdade objetiva e que se impõe a todos?

Esse tipo de questionamento não pode ser incluído entre as indagações declaradas supérfluas, inúteis ou ultrapassadas. Atualmente, é impossível eliminá-lo sem graves consequências. Para nos convencermos disso, basta pensar no genocídio hitlerista. A afirmação de que a Alemanha nazista havia empreendido, durante vários anos, uma tentativa de extermínio sistemático dos judeus não é uma opinião subjetiva que, por simples opção pessoal, possa ser compartilhada ou rejeitada. Trata-se de uma verdade; no entanto, para obter esse *status* de objetividade, convém que ela esteja respaldada em fatos. É um fato, por exemplo, que os SS construíram câmaras de gás em determinados campos; além disso, este fato pode ser comprovado.[64]

Portanto, no discurso dos historiadores, os fatos constituem o elemento consistente, aquele que resiste à contestação. Com razão, diz-se que "os fatos são teimosos". Em história, a preocupação com os fatos é semelhante à da administração da prova e é indissociável da referência; em nota de rodapé, acabo de apresentar as referências relativas à existência das câmaras de gás porque essa é a regra da profissão. O historiador não exige que as pessoas acreditem em sua palavra, sob o pretexto de ser um profissional conhecedor de seu ofício – embora esse seja o caso em geral –, mas fornece ao leitor a possibilidade de verificar suas afirmações; o "método estritamente científico a utilizar na exposição", reivindicado por G. Monod para a *Revue historique*, pretende que "cada afirmação seja acompanhada por provas e pela indicação das fontes e citações" (MONOD; FAGNIEZ, 1976, p. 298-296; MONOD, 1976). Da escola metódica à escola dos *Annales* (ver o texto de M. Bolch, boxe 3), a opinião é unânime em relação a este ponto: trata-se realmente de uma regra comum da profissão.

---

### 3. – Marc Bloch: Elogio das notas de rodapé

No entanto, quando alguns leitores se queixam de que a mais insignificante linha, bancando a insolente no rodapé do texto, lhes confunde o cérebro e quando certos editores pretendem que seus clientes, sem dúvida, bem menos hipersensíveis, na realidade, do que é costume pintá-los, ficam atormentados diante de qualquer folha assim desonrada, tais pessoas delicadas provam simplesmente sua impermeabilidade aos mais elementares preceitos de uma moral da inteligência. Com efeito, fora dos lances livres da fantasia, uma afirmação só tem o direito de existir com a condição de poder ser verificada; e, cabe ao historiador, no caso de utilizar um documento, indicar, o mais brevemente possível, sua proveniência, ou seja, o meio de encontrá-lo equivale, propriamente falando, a se submeter a uma regra universal de probidade. Deturpada por dogmas e mitos, nossa opinião, inclusive a menos inimiga das luzes, perdeu até mesmo o gosto pelo controle. No dia em que, tendo tomado o cuidado inicial de não rechaçá-la como se tratasse de um inútil pedantismo, tivermos conseguido persuadi-la a avaliar o valor de um conhecimento por sua solicitude em expor-se, antecipadamente, à refutação, as forças da razão terão obtido uma de suas mais brilhantes

---

[64] Ver KOGON; LANGBEIN; RÜCKERL (1987) e a obra de um ex-revisionista que se dedicou a uma pesquisa dos arquivos para provar suas teses e chegou a conclusões rigorosamente inversas, sem ter falsificado suas fontes, Jean-Claude Pressac (1993).

> vitórias; aliás, ela será preparada pelo aporte de nossas humildes notas e de nossas insignificantes e meticulosas referências que, atualmente, são esnobadas por um tão grande número de espíritos ilustrados, incapazes de compreender seu alcance. (BLOCH, 1960, p. 40)

Devemos levar ainda mais longe essa análise porque a ideia de uma verdade objetiva, respaldada em fatos, exige uma discussão mais ampla; no entanto, ela permanece constitutiva da história em um primeiro nível. Os historiadores perseguem cotidianamente as afirmações sem provas, tanto nos exercícios dos estudantes, quanto nos artigos dos jornalistas. Independentemente do que possa ser dito, mais tarde, para evitar os simplismos, existe aí uma base essencial para o ofício do historiador: toda afirmação deverá ser comprovada, ou seja, a história só é possível respaldada em fatos.

## As técnicas da crítica

Neste estágio da reflexão, deve-se questionar o estabelecimento dos fatos: como identificar sua veracidade? Qual procedimento adotar? A resposta reside no método crítico, cuja origem pode ser recuada, pelo menos, a Mabillon e ao seu livro *De Re Diplomatica* (1681).[65] Langlois e Seignobos empenharam-se em tratá-lo da forma mais detalhada possível; na realidade, eles interessaram-se apenas pelos fatos construídos a partir de documentos escritos, em particular, textos de arquivos. Podemos criticá-los por não terem ampliado sua atividade a outras fontes, mas trata-se de um motivo insuficiente para desqualificá-los. Com efeito, os historiadores, em grande número, continuam a trabalhar a partir desse tipo de documentos, inclusive, aqueles que – por exemplo, L. Febvre, F. Braudel ou J. Le Goff – defenderam a necessária ampliação do repertório documental. G. Duby (1991, p. 25) evocava

> [...] o montão de palavras escritas, extraídas precisamente das pedreiras em que os historiadores fazem sua provisão, procedendo a uma triagem, recortando e ajustando para construírem, em seguida, o edifício, cuja planta provisória já havia sido concebida por eles.

Diga-se o que se disser, os historiadores correm o risco de serem reconhecidos, ainda durante muito tempo – a exemplo da especialista do século XVIII, Arlette Farge – por seu gosto pelos arquivos.

---

[65] Como indica o texto, Jean Mabillon (1632-1707), beneditino francês, foi o autor deste tratado, origem da diplomática. (N.T.).

Seja qual for seu objeto, a crítica não é um trabalho de principiante, como fica demonstrado pelas dificuldades dos estudantes às voltas com a interpretação de um texto. É necessário ser já historiador para criticar um documento porque, no essencial, trata-se de confrontá-lo com tudo o que já se sabe a respeito do assunto abordado, do lugar e do momento em questão; em determinado sentido, a crítica é a própria história e ela se afina à medida que a história se aprofunda e se amplia.

Eis o que é perfeitamente visível em cada etapa analisada pelos mestres do método crítico, Langlois e Seignobos, que estabelecem a distinção entre crítica externa e crítica interna. A primeira incide sobre os caracteres materiais do documento: seu papel, tinta, escrita e marcas particulares que o acompanham. Por sua vez, a crítica interna refere-se à coerência do texto, por exemplo, a compatibilidade entre sua data e os fatos mencionados.

Os estudiosos da Idade Média, tais como Langlois, confrontados com numerosos diplomas régios ou decretos pontificais apócrifos, prestam toda a atenção à crítica externa para distinguir o documento autêntico do falso. As ciências auxiliares da história constituem, neste domínio, preciosos auxiliares; a *paleografia*, ou ciência dos textos antigos, permite dizer se a grafia de um manuscrito corresponde à sua data presumida. Por sua vez, a *diplomática* ensina as convenções segundo as quais os documentos eram compostos: como era seu começo, a forma da introdução e do corpo do documento (o *dispositivo*), como se designava o signatário com seus títulos e a ordem em que eram mencionados (a *titulatura*); a *sigilografia* repertoria os diversos selos e datas de sua utilização. A *epigrafia* indica as regras segundo as quais, na Antiguidade, eram habitualmente compostas as inscrições lapidares, em particular, as funerárias.

Assim equipada, a crítica externa pode discernir os documentos provavelmente autênticos em relação aos falsos ou àqueles que sofreram modificações (crítica de proveniência); por exemplo, não há dúvida sobre a falsidade de um documento, pretensamente do século XII, se estiver escrito em papel, e não em pergaminho. Eventualmente, a crítica restabelece o documento original depois de retirar-lhe os aditamentos ou ter restituído as partes faltantes, à semelhança do que ocorre, frequentemente, com as inscrições lapidares romanas ou gregas (crítica de restituição). Um caso particular de aplicação desses métodos é a edição crítica, tal como tem sido utilizada com perfeição pela filologia alemã: comparação de todos os manuscritos para recensear as variantes; estabelecimento das filiações de um manuscrito em relação a outro; e proposição de uma versão tão próxima quanto possível do texto primitivo. No entanto, o método não se limita aos textos antigos: vale a pena, por exemplo, confrontar os registros radiofônicos do marechal Pétain com os textos escritos de suas mensagens e discursos, se quisermos saber com exatidão o que ele disse (BARBAS, 1989).

Tendo sido resolvido este aspecto, o historiador ainda tem de enfrentar outros obstáculos. A autenticidade, ou não, de um documento nada exprime sobre seu sentido. Apesar de não ser um documento autêntico, a cópia do diploma merovíngio, elaborada três séculos após o original, não é necessariamente uma falsificação: pode ser uma reprodução fidedigna. A crítica interna analisa, então, a coerência do texto e questiona-se sobre sua compatibilidade com o que se conhece sobre documentos análogos. Essa crítica procede sempre por equiparações: ela seria totalmente impossível se ignorássemos tudo de determinado período ou de um tipo de documento. Neste caso, torna-se evidente que a crítica não poderia ser um começo absoluto: é necessário já ser historiador para poder criticar um documento.

Seria um equívoco acreditar que tais problemas existam apenas em relação aos textos antigos. Apresentaremos, aqui, dois exemplos extraídos da história do século XX. O primeiro é o apelo que o Partido Comunista Francês teria lançado no dia 10 de julho de 1940 para incentivar a resistência contra a invasão das forças nazistas. Ora, esse apelo menciona nomes de ministros nomeados no dia 13 de julho; além disso, não se enquadra no que se sabe da estratégia desse Partido em julho de 1940, no momento em que seus representantes discutem com os ocupantes a retomada da publicação de um cotidiano. Portanto, os historiadores consideraram, em geral, que se tratava de um texto posterior e, como não se integra na série dos exemplares clandestinos do cotidiano comunista *L'Humanité*, foi impresso provavelmente em uma data mais tardia, inclusive, que o final do mês de julho. O embuste não resiste à crítica.

O segundo exemplo é extraído de uma polêmica recente a respeito de Jean Moulin.[66] Em uma obra destinada ao grande público, o jornalista Thierry Wolton afirma que seu biografado – na época, presidente do departamento de Eure-et-Loir – fornecia informações a um espião soviético, Robinson. Para comprovar sua afirmação, ele cita um relatório enviado por Robinson para Moscou, indicando uma intensa atividade nos

---

[66] Patriota francês (1899-1943), fundador do Conselho Nacional da Resistência, preso e torturado, morreu durante sua transferência para a Alemanha. (N.T.).

aeródromos – obras de ampliação das pistas até 4,5 km – de Chartres e Dreux, cidades situadas nesse departamento, assim como a presença de 220 grandes bombardeiros no aeródromo de Chartres. Diante da precisão de tais informações, o jornalista concluiu que esse dirigente seria a única pessoa capaz de fornecê-las. A mais elementar crítica interna deveria dissuadi-lo da utilização do argumento. Com efeito, as cifras citadas são absurdas: pistas com 4,5 km de comprimento não têm qualquer justificação para a aviação de 1940 (para as aeronaves do tipo Boeing 747, basta uma pista de 2 km); além disso, em outubro desse ano, a força aérea alemã contava com um total de 800 bombardeiros. Em Chartres, seu número elevava-se a 30, dos quais 22 em condições de operar. Não se pode afirmar que o informante de Robinson estivesse bem informado![67]

Todos os métodos críticos visam responder a questões simples: de onde vem o documento? Quem é seu autor? Como foi transmitido e conservado? O autor é sincero? Terá razões, conscientes ou não, para deformar seu testemunho? Diz a verdade? Sua posição permitir-lhe-ia dispor de informações fidedignas? Ou implicaria o uso de algum expediente? Essas duas séries de questões são distintas: a *crítica da sinceridade* incide sobre as intenções, confessadas ou não, do testemunho, enquanto *a crítica da exatidão* refere-se à sua situação objetiva. A primeira está atenta às mentiras, ao passo que a segunda considera os erros. Um autor de memórias será suspeito de reservar para si o papel mais favorável e a crítica da sinceridade será particularmente exigente; se descreve uma ação, ou situação, ocorrida à sua frente, sem ser parte integrante, a crítica da exatidão irá atribuir-lhe mais interesse que se tivesse sido o eco de terceiros.

Deste ponto de vista, a distinção clássica entre depoimentos voluntários e involuntários é pertinente: os primeiros foram constituídos para a informação dos leitores, presentes ou futuros. As crônicas, memórias e todas as fontes "em forma de narração" incluem-se nesta categoria, assim como os relatórios dos presidentes de departamentos e regiões, as monografias dos professores primários sobre suas aldeias para a *Exposição Universal de 1900*, além de toda a imprensa... Por sua vez, os depoimentos involuntários não têm o objetivo de fornecer informações; M. Bloch falava, de forma prazerosa, desses "indícios que, sem premeditação, o passado deixa cair ao longo de sua caminhada" (1960, p. 25).

---

[67] Extraímos esse exemplo de BÉDARIDA, 1994, p. 160. Para outros exemplos análogos a propósito da mesma obra, pretensamente histórica, ver VIDAL-NAQUET, 1993.

Uma correspondência privada, um diário verdadeiramente íntimo, a contabilidade de empresas, as certidões de casamento, as declarações de sucessão, assim como objetos, imagens, os escaravelhos de ouro encontrados nos túmulos micênicos, os restos de argila lançados em grotas do século XIV ou os pedaços de metal encontrados nos buracos abertos pelos obuses são mais instrutivos do campo de batalha de Verdun, na Primeira Guerra Mundial, que o testemunho voluntário (fabricado e falsificado) da trincheira das baionetas.

A crítica da sinceridade e da exatidão é muito mais exigente em relação aos depoimentos voluntários. No entanto, evite-se tornar rígida tal distinção porque a habilidade dos historiadores consiste, quase sempre, em tratar os testemunhos voluntários como se fossem involuntários e questioná-los sobre algo diferente do que eles pretendiam exprimir. Aos discursos pronunciados no dia 11 de novembro[68] diante dos monumentos aos mortos, o historiador não procurará indagar-se sobre seu conteúdo – algo de bem precário e repetitivo –, mas irá interessar-se pelos termos utilizados, por suas redes de oposição ou substituição, para encontrar nessas formas de expressão uma mentalidade, uma representação da guerra, da sociedade e da nação. Neste aspecto, ainda M. Bloch observava com humor que, "condenados a conhecê-lo [o passado] por seus vestígios, acabamos por saber a seu respeito muito mais que, por ele mesmo, teria sido possível conhecer" (1960, p. 25).

Que o testemunho seja voluntário ou não, que o autor seja sincero e esteja bem informado ou não, convém, de qualquer modo, não se equivocar relativamente ao sentido do texto (crítica da interpretação). Neste aspecto, a atenção fica ligada ao sentido dos termos, ao seu uso distorcido ou irônico, às afirmações ditadas pela situação (o defunto é, forçosamente, bem considerado em seu elogio fúnebre). Já em seu tempo, M. Bloch achava restrita demais a lista das ciências auxiliares da história propostas aos estudantes, sugerindo que fosse acrescentada a linguística: "Por qual absurdo paralogismo, deixamos que homens que, boa parte do tempo, só conseguirão atingir os objetos de seus estudos através das palavras, [...] ignorem as noções fundamentais da linguística" (1960, p. 28). Os conceitos têm mudado de tal modo de sentido que os mais traiçoeiros são precisamente aqueles que nos parecem mais transparentes: por exemplo, "burguês" não designa a mesma realidade social em um texto medieval, em um manifesto romântico ou em Marx.

---

[68] Comemoração da assinatura do armistício que, em 1918, pôs termo à Primeira Guerra Mundial. (N.T.).

Assim, seria aconselhável estabelecer a história dos conceitos como etapa prévia de qualquer outra história.[69]

De forma mais geral, qualquer texto serve-se do código de determinado sistema de representações que, por sua vez, utiliza determinado vocabulário. Um relatório de presidente departamental ou regional da época da Restauração sobre a situação política e social de um departamento rural era, inconsciente e imperceptivelmente, distorcido por sua representação dos camponeses: ele os observava de acordo com sua expectativa e conforme sua representação prévia lhe permitia acolher; eventualmente, ele menosprezava o que não estava inscrito no interior dessa moldura. A interpretação de seu relatório supõe, portanto, que o historiador esteja atento ao sistema de representações adotado pelos notáveis da época (CORBIN, 1992; CHARTIER, 1989; NOIRIEL, 1989); assim, para a interpretação dos textos, torna-se indispensável levar em consideração as "representações coletivas".

Seria possível prolongar a descrição do método crítico; sem dúvida, é preferível abordar de forma mais minuciosa o espírito que lhe serve de fundamento.

## O espírito crítico do historiador

Fica a impressão, às vezes, de que a crítica é somente uma questão de bom senso e de que a disciplina exigida pela corporação é supérflua, não passando de mania de eruditos, pedantismo de cientistas ou sinal de reconhecimento para iniciados.

Nada de mais falso. As regras da crítica e da erudição, a obrigação de fornecer suas referências, não são normas arbitrárias; certamente, elas instituem a diferença entre o historiador profissional e o amador ou o romancista. No entanto, sua função primordial consiste em educar o olhar do historiador em relação a suas fontes; se quisermos, trata-se de uma ascese e, de qualquer modo, de uma atitude aprendida, não espontânea, mas que forma uma disposição de espírito essencial para o desempenho do ofício.

Eis o que é bem visível quando se procede à comparação entre os trabalhos dos historiadores e os dos sociólogos ou economistas: em geral, os primeiros procuram responder a uma questão prévia sobre a origem

---

[69] Ver KOSELLECK (1990, p. 99-118). Koselleck cita o exemplo de um texto de HARDENBERG (1807): "De qualquer modo, uma hierarquia racional que, sem favorecer uma ordem em prejuízo das outras, permita que os cidadãos de todas as ordens ocupem seu lugar, segundo determinados critérios de classe, eis o que corresponde às necessidades autênticas e não desprezíveis de um Estado". A análise dos conceitos, de épocas diferentes, permite identificar a novidade da afirmação e seu aspecto polêmico.

dos documentos e dos fatos mencionados. Por exemplo, se o assunto tem a ver com a estatística das greves, o historiador não acredita levianamente nas cifras oficiais, mas irá questionar-se sobre a maneira como elas foram coletadas: por quem e segundo qual procedimento administrativo?

A atitude crítica não é natural. Eis o que afirma, de forma categórica, Seignobos (ver boxe 4), ao servir-se da comparação do homem que cai na água e, limitado a seus movimentos espontâneos, acaba por se afogar: "Aprender a nadar é adquirir o hábito de reprimir os movimentos espontâneos e executar movimentos que não são naturais."

---

### 4. – Charles Seignobos: A crítica não é natural

[...] a crítica é contrária à disposição normal da inteligência humana; a tendência espontânea leva o homem a acreditar no que lhe é dito. É natural aceitar todas as afirmações, sobretudo, uma afirmação escrita – mais facilmente se estiver escrita em algarismos – e, ainda mais facilmente, se for oriunda de uma autoridade oficial, se ela for, como se diz, autêntica. Aplicar a crítica é, portanto, adotar um modo de pensamento contrário ao pensamento espontâneo, uma atitude de espírito que não é natural [...]. É impossível assumir tal atitude sem esforço. O movimento espontâneo de um homem que cai na água consiste em fazer tudo o que é necessário para se afogar; aprender a nadar é adquirir o hábito de reprimir os movimentos espontâneos e executar movimentos que não são naturais.

A impressão especial produzida pelos algarismos é particularmente importante em ciências sociais. O algarismo tem um aspecto matemático que dá a ilusão do fato científico. De forma espontânea, tende-se a confundir "preciso e exato"; uma noção indefinida não pode ser inteiramente exata, da oposição entre indefinido e exato, tira-se a conclusão da identidade entre "exato" e "preciso". Esquecemo-nos de que uma informação muito exata é, frequentemente, bastante falsa. Se eu disser que, em Paris, existem 526.637 almas, tratar-se-á de uma cifra precisa, muito mais precisa que "2 milhões e meio" e, no entanto, muito menos verdadeira. Diz-se habitualmente: "brutal como um algarismo", mais ou menos, em um sentido semelhante à "verdade brutal", o que subentende que o algarismo é a forma perfeita da verdade. Diz-se, também: "Isso são apenas algarismos", como se todas as proposições se tornassem verdadeiras ao assumirem uma forma aritmética. A tendência é ainda mais forte quando, em vez de um algarismo isolado, vê-se uma série de algarismos ligados por operações aritméticas. As operações são científicas e verdadeiras; elas inspiram uma impressão de confiança que se estende aos dados de fato a partir dos quais foi feita a operação; é necessário um esforço de crítica para distinguir e admitir que, em

> um cálculo exato, os dados podem estar falsificados, o que desvaloriza completamente os resultados. (Seignobos, 1901, p. 32-35)

Ainda subsistem, atualmente, as crenças contra as quais, de acordo com Seignobos, seria necessário prevenir-se. Convém oferecer sempre resistência ao prestígio das autoridades oficiais; mais que nunca, convém não ceder à sugestão dos algarismos precisos, nem à vertigem dos números. A exatidão e a precisão são aspectos diferentes e um algarismo aproximativo, mas adequado, é preferível à ilusão das decimais. Os historiadores haveriam de se entender melhor com os métodos quantitativos – muitas vezes, indispensáveis –, se prestassem mais atenção em desmistificar algarismos e cálculos.

A essas advertências, que permanecem atuais, convém acrescentar novas observações que dizem respeito ao depoimento das testemunhas diretas e à imagem. Nossa época, ávida de história oral, habituada pela televisão e pelo rádio a "viver" – como se diz sem sorrir – os acontecimentos ao vivo, atribui um valor exagerado à palavra das testemunhas. Em um curso de *licence* em que eu tentava identificar, por crítica interna, a data de um panfleto estudantil do final de novembro de 1940 – o texto referia-se à manifestação do 11 de novembro como se tratasse de um fato relativamente recente –, alguns estudantes céticos lamentaram a impossibilidade de encontrar estudantes dessa época que o tivessem distribuído e fossem capazes de se lembrar da data exata; como se a memória das testemunhas diretas, meio século após o acontecimento, fosse mais fiável que as indicações materiais fornecidas pelo próprio documento.

O mesmo ocorre com as imagens. A fotografia traz em seu bojo esta convicção: como seria possível que a película não tivesse fixado a verdade? A comparação meticulosa de duas fotografias da assinatura do pacto germano-soviético – a primeira, mostrando apenas Ribbentrop e Molotov, enquanto a outra apresenta essas duas personalidades em um cenário diferente já que, atrás deles, de pé, se encontram todos os altos funcionários da URSS, incluindo Stalin –, permite avaliar a amplitude eventual das trucagens.[70] E quando sabemos que, em todos os filmes dos aliados sobre a Primeira Grande Guerra, existem apenas, e somente, duas sequências rodadas efetivamente nas frentes de combate, damo-nos conta

---

[70] A fotografia falsificada é a primeira sem Stalin, nem os altos funcionários políticos, por duas razões. Crítica externa: delimitar o contorno das duas personagens centrais para apagar as outras é mais fácil que adicioná-las. Crítica interna: após a ofensiva alemã na Rússia, os soviéticos tinham interesse em minimizar o compromisso de Stalin. Sobre a crítica do documento fotográfico, ver JAUBERT (1986).

de que uma crítica, em termos de representações coletivas, é essencial antes da eventual utilização desse tipo de documentos.

Entretanto, observamos que a crítica dos depoimentos orais e a das fotografias ou filmes não diferem da crítica histórica clássica. Trata-se do mesmo método, aplicado a outra documentação que, às vezes, utiliza saberes específicos – por exemplo, um conhecimento preciso das condições de filmagem, em determinada época. Mas é, fundamentalmente, um modo de operar semelhante ao do medievalista diante de seus documentos. O método crítico é, conforme veremos mais adiante, o único apropriado à história.

## Fundamentos e limites da crítica

### A história, conhecimento por vestígios

A importância atribuída ao método crítico por todas as obras relacionadas com a epistemologia da história é um sinal inequívoco: esse é realmente um aspecto central. Por que não há história sem crítica? A resposta é sempre a mesma, a começar por Langlois e Seignobos até Bloch e Marrou: por referir-se ao passado, a história é, por isso mesmo, conhecimento através de vestígios.

Não se pode definir a história como conhecimento do passado – de acordo com o que se diz, às vezes, de forma precipitada – porque o caráter *passado* é insuficiente para designar um fato ou um objeto de conhecimento. Todos os fatos do *passado* foram, antes de mais nada, fatos *presentes*: entre uns e outros, nenhuma diferença de natureza. *Passado* é um adjetivo, não um substantivo, e é abusivamente que se utiliza o termo para designar o conjunto, ilimitadamente aberto, dos objetos que podem apresentar esse caráter e receber essa determinação.

Tal constatação acarreta duas consequências às quais nunca será atribuída a devida importância. Em primeiro lugar, a impossibilidade de especificar a história por seu objeto. As ciências propriamente ditas possuem seu próprio domínio, seja qual for sua interdependência; a própria denominação, por si só, permite isolar a área que elas exploram em relação às áreas que não lhes dizem respeito. A astronomia estuda os astros, não os sílices, nem as populações, etc.; no entanto, a história pode interessar-se tanto pelos sílices, quanto pelas populações, inclusive, pelo clima. Não há fatos *históricos* por natureza como existem fatos *químicos* ou *demográficos*. O termo *história* não pertence ao conjunto formado por termos, tais como *biofísica molecular, física nuclear, climatologia*, nem mesmo *etnologia*. De acordo com a afirmação categórica de Seignobos, "os fatos históricos só existem por sua posição relativamente a um observador".

### 5. – Charles Seignobos: Os fatos históricos só existem por sua posição relativamente a um observador

No entanto, desde que alguém procura delimitar praticamente o terreno da história e tenta traçar os limites entre uma ciência histórica dos fatos humanos do passado e uma ciência atual dos fatos humanos do presente, dá-se conta da impossibilidade de estabelecer tal limite porque, na realidade, não há fatos que sejam históricos por sua natureza, como existem fatos fisiológicos ou biológicos. No uso corrente, o termo "histórico" é considerado ainda no sentido antigo: digno de ser relatado. Nesse sentido, diz-se um "dia histórico", uma "palavra histórica". Entretanto, essa noção da história foi abandonada; qualquer incidente do passado faz parte da história, tanto o traje usado por um camponês do século XVIII, quanto a Tomada da Bastilha; além disso, os motivos que tornam um fato digno de menção são infinitamente variáveis. A história abrange o estudo de todos os fatos do passado, sejam eles políticos, intelectuais ou econômicos; aliás, em grande número, eles passaram despercebidos. Segundo parece, portanto, os fatos históricos poderiam ser definidos: os "fatos do passado", por oposição aos fatos atuais que são objeto das ciências descritivas da humanidade. Essa oposição, precisamente, é impossível de manter na prática: em vez de uma diferença de caráter interno, dependendo da natureza de um fato, a atribuição do qualificativo "presente" ou "passado" refere-se a uma diferença apenas de posição relativamente a determinado observador. Para nós, a Revolução de 1830 é um fato do passado e presente para as pessoas que a promoveram; e, do mesmo modo, a sessão de ontem na Assembleia Nacional é já um fato do passado.

Portanto, não há fatos históricos por sua natureza, mas apenas por sua posição relativamente a um observador. Qualquer fato que já não pode ser observado diretamente, por ter deixado de existir, é histórico. Em vez de ser inerente aos fatos, o caráter histórico limita-se à maneira de conhecê-los; portanto, em vez de ser uma ciência, a história é apenas um modo de conhecer.

Neste caso, levanta-se a questão prévia a qualquer estudo histórico: como será possível conhecer um fato real que já não existe? Vejamos a Revolução de 1830: alguns parisienses – atualmente, todos já falecidos – enfrentaram soldados, também mortos, e apoderaram-se de um prédio que já não existe. Para citar, como exemplo, um fato econômico: operários mortos, atualmente, dirigidos por um ministro, também já falecido, fundaram a Manufatura dos Gobelins.[71] Como apreender um fato quando já não é possível observar diretamente qualquer um de seus elementos? Como conhecer determinados acontecimentos quando já não é possível ver diretamente seus atores, nem o cenário? – Eis a solução para esta dificuldade. Se os acontecimentos a serem identificados não tivessem deixado vestígios, seria impossível obter qualquer conhecimento a seu respeito. No entanto, muitas vezes, os fatos desaparecidos deixaram vestígios: às vezes, diretamente, sob a forma de objetos materiais; e, quase sempre, indiretamente, sob a forma de textos redigidos por pessoas que, por sua vez, haviam assistido a esses fatos. Tais vestígios são os documentos e o método histórico consiste em analisá-los para determinar os fatos antigos dos quais esses documentos são os vestígios. Esse método toma como ponto de partida o documento observado diretamente; a partir daí, por uma série de raciocínios complicados, ele remonta até alcançar o fato antigo a ser conhecido. Portanto, ele difere radicalmente de todos os métodos das outras ciências: em vez de observar diretamente fatos, ele opera indiretamente ao argumentar a partir de documentos. Como todo conhecimento histórico é indireto, a história é essencialmente uma ciência de raciocínio; ela serve-se de um método indireto, ou seja, por raciocínio. (SEIGNOBOS, 1901, p. 2-5)

Se, em vez de ser inerente aos fatos, o caráter histórico limita-se à maneira de conhecê-los, resulta daí – como sublinha claramente Seignobos que, nem por isso, deixa de ser defensor de uma história "científica" – que, "em vez de ser uma ciência, a história é apenas um modo de conhecer". Esse é um aspecto sublinhado com frequência e de forma bastante legítima; por exemplo, ele justifica o título do livro de H.-I. Marrou, *De la connaissance historique*.

Enquanto modo de conhecer, a história é um conhecimento por vestígios;[72] de acordo com a elegante fórmula utilizada por J.-Cl. Passeron, trata-se de "um trabalho a partir de objetos perdidos". Ela serve-se dos vestígios deixados pelo passado, de "informações residuais, concordantes, de contextos não diretamente observáveis" (PASSERON,

---

[71] Manufatura parisiense, instalada nas oficinas dos tintureiros Gobelins: em 1667, por determinação de Colbert (1619-1683), secretário de Estado da Casa do Rei, é encarregada da fabricação dos móveis para a Coroa; em seguida, especializou-se na confecção de tapeçarias. (N.T.).

[72] BLOCH (1960, p. 21) atribui a paternidade dessa "feliz expressão" a Simiand. Escrito anteriormente, o texto de Seignobos, apresentado no boxe 5, mostra que, no mínimo, a ideia estava no ar...

1991, p. 69). Na maior parte das vezes, trata-se de documentos escritos – arquivos, jornais, livros –, assim como de objetos materiais: por exemplo, uma moeda ou um utensílio de argila encontrados em uma sepultura ou, mais perto de nós, os estandartes de sindicatos, ferramentas, presentes oferecidos ao operário que se aposenta... Em todos os casos, o historiador efetua um trabalho a partir de vestígios para reconstituir os fatos. Esse trabalho é constitutivo da história; por conseguinte, as regras do método histórico que lhe servem de guia são, no sentido próprio da palavra, fundamentais.

Compreende-se melhor, então, o que afirmam os historiadores ao falarem dos fatos. Um fato nada mais é que o resultado de um raciocínio a partir de vestígios, segundo as regras da crítica. Temos de confessar: o que os historiadores designam, indiferentemente, como "fatos históricos", constitui um verdadeiro "bazar", digno de um inventário à maneira de Prévert.[73] Eis, por exemplo, alguns fatos: a cidade de Orléans foi libertada por Joana d'Arc, em 1429; a França era o país mais populoso da Europa nas vésperas da Revolução Francesa; no momento das eleições de 1936, havia menos de um milhão de desempregados na França; no período da Monarquia de Julho, os operários trabalhavam acima de doze horas por dia; a laicidade tornou-se uma questão política no final do Segundo Império; o uso de vestidos brancos pelas noivas espalhou-se sob a influência das grandes lojas, na segunda metade do século XIX; a legislação antissemita de Vichy[74] não foi ditada pelos alemães... O que haverá de comum entre todos esses "fatos" heteróclitos? Um único ponto: trata-se de afirmações verdadeiras por serem o resultado de uma elaboração metódica, de uma reconstituição a partir de vestígios.

De passagem, observar-se-á que, apesar de ser o único possível para o "passado", esse modo de conhecer não é exclusivo da história. Os cientistas políticos que analisam a popularidade dos presidenciáveis, os especialistas do *marketing* que avaliam a possível clientela para um novo produto, os economistas que se questionam sobre a recessão ou o retorno ao crescimento, os sociólogos que se debruçam sobre o mal-estar dos subúrbios, os juízes que condenam os traficantes de droga ou combatem a corrupção, todos eles interpretam vestígios. O uso do método crítico vai muito além da história.

---

[73] Jacques Prévert (1900-1977), poeta francês que alia imagens insólitas à zombaria popular. (N.T.).

[74] Cidade que, durante a ocupação dos nazistas (1940-1944), serviu de sede ao governo francês, chefiado pelo marechal Pétain. (N.T.).

## Não há fatos sem questionamento

A escola metódica que, na França, criou a profissão de historiador, não se contentava com essa análise. No contexto cultural do final do século XIX, dominado pelo método experimental de Claude Bernard, ela decidiu enfrentar o desafio que consistia em transformar a história em uma "ciência" propriamente dita; daí, seu combate contra uma concepção "filosófica" ou "literária" da história.

Essa perspectiva obrigava a situar o historiador em relação às figuras científicas do químico ou do naturalista em seus laboratórios e, portanto, a focalizar a argumentação sobre a observação. A história, de acordo com a pretensão de Langlois e Seignobos, é também uma ciência da observação; entretanto, no momento em que o químico ou o naturalista observam diretamente os fenômenos de sua disciplina, o historiador deve contentar-se com observações indiretas, por conseguinte, menos fiáveis. Suas testemunhas não são auxiliares de laboratório que, sistematicamente, estabelecem relatórios de experiência, de acordo com protocolos precisos. Neste caso, o método crítico serve de fundamento à história, não só como conhecimento, mas também como ciência: eis o que Seignobos acabou reconhecendo, apesar de ter declarado que ela não poderia ser uma ciência.

Essa vontade de fornecer o *status* de ciência à história explica – além da importância atribuída por essa geração de historiadores à publicação sistemática e definitiva de documentos submetidos à crítica – seu sonho de um repertório exaustivo de todos os textos disponíveis, colocados à disposição dos especialistas, após uma vigilante depuração no plano da crítica. Daí, também, a ideia de alcançar conhecimentos definitivos depois que, pela crítica, a história tenha sido despojada das lendas e falsificações. Daí, por último, a continuidade entre o ensino médio e a pesquisa histórica – esta alimentaria aquele em fatos prontos para serem utilizados – de modo que a história ensinada seria a história erudita, desprovida de seu aparato crítico.

É fácil reduzir essa concepção da história à sua caricatura. Em seu livro, H.-I. Marrou escarnecia da crença desses eruditos positivistas segundo a qual, aos poucos, nas nossas fichas, se acumula o grão puro dos "fatos": o historiador só tem de relatá-los com exatidão e fidelidade, ofuscando-se por trás dos depoimentos reconhecidos como válidos. Em poucas palavras, ele não constrói, mas encontra a história (1954, p. 54).

H.-I. Marrou prosseguia com a citação de R. G. Collingwood[75] que, efetivamente, não poupa os sarcasmos em relação a essa história, à base de "tesoura e cola" (*scissors and paste history*), feita a partir de fatos pré-fabricados (*ready-made statements*) que os historiadores limitar-se-iam a encontrar nos documentos, a exemplo do arqueólogo ao retirar a terra que envolve um objeto de argila.

A caricatura é exagerada e Seignobos não se reconheceria em uma simplificação tão simplista. De resto, sejamos francos: em seu trabalho cotidiano, dando cursos ou escrevendo obras de síntese, a maior parte dos historiadores funciona segundo o esquema de Seignobos. Os historiadores passam muito tempo na leitura recíproca dos próprios textos e na reutilização do trabalho de seus colegas. Os livros de uns são, efetivamente, coletâneas de fatos para os outros, jazidas em que eles vão procurar material para construir seu próprio edifício. O domínio da história é tão vasto e as fontes tão abundantes que seria um equívoco ignorar o trabalho dos colegas e dos predecessores, desde que ele apresente as garantias exigidas pelo método: retomar tudo a partir das fontes seria um empreendimento inócuo e insano. Se os mais importantes antepassados da escola metódica estivessem totalmente enganados e se os fatos não fossem, em certos aspectos, materiais acumulados pela pesquisa crítica com a intenção de fornecê-los a outros historiadores, estes não teriam a preocupação de acumular um tão grande número de notas sobre os livros de seus colegas. Certamente, além de sublinharem as ideias que pretendem aprofundar ou discutir, eles anotam os fatos suscetíveis de serem incluídos em estudos posteriores. Convém falar das práticas tais como elas são: ao consultar as obras dos colegas, nenhum historiador hesita em assenhorear-se de fatos já prontos, contanto que estes tenham sido construídos com critério e que, por outro lado, ele possa reutilizá-los em sua própria construção.

Ocorre que a dissociação entre o estabelecimento dos fatos pelo método crítico e sua interpretação ulterior, se ela corresponde às restrições efetivas do ensino e da síntese, é logicamente inviável; sua adoção como princípio da pesquisa histórica seria um equívoco.[76]

---

[75] Confesso meu gosto por Robin George Collingwood, homem de inteligência fulgurante; pelo que sei, o único filósofo que foi também historiador. Professor de filosofia em Oxford, ele era, igualmente, arqueólogo e historiador da Inglaterra antiga. Escreveu um volume da *Cambridge Ancient History of England*, assim como numerosos artigos eruditos sobre a Grã-Bretanha da época romana; além disso, seu texto é divertido e se lê com prazer...

[76] O erro de Seignobos reside, precisamente, neste aspecto: ele acredita que o ensino e a pesquisa se servem da mesma lógica. Ver nosso artigo "Seignobos revisité" (1994, p. 100-118).

Não levamos em consideração a distinção entre observação direta e indireta, cuja utilidade é reduzida desde que o método, como já vimos, possa aplicar-se a pesquisas sobre o presente e, por outro lado, referir-se a vestígios materiais diretamente observados.[77]

Do mesmo modo, não levamos em consideração a impossibilidade lógica de começar a fazer história pela crítica dos vestígios. A apresentação clássica do método histórico, ao situar a crítica como fundamento lógico do edifício, exige que o pesquisador empenhado em criticar um documento seja dotado de tal número de competências que essa tarefa aparece como impossível para quem já não seja historiador. Convém insistir sobre este ponto: a crítica procede por comparações; neste caso, é impossível descobrirmos a falsidade de um documento se ignoramos a maneira como deveria apresentar-se o documento verdadeiro. Já afirmamos a necessidade de decodificar os textos a partir das representações coletivas subjacentes à sua construção. O historiador terá de ser destemido para se servir da crítica. Eis o que é confirmado pelas dificuldades dos estudantes diante dos comentários de texto que lhes inspiram confiança, evitando-lhes a vertigem diante da folha em branco, mas que se revelam, partindo da experiência comum de um corretor, muito mais difíceis que as dissertações. O historiador está confinado, de alguma forma, em um círculo virtuoso: definido como crítico das fontes, ele só consegue criticá-las se já for historiador.

A ingenuidade fundamental da escola metódica do final do século XIX encontra-se no encadeamento, demasiado simples, entre documento/crítica/fato. Ao visar, manifestamente, Langlois e Seignobos neste trecho, M. Bloch lembrava com circunspeção:

> Um grande número de pessoas e, até mesmo, segundo parece, alguns autores de compêndios, imaginam o desenrolar de nosso trabalho com uma candura verdadeiramente surpreendente. No começo, diriam com toda a naturalidade, trata-se de documentos reunidos pelo historiador que procede à sua leitura e se esforça por ponderar sua autenticidade e veracidade. Em seguida, e somente depois, é que se serve desse material. Há apenas um mal-entendido: não há historiador que, alguma vez, tenha adotado tal procedimento mesmo que, eventualmente, tenha imaginado aplicá-lo. (1960, p. 26)

Efetivamente, ao teorizarem as regras da crítica e ao constituírem a deontologia da profissão em torno dessas normas, os historiadores – tais

---

[77] Bloch discute este aspecto de forma detalhada (1960, p. 17-20).

como Monod, Lavisse, Langlois e Seignobos – não adotaram tal procedimento. Aliás, nem tiveram consciência disso porque suas escolhas decisivas, tendo consistido em interessar-se pelas decisões dos Estados e pelo funcionamento das instituições, levou-os a privilegiar os documentos dos arquivos públicos. Como essa escolha, aparentemente, impunha-se por si mesma, eles não se preocuparam em justificá-la, nem mesmo explicitá-la; assim, ela acabou por cegá-los sobre o seu próprio procedimento.

Essa escolha explica que a história feita por eles se apresente como o estudo de períodos porque o devir dos regimes políticos – assunto que havia suscitado seu interesse – inscreve-se, com efeito, em períodos bem definidos. A essa história-período é costume opor a história-problema em que o questionamento, inteiramente explicitado, serve de fundamento ao recorte do objeto de estudo. A oposição é antiga, assim como a prescrição. O preceito grande de Lord Acton, no final do século XIX, já era o seguinte: "em vez dos períodos, estudem os problemas" (ACTON, 1895). De fato, até mesmo os historiadores empenhados no estudo dos períodos acabam construindo sua história a partir de questões que, por permanecerem implícitas, são insuficientemente controladas.

Com efeito, a história não pode proceder a partir dos fatos: não há fatos sem questões, nem hipóteses prévias. Ocorre que o questionamento é implícito; mas, sem ele, o historiador ficaria desorientado por desconhecer o objeto e o lugar de suas buscas. Além disso, apesar de sua imprecisão inicial, o questionamento deverá tornar-se bem definido; caso contrário, a pesquisa aborta. A história não é uma pesca com rede; o historiador não lança seu barco ao acaso na tentativa de apanhar alguns peixes, sejam eles quais forem. É impossível encontrar resposta para questões que não chegaram a ser formuladas... Neste aspecto, a história assemelha-se às outras ciências, de acordo com a reflexão de P. Lacombe, em 1894 (ver boxe 6).

---

**6. – Paul Lacombe: A impossibilidade de fazer qualquer observação sem partir de uma hipótese**

A história [...] não se presta à experiência, no sentido científico do termo; no que lhe diz respeito, o único método possível é a observação. Convém esclarecer o sentido desta palavra: em geral, imagina-se que a observação consiste em manter o olhar fixado no fluxo infinito dos fenômenos que passam e esperar que, ao passarem, os fenômenos façam surgir no observador uma ideia que seja a revelação de seus aspectos gerais. No entanto, a infinita diversidade dos fenômenos suscita apenas incerteza e dúvida na mente desprovida de qualquer concepção. Em vez de fixar tudo com um olhar vagamente atento e em expectativa, observar é, precisamente, concentrar a atenção em certas regiões ou certos aspectos em virtude de um princípio de eliminação e de escolha, indispensável diante da enorme multiplicidade dos fenômenos. A formulação de uma hipótese e um projeto preconcebido de verificação, eis os únicos aspectos que podem fornecer esse princípio, que circunscreve o olhar e orienta a atenção para um sentido especial, em vez de um outro. Se é óbvio que uma hipótese exige ser verificada, é também certo, apesar de ser menos evidente, que a observação implica, previamente, a concepção de uma hipótese. (LACOMBE, 1894, p. 54)

Ao reivindicarem a autoridade tanto de Lacombe, quanto de Simiand, os historiadores da escola dos *Annales* insistiram particularmente – e com toda a razão – sobre este ponto. Com sua verve habitual, L. Febvre manifesta sua desaprovação aos historiadores que não formulam questões, por meio desta comparação extraída da vida rural:

[...] se o historiador não levanta problemas a si próprio, ou se já os levantou, não formula hipóteses para resolvê-los – no que diz respeito ao ofício, técnica e esforço científico –, tenho motivos para afirmar que ele está um pouco atrasado em relação ao mais insignificante de nossos camponeses: com efeito, estes sabem que não convém deixar os animais, em desordem, em um terreno qualquer para que eles pastem ao acaso; pelo contrário, mantêm os animais no cercado, presos a uma estaca e fazendo-os pastar em determinado lugar em vez de outro. E eles conhecem a razão de tal procedimento. (1953, p. 23)

Em decorrência de sua relativa unanimidade sobre as questões a serem formuladas, os historiadores da escola metódica, tais como Langlois e Seignobos, não chegaram a identificar essa interdependência entre fatos, documentos e questões. Aliás, esse é o ponto fraco de sua epistemologia; no entanto, Seignobos viu perfeitamente que o documento deveria ser objeto de questionamento. Em seu livro, M. Bloch lembrava, inclusive, a frase "surpreendente" – que não é, com certeza, "a declaração de um fanfarrão" –, que havia escapado a seu caro mestre: "É utilíssimo suscitar questões, mas perigosíssimo dar-lhes resposta" (1960, p. XVI).

Em compensação, sua deontologia do estabelecimento dos fatos permanece a regra da profissão; seja qual for a escola reivindicada, os historiadores atuais respeitam os princípios da crítica. Em 1969, no prefácio para uma reedição de *Histoire sincère de la nation française*, de Seignobos, G.-P. Palmade tinha razão em assinalar que todos nós somos herdeiros, "às vezes, inconscientes ou ingratos", da geração dos fundadores da profissão; temos minimizado sua contribuição "por ter sido assimilada de uma forma completa demais".

Com efeito, sejam quais forem os documentos utilizados e as questões formuladas, no estágio do estabelecimento dos fatos, está em jogo a fiabilidade, ou a verdade, do texto fornecido pelo historiador para ser lido; daí depende o valor da história como "conhecimento". A história baseia-se em fatos e qualquer historiador tem obrigação de produzi-los para confirmar suas afirmações. A solidez do texto histórico, ou seja, sua admissibilidade científica, dependerá do esmero que tiver sido aplicado na construção dos fatos; portanto, o aprendizado do ofício incide, simultaneamente, sobre o método crítico, o conhecimento das fontes e a prática do questionamento. É necessário aprender, simultaneamente, a tomar notas corretamente, a ler corretamente um texto sem se equivocar sobre seu sentido, suas intenções e seu alcance, além de formular questões pertinentes. Daí, a importância – nos cursos de história, tais como estão organizados na França – das "explicações de documentos", textos, imagens, tabelas estatísticas, etc; daí, a importância atribuída, na avaliação dos pesquisadores, ao trabalho de primeira mão, à indicação das fontes, das referências, em breve, a tudo o que, de maneira apropriada, é designado como "aparato crítico". Para sua grandeza ou subserviência, a história não suporta as imprecisões. Uma data ou uma referência são verdadeiras ou falsas; não se trata de uma questão de opinião. E, para contestar determinada leitura da história, é necessário produzir outros fatos, outras datas e referências.

Quem sabe se a preservação de certa unidade, apesar das divisões que permeiam a profissão de historiador – aliás, a exemplo do que ocorre em qualquer grupo social –, tenha a ver com essa deontologia comum?

CAPÍTULO IV

# As questões do historiador

Não existem fatos, nem história, sem um questionamento; neste caso, na construção da história, as questões ocupam uma posição decisiva.

Com efeito, a história não pode definir-se por seu objeto, nem por documentos. Como vimos, não existem fatos históricos por natureza; além disso, o campo dos objetos, potencialmente históricos, é ilimitado. É possível fazer – e faz-se – história de tudo: clima, vida material, técnicas, economia, classes sociais, rituais, festas, arte, instituições, vida política, partidos políticos, armamento, guerras, religiões, sentimentos (o amor), emoções (o medo), sensibilidade, percepções (os odores), mares, desertos, etc. Pela questão é que se constrói o objeto histórico, ao proceder a um recorte original no universo ilimitado dos fatos e documentos possíveis. Do ponto de vista epistemológico, a questão desempenha uma função fundamental, no sentido etimológico do termo: com efeito, ela serve de fundamento e constitui o objeto histórico. Em certo sentido, o valor da história depende do valor de sua questão. Daí, a importância e a necessidade de colocar a questão da questão.

## O que é uma questão histórica?

### Questões e documentos

A questão do historiador não é ingênua. Não lhe viria à ideia de se questionar, por exemplo, sobre o sentimento da natureza no homem de Cro-Magnon por saber que, por falta de vestígios, trata-se de uma questão inócua; ocupar-se desse assunto seria perder seu tempo. Com a questão do historiador – e eis por que ela permite construir os fatos –, ele tem uma ideia das fontes e dos documentos que lhe permitirão resolvê-la, ou seja, também uma primeira ideia do procedimento a adotar para abordá-los.

> Sempre que formula uma questão, o historiador já tem em mente uma ideia preliminar, cuja verificação pode ser tentada a partir do documento que ele será capaz de utilizar [...]. Na ciência, a formulação de questões para as quais não existem meios de fornecer uma resposta é o pecado fundamental, a exemplo do que ocorre na vida política quando são dadas ordens que, segundo se presume, não serão cumpridas. (Collingwood, 1946, p. 281)

Portanto, não há questão sem documento. O historiador nunca se limita a formular uma "simples questão" — até mesmo quando se trata de uma questão simples — porque, em seu bojo, traz uma ideia das fontes documentais e dos possíveis procedimentos de pesquisa. Ela supõe já um conhecimento mínimo das diversas fontes eventuais e imagina sua utilização por métodos que já tenham sido experimentados em outras pesquisas... Voltamos a encontrar o círculo virtuoso: é necessário ser já historiador para ser capaz de formular uma questão histórica.

---

**7. – Robin G. Collingwood: Questionar do ponto de vista histórico**
Tudo o que é perceptível para o historiador pode ser utilizado, do ponto de vista racional, como prova (evidence), seja qual for o assunto, se ele vier a formular a questão adequada em sua mente. A ampliação do saber histórico depende, sobretudo, de descobrir a maneira de utilizar, como prova, a percepção de determinado fato que, até então, havia sido considerado sem utilidade pelos historiadores.

Assim, todo o mundo perceptível constitui, potencialmente e em princípio, uma prova que se torna efetiva na medida em que o historiador pode utilizá-la. E tal operação só será possível se este vier a abordá-la com o tipo adequado de saber histórico. Quanto mais amplo for nosso saber, tanto maior será nossa capacidade para aprender a partir de todo e qualquer fragmento de fontes (evidence); no entanto, se não possuirmos tal saber, seremos incapazes de aprender algo. As fontes só existem como tais ao serem consideradas por alguém do ponto de vista histórico. (COLLINGWOOD, 1935, p. 19)

---

Tampouco existe documento sem ter sido questionado. Por sua questão, o historiador estabelece os vestígios deixados pelo passado como fontes e como documentos; antes de serem submetidos a questionamento, eles nem chegam a ser percebidos como vestígios possíveis, seja qual for o objeto. Em seu livro, M. Bloch ilustra este aspecto com um exemplo significativo: "Antes de Boucher de Perthes, os sílices abundavam, como ocorre nos dias de hoje, nas aluviões do rio Somme; no entanto, faltava o questionador, nem havia pré-história" (1960, p. 26).

O mesmo é dizer que "o próprio documento não existe antes que intervenha a curiosidade do historiador" (Marrou, 1954, p. 302) e que, ao mesmo tempo, tudo pode ser documento, desde que seja assumido por ele. Eis o que R. G. Collingwood resume por uma fórmula definitiva: "*Everything in the world is potential evidence for any subject whatever*" (1946, p. 280). Com a condição de que o historiador saiba como utilizá-lo. Aliás, esse aspecto era bem conhecido de L. Febvre: a parte mais apaixonante do trabalho de historiador consiste em levar as coisas silenciosas a se tornarem expressivas.

---

**8. – Lucien Febvre: Tudo pode ser documento**

A história faz-se, sem dúvida, com documentos escritos, quando eles existem; e, até mesmo, na sua falta, ela pode e deve fazer-se. A partir de tudo o que a engenhosidade do historiador pode lançar mão para fabricar seu mel, na falta de flores usuais. Portanto, a partir de palavras e sinais; de paisagens e pedaços de argila; das formas de campos e de ervas daninhas; dos eclipses de lua e das coleiras de parelha; da perícia de pedras feita por geólogos e da análise de espadas metálicas por químicos. Em suma, a partir de tudo o que, pertencente ao homem, depende e está a serviço do homem, exprime o homem, significa a presença, a atividade, as preferências e as maneiras de ser do homem. Uma grande parte – e, sem dúvida, a mais apaixonante – de nosso trabalho de historiador não consistirá no esforço constante para que as coisas silenciosas se tornem expressivas, levá-las a exprimir o que elas são incapazes de dizer por si mesmas a respeito dos homens e das sociedades que as produziram e, finalmente, para constituir entre elas essa ampla rede de solidariedade e ajuda mútua que supre a falta do documento escrito? (FEBVRE, 1953, p. 428)

---

O primado da questão sobre o documento acarreta duas consequências: em primeiro lugar, a impossibilidade da leitura definitiva de determinado documento. O historiador nunca consegue exaurir completamente seus documentos; pode sempre questioná-los, de novo, com outras questões ou levá-los a se exprimir com outros métodos. Eis, por exemplo, as declarações de sucessão depositadas nos arquivos fiscais: grandes investigações têm procurado apurar amplas amostras para extrair informações sobre a fortuna dos franceses no século XIX (DAUMARD, 1973; LÉON, 1974).

No entanto, elas contêm, certamente, outras informações: sobre os regimes matrimoniais e os dotes, se o tema abordado for o casamento; ou, ainda, sobre a mobilidade profissional e geográfica... Com efeito, a declaração menciona necessariamente o endereço e a profissão dos herdeiros e seria possível – inclusive, na falta de uma documentação mais apropriada sobre o assunto – elaborar estudos sobre a mortalidade.

Vê-se o papel fundamental do questionamento na construção do objeto histórico. As declarações de sucessão podem servir de fonte para várias histórias. Mediante a questão é que, a partir do mesmo documento – por um recorte e abordagens diferentes –, se constrói uma história da fortuna ou uma história da mobilidade social. O que levanta, evidentemente, grandes problemas aos arquivistas que, muitas vezes, por falta de espaço, são levados a depurar seus acervos pela eliminação dos documentos "inúteis"! Mas, como saber, atualmente, os documentos que, amanhã, poderão fornecer a resposta para as questões, ainda desconhecidas, dos historiadores?

Em segundo lugar, a solidariedade indissociável entre a questão, o documento e o procedimento adotado para abordá-lo explica que a renovação do questionário implica uma renovação dos métodos e/ou do repertório documental. Não aprofundaremos este ponto, ilustrado de forma excelente pelo livro de J. Le Goff e P. Nora, *Faire de l'histoire*, com os títulos de seus três volumes sucessivos: *Nouveaux Problèmes*, *Nouvelles Approches*, *Nouveaux Objets*. À medida que formula novas questões, o historiador constitui novos aspectos da realidade presentemente acessível em fontes e vestígios, ou seja, em documentos. Os historiadores do século XIX privilegiavam os vestígios escritos, enquanto no século XX têm sido questionadas as escavações arqueológicas para responder às questões sobre a história da vida material; verificou-se um interesse pelos rituais, símbolos e cerimônias para identificar as práticas sociais e culturais. Os bustos que representam a República Francesa, os monumentos aos mortos e os campanários das aldeias tornaram-se documentos; por sua vez, os textos escritos foram questionados sobre aspectos diferentes daqueles que, segundo se presume, eles deveriam exprimir, em particular, graças a uma abordagem linguística e à estatística lexical. A investigação oral fez testemunhar os sobreviventes silenciosos da história. Em suma, teremos oportunidade de voltar ao assunto, o repertório documental e o arsenal metodológico não cessaram de aumentar seus acervos para responder a novas questões.

Essa renovação do questionário, que é o móbil da evolução da disciplina, não obedece evidentemente ao capricho individual dos historiadores.

As questões encadeiam-se umas nas outras, geram-se mutuamente. Por um lado, as curiosidades coletivas deslocam-se; por outro, a verificação/ refutação das hipóteses dá origem a novas hipóteses, no âmago de teorias que evoluem. A pesquisa é, portanto, indefinidamente relançada. A exemplo da lista dos fatos, o elenco das questões históricas nunca estará encerrado: a história terá de ser continuamente reescrita.

Entretanto, em cada momento da história, existem questões que deixam de ser formuladas e outras que estão na ordem do dia: as primeiras são contestadas e rebatidas, enquanto as segundas encontram-se no cerne das preocupações da profissão. A inserção das questões no campo das problemáticas atuais da corporação determina seu *status* científico. Nem todas exibem o mesmo grau de legitimidade.

---

### 9. – Robin G. Collingwood: Qualquer coisa pode tornar-se fonte

Por um lado, os dados (data) e, por outro, os princípios de interpretação: eis os dois elementos de qualquer reflexão de caráter histórico. Mas eles não existem separadamente para se juntarem posteriormente: só podem existir juntos. Em vez de adotar dois momentos sucessivos – coleta dos dados, seguida por sua interpretação –, o historiador começa por formular um problema em sua mente para orientar sua busca de dados relativos a esse assunto. Tudo, e seja qual for sua proveniência, pode servir-lhe de dados se ele for capaz de encontrar a maneira de interpretá-los. Os dados do historiador constituem a totalidade do presente.

Portanto, em vez de ser a coleta ou a contemplação de fatos brutos ainda não interpretados, o começo da pesquisa histórica consiste em formular uma questão para desencadear a busca de fatos que possam contribuir para fornecer-lhe uma resposta. Deste modo, qualquer pesquisa histórica está focalizada sobre determinada questão ou problema particular que define seu tema. Além disso, a questão só deverá ser formulada se o historiador tiver algumas razões para pensar que será capaz de encontrar uma resposta que, por sua vez, deverá basear-se em uma argumentação autenticamente histórica; caso contrário, tal questão ficará sem efeito e, no máximo, será apenas uma curiosidade ociosa e não o centro, tampouco um elemento de um trabalho histórico. Eis o que exprimimos ao dizer que uma questão é "formulável" ou "não". O fato de ser formulável significa que ela mantém um vínculo lógico com nossas reflexões anteriores; neste caso, temos um motivo para formulá-la e não somos animados pelo capricho de uma simples curiosidade. (COLLINGWOOD, 1930, p. 14)

## A legitimidade das questões

Ao prestarmos atenção ao depoimento dos historiadores, as questões mais legítimas são, portanto, as que fazem "avançar" sua disciplina. Mas, qual será o sentido desta frase?

Entre as várias maneiras de fazer "avançar" a história, a mais simples consiste em preencher as lacunas de nossos conhecimentos. Mas o que é uma lacuna? Haverá sempre uma aldeia, cuja história ainda não tenha sido escrita; no entanto, a história de uma enésima aldeia preencheria verdadeiramente uma lacuna? Ela nos ensinaria algo que ainda desconhecêssemos? Em vez de um objeto suplementar cuja história não tenha sido escrita, a verdadeira lacuna é constituída pelas questões ainda sem resposta para os historiadores. E como as questões se renovam, ocorre que determinadas lacunas desaparecem sem terem sido preenchidas... As questões podem deixar de ser formuladas, mesmo antes de terem recebido uma resposta.

Essa constatação acarreta duas consequências. A primeira tem a ver com o fato de que a escrita da história nunca estará encerrada. Os historiadores do final do século XIX pensavam que seu trabalho era definitivo; tratava-se de um sonho. Será necessário retomar incessantemente a história, levando em consideração novas questões e novos conhecimentos. De acordo com a pertinente observação de R. G. Collingwood: qualquer história é um relatório de etapa sobre o progresso realizado, até o momento presente, no estudo do tema abordado. Daí resulta que todas as histórias são, ao mesmo tempo, uma história da história. "Eis por que, em cada época, a história deve ser escrita sob novas perspectivas" (1930, p. 15).

O mesmo é dizer que a legitimidade do trabalho histórico não se encontra diretamente nos documentos. Um estudo de primeira mão, elaborado diretamente a partir dos documentos, pode ser destituído de interesse científico se responder a questões informuláveis; inversamente, um estudo de segunda mão, baseado em trabalhos anteriores de outros historiadores, pode apresentar uma grande pertinência científica, se vier a inscrever-se em um questionamento inovador. Para ser plenamente legítima para os historiadores, uma questão deve inserir-se em uma rede de outras questões, paralelas ou complementares, acompanhadas por respostas possíveis, cuja escolha dependerá do trabalho efetuado sobre os documentos. A questão histórica é, assim, aquela que se inscreve no que convém chamar, efetivamente, uma teoria.

O *status* da biografia histórica fornece um bom exemplo desse problema de inserção no campo científico. A biografia era plenamente legítima para a história política. Os integrantes dos *Annales* negaram-lhe qualquer interesse porque ela não permite apreender os grandes conjuntos econômicos e sociais. Questionar-se sobre um homem, e necessariamente um homem conhecido – porque os outros raramente deixaram vestígios –, era desperdiçar um tempo que teria sido mais bem utilizado em encontrar a evolução dos preços ou a discernir o papel dos grandes atores coletivos, tais como a burguesia. Assim, no período entre 1950 e 1970, a biografia – individual e singular por definição – era deixada fora de uma história científica, voltada para o aspecto geral. No entanto, ela respondia à demanda do público: grandes coleções obtiveram um verdadeiro sucesso. Por solicitação dos editores, os historiadores, seduzidos pela expectativa da notoriedade – participação, por exemplo, no programa televisivo, sobre literatura, dirigido por Bernard Pivot – e o atrativo dos direitos autorais, aceitaram esse trabalho por encomenda que acabou por despertar seu interesse. Simultaneamente, verificava-se uma mudança na configuração teórica da história: apagava-se a expectativa relativamente a uma história sintética, a uma história total, que permitisse uma compreensão global da sociedade e de sua evolução; e tornava-se mais interessante compreender, a partir de casos concretos, os funcionamentos sociais, culturais e religiosos. Neste novo contexto, a biografia mudava de *status* e acabou adquirindo legitimidade. Passou a ser elaborada de maneira diferente, não se limitando à dos homens "importantes": em vez de determinar a influência do indivíduo sobre os acontecimentos, ela procurou compreender, por seu intermédio, a interferência de determinados encadeamentos e a articulação de redes complementares.

Naturalmente, a definição do campo variável das questões legítimas constitui um desafio de poder no interior da profissão de historiador; com efeito, os detentores das posições de poder é que decidem os questionamentos pertinentes. Ao aceitarem ou recusarem artigos, as revistas são um desses espaços de poder; daí, sua importância na história da disciplina. A polêmica dos *Annales* contra a história historizante é um bom exemplo dos conflitos que atravessam a corporação para a definição das questões legítimas; do mesmo modo, no final da década de 70, a discussão desencadeada pela história autoproclamada "nova" contra a história decretada, por isso mesmo, tradicional. Determinados grupos, mais ou menos numerosos e constituídos por membros de diferentes procedências, enfrentaram-se assim em debates teóricos, cujo pretexto era a hegemonia científica sobre a profissão, hegemonia que trouxe em seu bojo vantagens materiais e simbólicas, tais como a influência sobre as carreiras ou a recuperação de postos prestigiosos. Além de científicos, eram conflitos sociais de um tipo particular: esse duplo aspecto foi perfeitamente designado pela expressão "conflitos de escolas" porque o termo "escola" exprime, simultaneamente, um grupo de intelectuais e a teoria que serve de fundamento à sua identidade.

A pluralidade dos polos em torno dos quais se organizou a profissão, tais como sua abertura aos historiadores estrangeiros, impediu que tais conflitos – aliás, atenuados – não redundassem em uma verdadeira dominação. Entretanto, contribuíram para fazer evoluir a configuração das questões pertinentes e suscitaram "modas" historiográficas que estiveram na origem de inúmeros estudos inspirados pelas mesmas problemáticas. Em suma, trata-se de um importante fator da historicidade das próprias questões históricas.

No entanto, a história destas questões não se limita à história, científica e social, das "escolas" históricas, nem obedece apenas a fatores internos à profissão que, por sua vez, encontra-se inserida globalmente em uma sociedade para a qual ela funciona e que a faz viver. Por outro lado, ela é composta por indivíduos que, ao fazerem história, são movidos por razões pessoais. A questão histórica é formulada no âmago não só da profissão, mas também de uma sociedade e por pessoas: dupla polaridade que nos compete aprofundar.

## O enraizamento social das questões históricas

### Pertinência social e pertinência científica

De um ponto de vista científico, nem toda a produção de obras chamadas históricas à disposição de nossos contemporâneos possui o mesmo grau de aceitabilidade.

Algumas histórias desempenham um papel de diversão, com o objetivo de distrair, de fazer sonhar. Elas procuram o insólito no tempo, um exotismo análogo ao que era proporcionado, no espaço, pelas revistas de vulgarização geográfica; esse tipo de história é que obtém sucesso na mídia e se vende em grande número de exemplares nas bancas de revistas das estações ferroviárias. Sua função social não é desprezível, nem inofensiva, à semelhança do que ocorre com as reportagens da revista *Paris-Match* sobre a família reinante do Principado do Mônaco ou com os catálogos das agências de turismo. Para os historiadores, essa história baseada em aspectos secundários, focalizada na vida privada dos príncipes de outrora, nos crimes ainda não elucidados, em episódios espetaculares e costumes estranhos, não merece grande interesse; em vez de ser desqualificada por seus métodos que podem garantir a perfeita observância das regras da crítica, a história midiática é desacreditada pela futilidade de suas questões.

Observemos, de passagem, o poder social exercido, aqui, pela profissão de historiador. Com que direito poderíamos afirmar que as paixões de Madame de Pompadour ou o assassinato do almirante e colaboracionista, F. Darlan, são questões fúteis, ao passo que se justifica a elaboração da história relativa aos mineiros de Carmaux (R. Trempé), à representação do litoral (A. Corbin) ou ao livro no século XVIII? A profissão de historiador é que decide a aceitabilidade de determinada história e fixa os critérios de apreciação, a exemplo da profissão de médico que rejeita ou reconhece o valor medicinal da vacinação ou da homeopatia. Neste aspecto, existe um poder efetivo, cujo monopólio se encontra, quase sempre, nas mãos de historiadores inexperientes.

Outras questões apresentam uma pertinência social. Não é fútil, por exemplo, comemorar o desembarque das tropas aliadas na Normandia (6 de junho de 1944) ou a aniquilação dos resistentes pelos nazistas no Parque Regional de Vercors (junho-julho de 1944), através de artigos ou de programas de televisão. Na opinião dos profissionais, as questões formuladas não são novas e essas produções midiáticas não fazem "avançar" a história. Por que motivo o desembarque ocorreu nessas praias? Por que razão os alemães não reagiram mais rapidamente e de uma forma mais maciça? Mesmo que a resposta seja conhecida pelos historiadores, não deixa de ser útil para sociedade que ela seja exposta ou lembrada por ocasião da passagem do cinquentenário desses eventos.

A história que responde assim ao que, por convenção, se designa – com uma expressão um tanto imprecisa, sem deixar de ser conveniente – por "demanda social" pode muitíssimo bem respeitar todas as exigências da profissão. Ela compreende naturalmente a história que se ensina nas escolas e pode ser considerada legítima se tiver sido construída a partir de fontes e se levou em consideração as últimas aquisições da pesquisa. Ocorre que, do ponto de vista científico, ela pode ser também pertinente, ao renovar a problemática, para não citar a documentação. Para a profissão de historiador, é importante que essa história seja feita por profissionais: abandonar a vulgarização aos jornalistas especializados seria tão perigoso quanto renunciar à formação dos professores dos liceus e colégios. Ocorre que, em geral, a pertinência científica dessa história, tal como a dos compêndios, é duvidosa: a frente pioneira da disciplina raramente lhe presta atenção.

As questões cientificamente pertinentes, as que fazem "avançar" a história, não são desprovidas, direta ou indiretamente, de pertinência social: apesar de não servir de fundamento à pertinência científica, ela pode acompanhá-la de forma harmoniosa. A história da formação profissional na França, por exemplo, apresenta atualmente um interesse tão vigoroso no plano social, quanto no plano científico. Como é que se constituiu, exclusivamente neste país, um ensino profissional tão fortalecido? Por que a França decidiu formar os operários na escola? Essas questões suscitam o interesse dos próprios profissionais, empresários ou sindicatos, assim como dos políticos, por esclarecerem as evoluções atuais e as decisões a serem tomadas; mas não deixam de despertar igual interesse aos historiadores que, por seu intermédio, esperam obter uma nova compreensão da articulação entre evolução técnica, relações sociais na empresa, estruturas dos ramos profissionais e relação das empresas com o Estado. Tive a sorte de apresentar as provas do livro *Histoire de l'enseignement* a meu editor, cuja sede é situada no *boulevard Saint-Michel*, em pleno *Quartier Latin*, na manhã do dia – 11 de maio de 1968 – em que, à noite, foram erguidas barricadas; confesso ter experimentado o sentimento de certa utilidade social na medida em que eu havia procurado inserir uma história, até então, puramente institucional, em uma história social em conformidade com as questões científicas da época... Apesar de sua imprevisibilidade, nunca se deve excluir a possibilidade de coincidências felizes.

O encontro entre pertinência social e pertinência científica não é, no entanto, somente uma questão de oportunidade: se, às vezes, o acaso é favorável deve-se ao fato de que os historiadores, como indivíduos e como grupo, fazem parte da sociedade em que vivem; mesmo quando julgam suas questões "puramente" históricas, elas estão impregnadas sempre dos problemas de seu tempo. Assim, em geral, elas apresentam interesse para a sociedade no âmago da qual se procede à sua formulação.

## Historicidade das questões históricas

Qualquer questão histórica é, de fato, formulada *hic et nunc* por um homem situado em uma sociedade. Mesmo que pretenda voltar-lhe as costas e atribuir à história uma função de puro conhecimento desinteressado, ele não consegue abstrair-se de seu tempo. Todas as questões são formuladas a partir de determinado lugar. Como foi mostrado por R.

Koselleck, a consciência da historicidade dos pontos de vista do historiador, e da necessidade que lhe é inerente de reescrever periodicamente a história, é um dos traços característicos da própria constituição, no final do século XVIII, do pensamento histórico moderno. Neste momento, contentemo-nos em citar Goethe: "O contemporâneo de um tempo que avança é levado a percepções a partir das quais o passado se deixa apreender e julgar de uma nova maneira" (KOSELLEK, 1990, p. 281). Cada época acaba impondo, assim, seus pontos de vista à escrita da história.

Formular, por exemplo, a questão da história de uma família, de sua genealogia e de suas alianças, elaborar a biografia de um rei e de seu reinado, tinha sentido na Idade Média, época em que os cronistas se encontravam, quase sempre, sob a dependência dos príncipes e sob o Antigo Regime. O próprio Voltaire iniciou sua obra histórica por uma *Histoire de Charles XII* (1731) e deu-lhe continuidade com *Le Siècle de Louis XIV* (1751); no entanto, imerso em um período conturbado, ele percebeu que, para o historiador, a temática relativa às mudanças nos costumes e nas leis merecia mais interesse que os reis e as cortes. Eis o que, na sua esteira, Guizot (1787-1874) – em muitos aspectos, herdeiro do Iluminismo e Ministro da Instrução Pública (1832-1837) – designará, sob a Restauração, como a "civilização".

Com Augustin Thierry e Michelet, encontramo-nos em pleno Romantismo. A história centralizava-se no povo, como herói coletivo; ela enfatizava o detalhe pitoresco, a "cor local"; chegava mesmo a privilegiar, até certo ponto, a Idade Média que, no mesmo período, havia suscitado o estilo "trovador". Uma das questões que obcecava a época consistia em conhecer as origens da nação francesa a partir do povo franco; ela tinha interferência com a questão das origens da nobreza e, então, acabou convergindo para a questão da sociedade de ordens e da Revolução. Já falamos da importância desse contexto para a história no século XIX.

Os próprios historiadores da escola metódica – que pretendiam escrever uma história puramente científica, desligada, sem tumultos, das contingências sociais – formularam a questão relativa à nação e às instituições, ou seja, as questões políticas mais relevantes da época. Foi necessário esperar que a vitória de 1918 tivesse tornado a República incontestável para que outras questões fossem formuladas, desta vez, econômicas e sociais, coincidentes com as preocupações de uma época habitada pela crise econômica e a luta de classes. Labrousse – que havia sido advogado e, em seguida, jornalista comunista em 1920 – dedicou-se ao estudo das origens econômicas da Revolução Francesa no próprio momento em que a crise econômica de 1930 solapava a sociedade francesa.

Essa configuração da profissão de historiador passou por mudanças na década de 70. Mais acima, já falamos que essa evolução sofreu a influência do contexto intelectual, da emergência das novas ciências sociais e do estruturalismo; convém, igualmente, fazer intervir o recuo do marxismo, o desmantelamento do movimento operário e a progressão do individualismo. No momento da criação do MLF,[78] da legalização da interrupção voluntária da gravidez e do direito de votar aos 18 anos, a nova história foi levada a formular questões relativas ao gênero, à morte e à festa.

Certamente, nessa época, tratava-se de coincidências globais e, neste grau de generalidade, não se corre grande risco em afirmar a relação entre a questão dos historiadores e o momento histórico em que eles vivem. No entanto, de acordo com o que se observou relativamente a Labrousse, o vínculo era, às vezes, mais direto. Eis o que já se verificava com o autor do "petit Lavisse": que o celebrante da identidade nacional francesa tenha mostrado seu interesse pela história da Prússia, durante o reinado de Frederico II, no momento em que a unidade alemã ameaçava a França e em que se consolidava o triunfo de Bismarck, dá testemunho de um vínculo direto entre a questão histórica e o contexto.

No entanto, trata-se também de um elo direto entre a questão do historiador e seu formulador.

## O enraizamento pessoal das questões históricas

### O peso dos compromissos

Não causa espanto a ninguém o fato de que um ex-ministro da Fazenda francês, afastado momentaneamente da política, utilize seu lazer para escrever um livro sobre *La Disgrâce de Turgot*: adivinha-se, nesse estudo histórico, a justificativa para sua ação. No entanto, os historiadores profissionais assemelham-se perfeitamente ao amador de talento que era Edgar Faure: os compromissos deles são simplesmente menos visíveis e sua implicação na vida política menos direta; e nem sempre é assim. Se prestarmos uma atenção maior às questões que haviam suscitado seu interesse, certamente, ficaremos impressionados com o peso de seus compromissos ou, pelo contrário, com seu desapego.

---

[78] Sigla de *Mouvement de libératon des femmes* [Movimento de liberação das mulheres]: movimento feminista criado, na França, em 1968. (N.T.).

Aliás, trata-se de uma característica habitual; vejamos, por exemplo, o caso de Charles Seignobos (1854-1942). O melhor de sua obra histórica é um grande compêndio de ensino superior – os quatro volumes de *Histoire de la France contemporaine* – que abrange o período do Segundo Império até 1918: uma história política bem contemporânea. Filho de um deputado republicano do departamento de Ardèche, de tradição protestante, ele foi um militante dreyfusista bastante ativo; mais tarde, assinou a petição contra a "lei dos três anos [de serviço militar]" (1913) e apoiou um comitê "pacifista", em 1917. Como será possível deixar de ver o vínculo entre seu compromisso e a história que escreve?

Esse vínculo é, evidentemente, mais direto para os historiadores do contemporâneo que para os outros. Eis, por exemplo, uma geração de historiadores que deram sua plena legitimidade científica à história operária com C. Willard (os simpatizantes de J. Guesde), M. Rebérioux (J. Jaurès), R. Trempé (os mineiros de Carmaux), M. Perrot (a greve), J. Julliard (F. Pelloutier), assim como a geração da *Libération*, aquela que conheceu o Partido Comunista em seu apogeu e aderiu à causa do movimento operário de uma forma intermitente, ou seja, aproximando-se ou mantendo-se à distância dele. Os historiadores atuais do comunismo, tais como A. Kriegel ou P. Robrieux, chegaram a ser, muitas vezes, dirigentes desse Partido; neste caso, transferiram um conhecimento direto dos costumes comunistas para suas análises históricas.

Do mesmo modo, os historiadores do catolicismo ou do protestantismo são, quase sempre, católicos ou protestantes convictos; entre eles, a exemplo do que ocorre entre os historiadores do comunismo, é possível encontrar trânsfugas, ou seja, padres em conflito com a Igreja que solicitaram a redução ao estado laical, assim como profissionais fiéis, cujas competências ou reputação são utilizadas pela Igreja.

Finalmente, terceiro e último exemplo para a história contemporânea: o rápido desenvolvimento atual da história judaica, a do antissemitismo do governo de Vichy e do genocídio, a dos campos de extermínio, deve-se, frequentemente, a historiadores, cuja família havia sido vítima dessa perseguição.

Estaríamos equivocados, entretanto, se acreditássemos que, além dos contemporâneos, ninguém mais seria tributário de seus engajamentos; muitas vezes, esse foi, também, o caso dos historiadores da Revolução Francesa. Aulard, primeiro titular da cátedra na Sorbonne, era um *agrégé* de letras designado para esse posto, não tanto por sua formação, mas por suas convicções; mais recentemente, Soboul, por exemplo, não dissimulava sua preferência pelo comunismo.

É verdade que nem todos os historiadores estão engajados; no entanto, o interesse profissional do historiador pela evolução da coletividade constitui um fator favorável ao compromisso que, provavelmente, é mais frequente na corporação que no conjunto da população com o mesmo nível cultural. O que não prejulga o sentido dessa atitude – existem historiadores em todos os campos –, nem a torna automática: alguns historiadores de elevada reputação evitaram precisamente qualquer compromisso para se dedicarem integralmente à história; aliás, essa foi a escolha dos integrantes dos *Annales*. No livro *L'Étrange défaite*, M. Bloch se questionava:"Resta à maior parte de nós o direito de dizer que fomos bons operários. Teremos sido, de forma convincente, bons cidadãos?" (BLOCH, 1957, p. 217-218). E ajustando sua vida às suas afirmações – enquanto L. Febvre dava continuidade, a contragosto, aos *Annales* e Labrousse aceitava ministrar, provisoriamente, cursos na Sorbonne que lhe eram interditados pelas leis antijudaicas –, M. Bloch, apesar de seus 55 anos, envolveu-se no movimento da Resistência à ocupação da França; tendo sido capturado, foi fuzilado pelos nazistas. Na obra de M. Bloch, L. Febvre ou F. Braudel – para citar apenas historiadores já falecidos –, é imperceptível o tipo de compromisso social que alimentava a pesquisa; isso deve-se, também, ao fato de que o engajamento, se é que se trata de uma experiência social, em certos aspectos, insubstituível – voltaremos ao assunto –, está longe de constituir o único modo de implicação do historiador, como pessoa, nas questões abordadas no exercício de sua profissão.

## O peso da personalidade

Qualquer ofício "intelectual" implica diretamente a própria pessoa. O estudo cotidiano, durante anos a fio, da filosofia, da literatura ou da história, acaba assumindo uma significação pessoal. Não creio que seja possível ser um bom historiador sem um pouco de paixão, sinal de relevantes desafios pessoais. O enraizamento existencial da curiosidade no âmbito da história explica a constância da pesquisa, o esforço despendido pelo historiador e, convém reconhecer, igualmente, o prazer e a alegria prodigalizados, às vezes, pelo exercício desse ofício.

Neste aspecto, os psicanalistas teriam algo a dizer; o inconsciente desbrava seu caminho, certamente, na obra dos historiadores. Ainda não existem estudos sobre esse ponto. No entanto, citarei o livro de Roland Barthes, *Michelet*: o fascínio visível do grande historiador pelo sangue, por exemplo, remete a algo de muito profundo. Sem avançar tão longe, o historiador estabelece com seu objeto uma relação íntima pela qual se afirma, progressivamente, sua própria identidade. Ao debruçar-se sobre a vida e a morte dos homens do passado, ele trabalha também sobre sua própria vida e morte. O deslocamento do tipo de sua curiosidade à medida que avança em idade é, também, a história de uma identidade pessoal; eis o que faz todo o interesse atribuído, recentemente, e um tanto narcisicamente, à ego-história.

Daí a necessidade de uma tomada de consciência e de uma elucidação que se impõe, de forma evidente, pelos compromissos políticos, religiosos ou sociais. O conhecimento íntimo fornecido por eles a respeito do objeto de estudo constitui um trunfo insubstituível: conhecer, a partir do interior, como as coisas podem passar-se no âmago do grupo que é objeto de análise, acaba por sugerir hipóteses, orientar em direção de documentos e fatos que passariam despercebidos para o observador externo. No entanto, o risco de ser parcial, a favor ou contra, de preparar uma defesa ou uma acusação, não é menos evidente. A paixão acaba por obcecar; ela inspira a disposição de comprovar tanto os erros, quanto os acertos, de denunciar as perversidades e as ciladas ou de celebrar a generosidade e a lucidez. Por eximir-se de confessar sua vontade de proceder a um ajuste de contas ou de corrigir os erros, o historiador corre o risco de aceitar fatos, de forma precipitada, sem construí-los com o devido cuidado, atribuindo-lhes uma importância exagerada. A exemplo do que ocorre com qualquer oportunidade, o conhecimento íntimo por compromisso pessoal é também um risco; ele permite que o historiador possa avançar, de forma mais rápida e mais profunda, na compreensão de seu tema, mas também pode ofuscar sua lucidez sob a turbulência dos afetos.

O público traduz, em geral, essa dificuldade ao afirmar que esses historiadores carecem de "recuo": de alguma forma, conviria esperar certo distanciamento em relação aos acontecimentos para fazer história; trata-se de uma visão sumária. O bicentenário da Revolução Francesa mostrou-nos que o período de dois séculos é insuficiente para esfriar as paixões. Em seus trabalhos sobre a Antiguidade, os historiadores fazem referência, às vezes, a questões bastante contemporâneas: seria incompreensível a energia investida, sob a 3ª República, no estudo de Demóstenes e da resistência de Atenas a Filipe de Macedônia se, em filigrana, não fosse percebida, por trás da figura do rei conquistador, a figura de Bismarck e, por trás da cidade grega, a República Francesa.

A história tem necessidade, certamente, de "recuo" que, entretanto, não provém automaticamente do afastamento no tempo; além disso, não basta esperar para que se concretize tal distanciamento. Convém fazer a história do tempo presente como profissional, a partir de documentos e não de lembranças, para deixá-lo a uma distância adequada. Neste sentido, de acordo com a afirmação de Robert Frank (1994, p. 164), a história do tempo presente não poderia ser uma história imediata: convém quebrar a imediatidade da atualidade e, para isso, o historiador deve reservar o tempo para construir mediações entre o tempo presente e a história que escreve sobre esse tema; isso supõe, em particular, que ele esclareça suas implicações pessoais. Os historiadores republicanos do início do século XX não tinham, aliás, a timidez manifestada por alguns, atualmente, em relação ao passado próximo. O recuo não é a distância no tempo exigida como condição prévia para fazer história: pelo contrário, a história é que cria o recuo.

No entanto, além de ser necessária para elaborar a história "quente" ou do tempo presente, a elucidação das implicações pessoais do historiador impõe-se em todos os casos. De acordo com a afirmação de H.-I. Marrou, ao referir-se a Croce, "toda a história é contemporânea", qualquer problema autenticamente histórico (que Croce opunha ao "fato curioso", oriundo de uma pura e inútil curiosidade), mesmo que se refira ao passado mais longínquo, é precisamente um drama que se representa na consciência de um homem de nossos dias: trata-se de uma questão que o historiador se formula, tal como ele é, "em situação", no contexto de sua vida, de seu meio e de seu tempo (1954, p. 205).

Ao menosprezarmos essa inserção da questão histórica na consciência de um historiador situado *hic et nunc*, correríamos o risco de nos ludibriar a nós mesmos. A observação é recorrente e, inclusive, já havia sido feita por Bardley, em 1874:

> Não há história sem preconceitos; a verdadeira distinção deve ser estabelecida entre o autor que não tem consciência de seus preconceitos, talvez, falsos, e o autor que ordena e cria conscientemente a partir de referências já conhecidas e que servem de alicerce ao que, para ele, é a verdade. Ao tomar consciência de seu preconceito, a história começa a tornar-se verdadeiramente crítica e se previne (na medida do possível) contra as fantasias da ficção. (1965, p. 154)

Os historiadores não comprometidos, que pretendem ser cientistas genuínos, estão talvez, neste aspecto, mais ameaçados pela falta de lucidez em relação a suas próprias ideias preconcebidas por não sentirem necessidade de elucidar sua motivação. "Temos o direito de fazer qualquer coisa, com a condição de saber o que estamos fazendo", diz o bom senso popular: no entanto, precisamente, o historiador nunca se limita a fazer história. Tendo sido um importante historiador do catolicismo antigo, especialista de Santo Agostinho e, ao mesmo tempo, um católico convicto e militante de esquerda, H.-I. Marrou formulou perfeitamente essa exigência.

---

### 10. – Henri-I. Marrou: Elucidar as razões de sua curiosidade

Parece-me que a honestidade científica exige que o historiador, por um esforço de tomada de consciência, defina a orientação de seu pensamento e (na medida do possível) explicite seus postulados. Que ele se mostre em ação e nos faça assistir à gênese de sua obra: a razão da escolha e delimitação de seu tema, assim como a maneira de abordá-lo; seu objetivo e o resultado de sua investigação. Que ele descreva seu itinerário interior porque toda pesquisa histórica, se for verdadeiramente fecunda, implica um progresso na própria alma de seu autor: o "encontro com outrem", dos instantes de espanto às descobertas, contribui, por sua transformação, para aprofundar o autoconhecimento. Em suma, que ele nos forneça todos os materiais que uma introspecção escrupulosa pode contribuir para aquilo que, em termos tomados de empréstimo a Sartre, eu havia proposto designar como sua "psicanálise existencial". (MARROU, 1954, p. 240)

---

Por "psicanálise existencial", H.-I. Marrou entendia o esforço despendido para elucidar as próprias motivações; de fato, trata-se de uma *catarse*, de uma purificação e de um despojamento. Neste sentido, em vez de um passatempo ou ganha-pão, a história é, em determinados aspectos, uma ascese pessoal, a conquista de uma libertação interior. O recuo criado pela história é, também, recuo em relação a si mesmo e a seus próprios problemas. Vemos, aqui, a seriedade profunda da história. Além de um saber, ela é um trabalho de autoanálise; é ainda insuficiente afirmar que é uma escola de sabedoria. Ao escrever história, o historiador se cria a si mesmo. Eis o que, no termo de sua obra, Michelet exprimiu em uma página impressionante.

---

### 11. – Jules Michelet: Fui criado por meu livro...

Minha vida identificou-se com este livro, introduziu-se nele; aliás, tornou-se meu único evento. No entanto, essa identidade do livro com o autor não será um perigo? A obra não ficará colorida com os sentimentos, com o tempo, daquele que a elaborou?

> Eis o que se verifica sempre: por mais exato e mais semelhante que seja ao modelo, qualquer retrato inclui sempre algo do artista [...]
>
> Se tal procedimento é um defeito, temos de confessar que ele nos presta um bom serviço. O historiador desprovido dessa característica, que pretenda ofuscar-se ao escrever, desaparecer e manter-se por trás da crônica contemporânea [...] não é, de modo algum, historiador [...]
>
> Ao penetrar mais profundamente no objeto, o indivíduo acaba por lhe ter afeição e, desde então, vai dedicar-lhe um interesse crescente. O coração emocionado é dotado de vidência, é capaz de enxergar uma infinidade de coisas invisíveis para o povo indiferente. Neste olhar, verifica-se uma interpenetração entre história e historiador. Será algo de bom ou ruim? Aí, se opera algo que ainda não foi descrito e que temos o dever de revelar:
>
> Na evolução do tempo, em vez de ser feita pelo historiador, é a história, sobretudo, que o faz. Fui criado por meu livro; considero-me obra dele. O filho engendrou seu pai. Apesar de ter sido, inicialmente, feito por mim, oriundo da turbulência (ainda bastante conturbada) de minha juventude, ele tornou-me muito mais forte, forneceu-me muito mais luz, inclusive, mais energia vital, mais capacidade efetiva para fazer emergir o passado. Se houver semelhança entre nós, melhor ainda. As características que tenha absorvido de mim são, em grande parte, aquelas que eu lhe tinha pedido de empréstimo, que eu havia absorvido dele. (MICHELET IN EHRARD; PALMADE, 1964, p. 264-265, Prefácio)

No entanto, evitemos cair no outro extremo. Se qualquer historiador, até mesmo aquele que pretende ser o mais "científico", encontra-se envolvido pessoalmente com a história que escreve, isso não significa que ele deva abordar seu trabalho como simples opinião subjetiva, impulso de seu temperamento e reflexo de um inconsciente superlotado. Para alcançar, precisamente, uma melhor racionalidade é que o historiador deve elucidar suas implicações. Colocar a ênfase no sujeito-historiador não deve esbater os objetos da história, se alguém deseja propor um estudo pertinente, do ponto de vista social, por basear-se em motivos convincentes. Philippe Boutry (1995, p. 67) sublinha o perigo da "hipertrofia do sujeito-historiador":

> [...] enquanto o ego do historiador ocupa, como senhor absoluto, o lugar em que, outrora, reinava o fato bruto, e como crédulo da época do cientificismo, uma evocação mais ou menos radical da capacidade da

razão humana para alcançar uma verdade qualquer do conhecimento do passado rejeita globalmente os grandes modelos explicativos para se deleitar ludicamente com a experimentação sistemática das hipóteses e das interpretações "revisitadas" ilimitadamente. Senhor do jogo, o historiador parece ter perdido, às vezes, a percepção das implicações de sua disciplina – que não poderiam ser algo além da inteligibilidade, para cada nova geração, da memória conservada em relação aos homens, às coisas e às palavras que deixaram de existir.

A questão do historiador deve situar-se, assim, entre o mais subjetivo e o mais objetivo. Profundamente enraizada na personalidade de seu formulador, ela se formula apenas se for concordante com documentos em que possa encontrar resposta. Inserida nas teorias ou, às vezes, somente nas modas, que permeiam a profissão, ela desempenha, a um só tempo, uma função profissional, uma função social e uma função pessoal mais íntima.

Essa análise da questão, enquanto fundamento da seriedade da história, permite trazer um primeiro esclarecimento à questão recorrente da objetividade ao fazer história que não pode provir do ponto de vista adotado pelo historiador porque ele está necessariamente situado e é necessariamente subjetivo. Na história, é impossível opinar de forma superficial e à distância: quem pretendesse defender tal postura seria um tresloucado e estaria confessando simplesmente sua incorrigível ingenuidade. Em vez de objetividade, seria preferível falar de imparcialidade e de verdade, as quais só podem ser conquistadas ao termo do intenso labor desenvolvido pelo historiador. Elas encontram-se, não no começo, mas no termo de seu trabalho; tal constatação fortalece a importância das regras do método.

CAPÍTULO V

# Os tempos da história

Poderíamos ter escrito, provavelmente, as páginas precedentes, sem introduzir qualquer modificação, se nosso tema tivesse sido a sociologia: bastaria ter substituído as palavras *história, historiador* e *histórico* por *sociologia, sociólogo* e *sociológico*, respectivamente. Com efeito, todas as disciplinas interessadas, de perto ou de longe, pelos homens que vivem em sociedade formulam às fontes — a partir de um grupo profissional e de determinada sociedade — questões que têm também um sentido pessoal para seu formulador. O que distingue a questão do historiador, situando-a à parte, da questão formulada pelo sociólogo ou pelo etnólogo é um aspecto que ainda não abordamos: sua dimensão *diacrônica*.

O profano não se engana ao reconhecer os textos históricos pelo fato de apresentarem datas; aliás, com alguma ironia, Lévi-Strauss chamou a atenção para esse aspecto.

---

**12. – Claude Lévi-Strauss: Não há história sem datas**
Não há história sem datas; para convencermo-nos disso, basta verificar como o aluno consegue aprender história, reduzindo-a a um corpo descarnado, cujo esqueleto é formado por datas. Não foi sem motivo que se reagiu contra esse método maçante, mas, caiuse, frequentemente, no extremo oposto. Se a história não é feita unicamente por datas que nem são seu aspecto mais interessante, elas constituem o aspecto sem o qual a própria história deixaria de existir já que sua verdadeira originalidade e especificidade encontram-se na apreensão da relação entre um "antes" e um "depois", a qual seria votada a se dissolver se — pelo menos, virtualmente — seus termos não pudessem ser datados.

> Ora, a codificação cronológica dissimula uma natureza muito mais complexa do que se imagina, quando as datas da história são concebidas sob a forma de uma simples série linear. (LÉVI-STRAUSS, 1990, p. 342)

A questão do historiador é formulada do presente em relação ao passado, incidindo sobre as origens, evolução e itinerários no tempo, identificados através de datas. A história faz-se a partir do tempo: um tempo complexo, construído e multifacetado. O que é, portanto, esse tempo caracterizado pelo fato de que, ao servir-se dele, a história simultaneamente o constrói, além de constituir uma de suas particularidades fundamentais?

## A história do tempo

### Um tempo social

Primeira característica que não será motivo de surpresa: o tempo da história é, precisamente, o das coletividades, sociedades, Estados e civilizações. Trata-se de um tempo que serve de referência comum aos membros de um grupo.

A observação é tão banal que, para compreender seu alcance, convém identificar o que ela exclui. O tempo da história não é o tempo físico, nem o tempo psicológico; tampouco é o dos astros ou dos relógios de quartzo, divisível ilimitadamente, em unidades rigorosamente idênticas. Apesar de ser semelhante no que diz respeito à continuidade linear e à divisibilidade em períodos constantes – séculos, anos, meses, dias –, é diferente por não ser uma moldura externa, disponível para todas as experiências. "O tempo histórico, diferentemente da reta geométrica que é composta por uma infinidade de pontos, não é formado por uma infinidade de fatos" (Ariès, 1986, p. 219). O tempo da história não é uma unidade de medida: o historiador não se serve do tempo para medir os reinados e compará-los entre si – essa operação não teria qualquer sentido. O tempo da história está incorporado, de alguma forma, às questões, aos documentos e aos fatos; é a própria substância da história.

O tempo da história também não é a duração psicológica, impossível de medir, dotada de segmentos, cuja intensidade e espessura são variáveis; em determinados aspectos, é comparável a essa duração por seu caráter de experiência vivida. Cinquenta e dois meses de guerra em 1914-1918 mantêm certa analogia com as semanas passadas entre a vida e a morte em um hospital. O tempo da guerra é muito longo... Por sua vez, o da Revolução ou o de Maio de 1968 passam bastante rapidamente. O historiador faz a contagem, às vezes, em número de dias, até mesmo, de horas; e outras vezes, em meses, anos ou períodos mais longos. No entanto, tais flutuações no desenrolar do tempo da história são coletivas; independentes da psicologia de cada um, é possível objetivá-las.

Aliás, é lógico que o tempo da história esteja em harmonia com o próprio objeto da disciplina. Ao estudar os homens que vivem em sociedade – e voltaremos ao assunto –, a história se serve de um tempo social, ou seja, de referências temporais que são comuns aos membros da mesma sociedade. No entanto, o tempo não é o mesmo para todas as sociedades: para os historiadores atuais, é o de nossa sociedade ocidental contemporânea. É o resultado de uma longa evolução, de uma conquista secular. Seria impossível, nos limites deste ensaio, delinear sua história completa, tanto mais que, em grande parte, ela ainda está por escrever; no mínimo, é indispensável colocar as principais balizas e deduzir as grandes linhas dessa conquista.[79]

## A unificação do tempo: a era cristã

O tempo de nossa história está ordenado, ou seja, tem uma origem e um sentido. Neste aspecto, ele desempenha uma primeira função, essencial, de colocar em ordem, permitindo classificar os fatos e os acontecimentos de maneira coerente e comum. Essa unificação fez-se com a chegada da era cristã, ou seja, nosso tempo está organizado a partir de um acontecimento fundador que o unifica: o nascimento do Cristo. E erroneamente datado na medida em que, segundo os críticos, o Cristo teria nascido alguns anos, antes ou depois, de Jesus Cristo: eis o que consolida o caráter abstrato e simbólico dessa referência, apesar de tudo, indispensável, e que funciona como uma origem algébrica, incluindo uma datação anterior e posterior (a.C. e d.C.) a esse evento.

Será necessário esperar o século XI para que a era cristã, portanto, datada a partir do nascimento do Cristo, se torne predominante na cristandade; além disso, será imposta ao mundo inteiro, como referência comum, pela expansão dos impérios coloniais – espanhol, holandês, britânico e francês. No entanto, essa conquista foi lenta e incompleta.

A generalização da era cristã implicou o abandono de uma concepção circular do tempo que estava extremamente disseminada, inclusive, na

---

[79] Sem esquecer a citação anterior de P. Ariès, indicamos, essencialmente, ao leitor as obras de GUÉNÉE (1990); POMIAN (1984); KOSELLECK (1990) e MILO (1991).

China e no Japão, regiões em que a datação se fazia por anos do reinado do Imperador: a data origem é o início do reino. No entanto, os reinos se encadeavam em dinastias ou eras, cada uma das quais segue a mesma trajetória, desde a fundação por um soberano prestigioso até sua decadência e ruína. Cada dinastia correspondia a uma das cinco estações, uma virtude cardeal, uma cor emblemática, um dos cinco pontos cardeais; assim, o tempo fazia parte da própria ordem das coisas (BOURGON, 1991, p. 71-80).[80]

O tempo cíclico era também, por excelência, o do Império Bizantino. Com efeito, tendo retomado do Império Romano um ciclo fiscal de quinze anos, a indicção, os bizantinos estabeleceram a datação em referência a esse ciclo, a partir da conversão de Constantino (ano 312). As indicções se sucediam e se enumeravam de tal modo que uma data era o ano de determinado ciclo: por exemplo, o terceiro ano da 23ª indicção. No entanto, apesar de saberem em que indicção se encontravam, os contemporâneos nem sempre se preocupavam, ao datarem um documento, em indicar seu número exato; aliás, a exemplo do que ocorre conosco que, ao datar nossas cartas, nem sempre mencionamos o ano. De algum modo, tratava-se de uma espécie de tempo circular.

No Ocidente, os romanos estabeleciam a data por referência aos cônsules; em seguida, de uma forma mais cômoda, por referência, ao início do governo dos imperadores. O Evangelho de Lucas nos fornece um bom exemplo dessas práticas ao datar o começo da vida pública do Cristo: "No décimo quinto ano do império de Tibério César, quando Pôncio Pilatos era governador da Judeia, Herodes tetrarca da Galileia, seu irmão Filipe, tetrarca da Itureia [...], enquanto Anás e Caifás eram sumos sacerdotes" (Lc 3,1). Ao citar sucessivamente os governos, ao apresentar a lista dos cônsules, os historiadores haviam calculado uma cronologia a partir da fundação de Roma, *ab urbe condita*; ao mesmo tempo, erudito e precário, esse cálculo não chegou a entrar nos hábitos comuns. Após o desmoronamento do Império, as datas foram estabelecidas por referência às diversas autoridades. Os soberanos datavam a partir do início de seus reinados; por sua vez, os monges referiam-se à fundação de sua abadia ou ao período da permanência do abade. Os cronistas aceitavam essa divisão que permitia introduzir sucessões ordenadas, mas era como se cada reinado, ou cada abadia, fosse uma região com seu próprio mapa, escala e símbolos; de resto, durante muito tempo, manteve-se a datação por referência aos

---

[80] Os cinco pontos correspondem aos nossos pontos cardeais, incluindo o centro.

reinados ou às magistraturas locais. Ainda hoje, subsistem vestígios dessa prática, como essa placa fixada na fachada da igreja parisiense de Saint-Étienne-du-Mont que chama a atenção do passante para o fato de que sua construção foi iniciada no reinado de Francisco 1° e terminou no reinado de Luis XIII. Por sua vez, os mortais comuns viviam um tempo estruturado pelo trabalho agrícola e pela liturgia: tempo cíclico por excelência que não avança, nem recua. As diferenças referem-se à situação, relativamente ao ciclo, de determinado momento: o Pentecostes é diferente do Advento, mas a mesma sequência repete-se anualmente.

Duas razões relevantes explicam que a pluralidade desses tempos cíclicos tenha vindo, finalmente, inserir-se no calendário único da era cristã. A primeira refere-se à vontade de encontrar uma concordância entre os diversos tempos, classificar os reinados dos soberanos das diversas partes do mundo conhecido, uns em relação aos outros: é a lenta tomada de consciência da unidade da humanidade, a emergência da noção de história universal. Esse primeiro momento é datado por P. Ariès no século III de nossa era:

> A ideia de uma história universal, incluindo todos os tempos e todos os espaços em um único conjunto, não ocorreu ao helenismo, tampouco à latinidade. Em contato com a tradição judaica, o mundo romano, cristianizado, descobriu que o gênero humano tinha uma história solidária, uma história universal: esse momento capital, que deve ser reconhecido como a origem do sentido moderno da História, situa-se no século III de nossa era. (1986, p. 100)

Nessa conjuntura, convém sublinhar, a história desempenhou um papel decisivo: havia necessidade de historiadores ou, no mínimo, de cronistas, para fazer emergir essa ideia de uma comunidade formada pela humanidade inteira. Em vez de ser dada na consciência imediata, ela é a obra de uma vontade recapitulativa, cuja primeira forma será o quadro de concordâncias.

A aparição da era cristã respondeu a um segundo motivo: a necessidade de fazer coincidir o calendário solar, herdado dos romanos, com o calendário lunar, oriundo do judaísmo, e que organizava a vida litúrgica. Com efeito, a principal festa do cristianismo, a Páscoa, não ocorre, anualmente, na mesma data. Daí, as enormes dificuldades para datar a partir da Paixão do Cristo, como os cristãos já haviam começado a fazer, segundo a lógica: como harmonizar a sucessão dos anos, cujo início ocorre em diferentes momentos? Será necessária uma verdadeira ciência de contagem dos anos, do cálculo e do calendário. Foi um monge inglês, Beda, o Vulnerável, quem optou, no início do século VIII, por um cálculo baseado no nascimento do Cristo. Temos de elogiar sua audácia que vai ao ponto de inventar o cálculo antecipado de modo que a data mencionada é anterior ao evento de referência: "No sexagésimo ano antes da Encarnação do Senhor, Caius Julius Cæsar foi o primeiro romano a declarar guerra aos britânicos".[81] No Continente,[82] o primeiro documento datado a partir do ano da encarnação remonta a 742, mas será necessário esperar pelo século XI para se verificar a generalização da era cristã (GUÉNÉE, 1980, p. 156).

A inclusão do calendário litúrgico e civil na era cristã constituiu uma mudança capital. A cristandade tinha preocupações relativas ao calendário porque era necessário dividir o ano em períodos litúrgicos. No entanto, por ser cíclico, o calendário não implicava a era que, por sua vez, é linear, contínua, regular e orientada. Enquanto a datação se fazia a partir dos reinos e pontificados, a narrativa histórica desenvolveu-se segundo uma lógica aditiva, a dos anais e das crônicas que se contentavam em situar os fatos relatados, sem hierarquizá-los necessariamente, fazendo referência a acontecimentos tanto naturais (inundações, inverno rigoroso), quanto políticos (batalhas, bodas e óbitos da realeza). A história supõe uma lógica em forma de narração, causal, que liga os fatos uns aos outros: a era fornece-lhe uma moldura indispensável. No entanto, ela ainda não é plenamente o tempo dos homens porque continua sendo o tempo de Deus.

## Um tempo orientado

Propor um tempo que chegue até nós é uma pretensão inaudita: trata-se, exatamente, de uma laicização do tempo. Ao tentarem transformar o início da República no acontecimento fundador de uma era nova, suplantando o nascimento do Cristo, os promotores da Revolução trocaram, além da origem do tempo, seu termo. E substituíram o tempo que leva ao fim do mundo por um tempo que chega até eles; por si só, tal postura constituía uma mudança capital que, na época, se tornou possível por ter sido desencadeada pelo próprio movimento da sociedade e da cultura "modernas".

Para a cristandade – e, pelo menos, até o Renascimento – o fim do mundo era, com efeito, o único verdadeiro desfecho do tempo. Entre o Cristo e o Juízo Final, o tempo dos homens era o da expectativa do

---

[81] *Historia ecclesiastica gentis anglorum*, cerca de 726. Ver MILO, 1991, cap. 5: "Esquisse d'une histoire de l'Ère chrétienne".

[82] Referência ao "continente" europeu relativamente à situação insular da Grã-Bretanha. (N.T.).

retorno de Deus: um tempo sem espessura, nem consistência própria. "Vós não sabeis nem o dia, nem a hora..." Deus era o único senhor do tempo. Portanto, nada poderia ocorrer de verdadeiramente importante na passagem dos dias, nada de verdadeiramente novo para os indivíduos, nem para as sociedades. O tempo cíclico continuava a habitar a era cristã. Apesar de ser diferente do idoso, o homem jovem deixará de se distinguir dele quando, por sua vez, se tornar velho. Nada a esperar do tempo que se escoava, salvo o final dos tempos, o retorno do Cristo. O tempo estava, de algum modo, estagnado, era estático. *Nada há de novo debaixo do sol...* dizia o Eclesiastes, filho do rei David. O reformador alemão, Melanchton, continuava a inscrever-se nesse tempo estático quando, no início do século XVI, afirmava: "O mundo permanece tal como ele é: eis por que as ações permanecem as mesmas no mundo, embora as pessoas morram" (KOSELLECK, 1990, p. 19).

Nessa textura temporal pré-moderna que deixaria o lugar à temporalidade propriamente histórica, os homens de todas as idades eram, de algum modo, contemporâneos. Os mestres fabricantes dos vitrais medievais, como os pintores do *Quattrocento*, não veem qualquer dificuldade em fazer figurar um generoso doador em traje contemporâneo no meio dos santos ou pastores da Natividade: eles pertenciam ao mesmo mundo e ao mesmo tempo. Neste sentido, R. Koselleck (1990, p. 271) comenta um célebre quadro de Altdorfer, *A batalha de Alexandre*, pintado em 1529 para o duque de Baviera e conservado na Pinacoteca de Munique: os persas assemelham-se aos turcos que, nesse momento, cercam Viena, enquanto os macedônios parecem-se com os soldados da infantaria alemã da batalha de Pavia.[83] Há uma superposição de Alexandre e Maximiliano. Em seu quadro, Altdorfer indica o número dos combatentes, dos mortos e dos prisioneiros, sem mencionar a data por ser irrelevante: entre ontem e hoje, não há diferença.

O tempo moderno é portador, pelo contrário, de diferenças irreversíveis; ele torna o "depois" irredutível ao "antes". Trata-se de um tempo fecundo, prenhe de novidade, que nunca se repete e cujos momentos são únicos; ele supõe uma espécie de revolução mental que se fez lentamente.

O humanismo e o renascimento constituíram uma primeira etapa. Ao reencontrarem a Antiguidade e seus mestres, na literatura, na esteira de

---

[83] Derrota do rei francês Francisco 1º que é feito prisioneiro pelas tropas de Carlos V, em 24 de fevereiro de 1525. (N.T.).

Petrarca, assim como na arte, os humanistas da segunda metade do século XV operaram um recorte da história em três épocas: entre a Antiguidade e seu tempo, estendia-se um período intermediário, uma *media ætas*, nossa Idade Média, espécie de buraco negro marcado negativamente pela perda de tudo o que havia feito a excelência da Antiguidade. Os reformadores compartilhavam essa visão; daí, sua tentativa em remontar às fontes de uma fé primitiva, corrompida mais tarde.

No entanto, os humanistas, os reformadores e, de uma forma mais geral, os homens do Renascimento continuavam a perceber um tempo estacionário: os modernos esperavam encontrar o nível dos antigos, mas não superá-los. Apenas em meados do século XVI, começou a emergir a ideia de um possível progresso. Para Vasari, por exemplo – autor de uma história dos pintores, escultores e arquitetos (1550) –, a mensagem da Antiguidade havia sido completamente esquecida; os modernos voltaram a descobri-la, mas são capazes de elaborar obras mais perfeitas. O retorno às fontes era uma superação; o que havia sido círculo, tornava-se espiral ascendente.

É possível acompanhar, no decorrer dos séculos XVII e XVIII, os progressos dessa ideia constitutiva de nossa percepção moderna da temporalidade. Esse foi o caso, por exemplo, de Fontanelle que, em 1688, declarou o seguinte: "Nunca haverá degeneração entre os homens e as sucessivas percepções positivas de todos os espíritos ilustres irão acrescentar-se sempre umas às outras"(POMIAN, 1984, p. 119). Eis o que podia ser afirmado, sobretudo, em relação aos homens do Iluminismo, tais como Turgot e sua obra *Tableau philosophique des progrès successifs de l'esprit humain* (1750). Por último, a Revolução forneceu-lhe uma aceleração formidável: a representação moderna do tempo impôs-se, então, como uma evidência. O filósofo Kant insurgiu-se, por exemplo, contra a tese de que tudo permanecerá como sempre foi; o futuro será diferente, ou seja, melhor. O tempo da história, nosso tempo, triunfante nesse momento, era o do progresso.

Após o trágico século XX, sabemos que o futuro poderá ser pior, pelo menos provisoriamente; portanto, não podemos compartilhar o otimismo do século XIX que não deixa de subsistir, implicitamente, nas representações de nossos contemporâneos ao sentirem dificuldade para conceber que o progresso possa interromper-se, que o nível de vida cesse de aumentar e que os Direitos Humanos continuem sendo ignorados por um grande número de governos. O tempo no qual se move nossa sociedade é um tempo ascendente; aliás, convidados a utilizar uma reta para representá-lo, os alunos nunca desenham uma linha achatada ou descendente...[84] Apesar dos desmentidos concretos e da ausência de necessidade lógica, permanecemos fiéis ao tempo do progresso, aquele que deve conduzir necessariamente para algo de melhor; para se convencer disso, basta observar o uso dos termos "regressão" ou "marcha à ré" para designar tudo o que desmente essa norma.

Assim, nossa sociedade move-se nesse tempo ascendente, criador de novidades e surpresas; no entanto, para ser utilizado, é submetido pelos historiadores a algumas transformações.

## A construção do tempo pela história

### Tempo, história e memória

Para identificar as particularidades do tempo dos historiadores, é esclarecedor confrontá-las com o tempo de nossos contemporâneos, tal como é possível apreendê-lo pelos etnólogos. Eis, por exemplo, Minot, aldeia do departamento de Borgonha, objeto de uma pesquisa aprofundada (ZONABEND, 1980). Nesta investigação, os etnólogos encontram, exatamente, a temporalidade moderna: em vez de se assemelhar ao passado, o presente é diferente e melhor. Ele opõe-se a um passado indistinto sem datas, nem pontos de referência, nem etapas. A clivagem entre um "antes" e um "depois" é bastante nítida, mas o "antes" é um tempo imóvel que não se pode remontar.

O tempo da história e a temporalidade moderna constituem, por sua vez, um produto da história. Em seu livro, R. G. Collingwood (1946, p. 325-326) imagina uma sociedade de pescadores em que, na sequência de um progresso tecnológico, a pesca diária passaria de dez para vinte peixes. No seio dessa comunidade, a avaliação dessa mudança seria diferente entre jovens e idosos: estes invocariam, com nostalgia, a solidariedade imposta pela antiga técnica; por sua vez, os jovens sublinhariam o ganho em tempo livre. Os julgamentos coincidem com um modo de vida específico de cada um desses grupos; para comparar os dois modos de vida e as duas técnicas, convém começar por fazer a história de ambos. Eis por que, prossegue nosso autor, os revolucionários

---

[84] Ver Nicole Sadoun-Lautier, 1992, cap. 3. O tempo é representado pelos alunos seja por uma flecha que sobe, seja por um traçado sinuoso ou em patamares, mas igualmente ascendente, e nunca por uma reta horizontal ou descendente.

só podem julgar que sua revolução constitui um progresso na medida em que são também historiadores, ou seja, capazes de compreender o modo de vida que, afinal, foi objeto de sua rejeição.

Essa comparação entre o passado e o presente supõe que o tempo da história seja objetivado. Visto do presente, é um tempo já decorrido, dotado consequentemente de certa estabilidade e que pode ser percorrido ao sabor da investigação. O historiador remonta o tempo e faz o movimento inverso; pode acompanhá-lo, mentalmente, nos dois sentidos, embora saiba muitíssimo bem que ele se escoa apenas em um sentido. No livro já citado, P. Ariès observa com emoção o momento – na segunda metade do século XVIII – em que um historiador de Joana d'Arc, hesitante em relação ao maravilhoso, escreveu sem prestar a devida atenção: *Voltemos, durante algum tempo, ao século XV* [sublinhemos essa frase que anuncia um sentido novo e moderno da História].

> Em vez de falar do que pensamos de Joana d'Arc, trata-se de conhecer a opinião de nossos antepassados a seu respeito; com efeito, essa opinião é que produziu a surpreendente revolução que iremos relatar. (1986, p. 155)

O vaivém permanente, entre passado e presente, assim como entre os diferentes momentos do passado, é a operação peculiar da história. Ela modela uma temporalidade própria, familiar, como se tratasse de um itinerário incessantemente percorrido, em uma floresta, com seus pontos de referência, suas passagens mais delicadas ou fáceis. Por estar imerso no tempo, o historiador o coloca, de algum modo, à distância de seu trabalho, balizando-o com suas pesquisas, delimitando-o com seus pontos de referência e fornecendo-lhe uma estrutura.

Esse tempo objetivado apresenta duas características complementares: em primeiro lugar, ele exclui a perspectiva teleológica que, no "depois", procura a razão do "antes"; ora, o que se passa "depois" não pode ser causa do que se produziu "antes". Esse modo de pensamento não é assim tão natural e tão evidente como se acredita, inclusive, nos dias de hoje; aliás, ainda se faz uso de explicações teleológicas. Por exemplo, no livro de um sociólogo que aborda um assunto completamente diferente, é possível ler que, para esmagar a Comuna,[85] a burguesia francesa teria cedido a Alsácia e Lorena à Alemanha. Diante dessa afirmação, o historiador toma um susto:

---

[85] Governo insurrecional formado, em Paris (18 de março a 27 de maio de 1871), depois que os prussianos haviam levantado o cerco da cidade. (N.T.).

os preliminares da paz haviam sido assinados no 1º de março de 1871, ao passo que a Comuna só ocorreria no dia 18.

O abandono da perspectiva teleológica impede o historiador de admitir, apesar do que pensam os contemporâneos, um tempo claramente orientado. Sua orientação já não está definida

> [...] por referência a um estado ideal, situado fora dela ou no seu termo, e para o qual ela estaria orientada, não propriamente para atingi-lo, mas, no mínimo, para se aproximar dele de uma forma assimptótica. Ela é identificada a partir da evolução de alguns indicadores. [...] Os processos estudados é que, por seu desenrolar, impõem determinada topologia ao tempo. (POMIAN, 1984, p. 93-94)

No entanto, ocorre que, na representação social, assim como na sua construção pelos historiadores, o tempo é fator de novidade, criador de surpresas. Ele é dotado de movimento e tem um sentido.

Daí, sua segunda característica: ele permite fazer prognósticos. Não a profecia que é o anúncio do fim dos tempos, acima ou para além de todos os episódios e de todas as peripécias que nos separam desse fim; mas o prognóstico que avança do presente para o futuro e se apoia no diagnóstico respaldado no passado para augurar possíveis evoluções e avaliar suas probabilidades respectivas.

---

**13. – Reinhart Koselleck: Profecia e prognóstico**
Enquanto a profecia supera o horizonte da experiência calculável, o prognóstico, por sua vez, se encontra imbricado na situação política; essa associação ocorre de forma tão íntima que fazer um prognóstico é já transformar determinada situação. O prognóstico é, portanto, um fator consciente de ação política e se refere a acontecimentos dos quais ele libera o ineditismo. O tempo passa a derivar, então, do próprio prognóstico de maneira continuada e imprevisivelmente previsível.

O prognóstico produz o tempo que o engendra e em direção ao qual ele se projeta, enquanto a profecia apocalíptica destrói o tempo, e essa destruição é precisamente sua razão de ser. Vistos na perspectiva da profecia, os acontecimentos não passam de símbolos do que já é conhecido. Um profeta desiludido não pode deixar-se desorientar por suas profecias: por seu caráter variável, elas podem ser prolongadas a qualquer momento; melhor ainda, a cada previsão falhada, aumenta a certeza de sua realização vindoura. Em compensação, um prognóstico frustrado não se repete, tampouco por erro, porque

> ele permanece preso a seus pressupostos definidos de uma vez para
> sempre. (KOSELLECK, 1990, p. 28-29)

Objetivado, colocado à distância e orientado para um futuro que não o domina retroativamente, mas cujas linhas prováveis de evolução podem ser discernidas, o tempo dos historiadores compartilha essas características com a da biografia individual: cada qual pode reconstruir sua história pessoal, objetivá-la até certo ponto, como remontar, relatando suas lembranças, do momento presente até a infância ou inverter o movimento a partir da infância até o começo da vida profissional, etc. A memória, a exemplo da história, serve-se de um tempo já decorrido.

A diferença reside no distanciamento, na objetivação. O tempo da memória, o da lembrança, nunca pode ser inteiramente objetivado, colocado à distância, e esse aspecto fornece-lhe sua força: ele revive com uma inevitável carga afetiva. É inexoravelmente flexionado, modificado, remanejado em função das experiências ulteriores que o investiram de novas significações.

O tempo da história constrói-se contra o da memória. Contrariamente ao que se escreve, frequentemente, a história não é uma memória. O ex-combatente que volta às praias do Desembarque, em junho de 1944, tem uma memória dos lugares, das datas e da experiência vivida – foi aí, em tal dia; e, cinquenta anos mais tarde, ainda está submerso pela lembrança. Ele evoca os colegas mortos ou feridos; em seguida, faz uma visita ao Memorial e passa da memória para a história, compreende a amplitude dessa operação, avalia o número de pessoas envolvidas, o material, os desafios estratégicos e políticos. O registro frio e sereno da razão toma o lugar do registro, mais caloroso e tumultuado, das emoções; em vez de reviver, trata-se de compreender.

Tal constatação não significa que se deva evitar a memória para fazer história ou que o tempo da história seja o da morte das lembranças, mas, antes, que esses dois aspectos dependem de registros diferentes. Em vez de ser um relato de lembranças ou uma tentativa da imaginação para atenuar a ausência de lembranças, fazer história é construir um objeto científico, *historicizá-lo* – de acordo com a palavra utilizada por nossos colegas alemães; ora, acima de tudo, historicizá-lo consiste em construir sua estrutura temporal, espaçada, manipulável, uma vez que, entre as ciências sociais, a dimensão diacrônica é o próprio da história.

O mesmo é dizer que o tempo não é dado ao historiador tal como ele se apresenta nesse preciso momento, preexistente à sua pesquisa, mas é construído por um trabalho próprio ao ofício de historiador.

## O trabalho sobre o tempo. A periodização

A primeira tarefa do historiador refere-se à cronologia: antes de mais nada, trata-se de classificar os acontecimentos na ordem do tempo. Apesar de parecer um exercício simples e evidente, ele suscita, frequentemente, surpresas porque os acontecimentos se sobrepõem e imbricam. Para não forçar o sentido dos dados, a ordem cronológica deve ser flexibilizada, detalhada e interpretada; esse procedimento constitui uma primeira depuração.

A segunda tarefa – segunda, entenda-se, do ponto de vista lógico, uma vez que, na prática, as duas operações estão, quase sempre, confundidas – é a periodização. Em um primeiro nível, trata-se de uma necessidade prática: é impossível abranger a totalidade sem dividi-la. Do mesmo modo que a geografia recorta o espaço em regiões para poder analisá-lo, assim também a história recorta o tempo em períodos (GRATALOUP, 1991, p. 157-173). No entanto, nem todos os recortes têm o mesmo valor: será necessário encontrar aqueles que têm um sentido e servem para identificar conjuntos relativamente coerentes. Platão comparava o filósofo ao bom cozinheiro que sabe destrinchar os frangos *kat' arthra*, segundo as articulações. A comparação é, igualmente, válida para o historiador que deve encontrar as articulações pertinentes para recortar a história em períodos, ou seja, substituir a continuidade imperceptível do tempo por uma estrutura significante.

A importância essencial da periodização deve-se ao fato de que ela aborda, na própria cronologia, o problema central da temporalidade moderna. Desde que o tempo é portador de novidades e surpresas, a questão consiste em articular o variável com o que subsiste. O problema continuidade e/ou ruptura é tão debatido simplesmente por ser consubstancial à nossa concepção do tempo; a periodização permite pensar, a um só tempo, a continuidade e a ruptura. Ela começa por afetar um desses aspectos e, em momentos diferentes, o outro: continuidade no interior dos períodos e ruptura entre eles. Os períodos se sucedem e não se parecem; periodizar é, portanto, identificar rupturas, tomar partido em relação ao variável, datar a mudança e fornecer-lhe uma primeira definição. Entretanto, no interior de um período, a homogeneidade prevalece. A análise avança, inclusive, um pouco mais longe. O recorte periódico comporta sempre uma parcela de arbitrariedade. Em certo sentido, todos eles são "períodos de transição". O historiador, que sublinha uma mudança ao definir a distinção entre dois períodos, é obrigado a exprimir os aspectos em que diferem e – no mínimo, em negativo, de maneira implícita e, quase sempre, explicitamente – os aspectos semelhantes. A periodização identifica continuidades e rupturas; abre o caminho para a interpretação. Ela torna a história não propriamente inteligível, mas, pelo menos, suscetível de ser pensada.

Eis o que é confirmado pela história da palavra "século". Com efeito, a Revolução é que "criou" o século (MILO, 1991, cap. 2); anteriormente, o termo possuía um sentido aproximado. O "século" de Luis XIV era, para Voltaire, um reino de determinada duração – e não um período de cem anos – dotado de uma identidade bem definida. No entanto, com a Revolução, prevaleceu o sentimento de uma mudança capital, de um contraste; pela primeira vez, a virada do século foi vivida como uma reviravolta propriamente dita. Produto da comparação entre o fim de um século e o começo de outro, esse período de tempo permite pensar a comparação, ou seja, a um só tempo, a continuidade e a ruptura. Aliás, eis por que os séculos dos historiadores têm certa plasticidade: o século XIX termina em 1914 e, em relação ao século XVI, são conhecidas proposições com uma maior ou menor duração.

Portanto, a história não pode evitar a periodização. Apesar disso, na profissão, os períodos gozam de má reputação: desde Lord Acton, há um século – que forjou o preceito capital: "*Study problems, not periods*" –, até as críticas radicais de P. Veyne (1976) e F. Furet (1982), o período constitui um problema.

Na verdade, trata-se do período pré-fabricado, inerte, herdado pelo historiador, e não da periodização viva. A ação de periodizar é unanimemente legítima e nenhum historiador poderá evitá-la; no entanto, o resultado parece, no mínimo, suspeito. O período assume o aspecto de uma moldura arbitrária e restritiva, de um empecilho que deforma a realidade; de fato, tendo sido construído o objeto histórico "período", ele funciona inevitavelmente de maneira autônoma. "A criação torna-se concreção" (DUMOULIN, 1991, p. 148). O ensino contribui para essa rigidez e essa petrificação dos períodos históricos: a exposição didática visa a clareza e a simplicidade, além de fornecer aos períodos uma espécie de evidência de que eles são destituídos. Para se dar conta disso, basta ensinar um período que ainda não tenha sido definido. Desde 1945 até nossos dias, em uma época em que não havia compêndios sobre a questão, dei cursos sobre a história da França. Naturalmente, a periodização me criou problemas: qual seria o recorte adequado, o ano de 1958 que marca o fim da IV República ou o ano de 1962 com o fim da Guerra da Argélia e a eleição do presidente da República por sufrágio universal? Tentei as duas fórmulas: cada uma tem vantagens e inconvenientes. O ensino decidirá o recorte mais conveniente que irá impor-se com uma evidência análoga àquela que encontramos na passagem da "República progressista" para a "República radical" em torno do caso Dreyfus.

Em cada pesquisa, não há necessidade de reconstruir a totalidade do tempo: o pesquisador recebe um tempo que já foi trabalhado e periodizado por outros historiadores. Considerando que sua questão adquire legiti-midade científica de sua inserção no campo, ele não pode fazer abstração das periodizações anteriores; elas fazem parte da própria linguagem da profissão. Fala-se da "primeira metade do século XX", de "alta" e "baixa Idade Média", do "Renascimento", do "Iluminismo". Esses períodos-objetos-históricos têm, aliás, uma história; já vimos como o Renascimento (é obrigatório recorrer a esse objeto-período) "inventou" a Idade Média...

Além de sua institucionalização pelo ensino e pela linguagem, os períodos são fixados de forma duradoura pelas estruturas universitárias: as cátedras e os diplomas são afetados a períodos que lhes fornecem consolidação. A institucionalização vai muito além dos quatro grandes períodos clássicos – Antiguidade, Idade Média, Época Moderna e Época Contemporânea: com a arbitrariedade paradoxal de tais designações, a "época contemporânea" não é moderna e, para nós, deixa de ser necessa-riamente contemporânea... Temos especialistas dos séculos XVI e XVIII, dos séculos XIX e XX...

Assim, o tempo dos historiadores apresenta-se como um tempo já estruturado e já articulado. As vantagens são tão evidentes quanto os inconvenientes: entre as primeiras, além das facilidades de linguagem – perigosas – já assinaladas, é possível observar a facilidade de acesso às fontes porque a escrita, os diferentes gêneros de documentos e os lugares de conservação obedecem, quase sempre, a um recorte periódico. No entanto, o período apresenta um verdadeiro interesse científico ao sublinhar que a simultaneidade no tempo não é justaposição acidental, mas relação entre fatos de diversas ordens. Os diferentes elementos de um período são mais ou menos estreitamente interdependentes. Eles "harmonizam-se": trata-se do *Zusammenhang* dos alemães. Explicam-se uns pelos outros; o todo leva em consideração as partes.

Os inconvenientes – enquanto o oposto, precisamente, dessa vanta-gem – são de duas ordens: em primeiro lugar, o confinamento do período em si mesmo impede de apreender sua originalidade. Para compreender a religião romana, convém sair do período romano, de acordo com a exigência de P.Veyne, e questionar-se sobre a totalidade do fenômeno religioso; isso não significa a negação de vínculos entre a religião romana, o direito romano, as estruturas familiares, a sociedade... Ninguém está condenado a confinar-se em "seu" período. O caráter próprio do tempo histórico consiste, precisamente, na possibilidade de ser percorrido em todos os sentidos, tanto a montante como a jusante, e a partir de qualquer ponto.

Em segundo lugar, critica-se o período por criar uma unidade fictícia entre elementos heterogêneos. A temporalidade moderna é também a descoberta da não simultaneidade no simultâneo ou, ainda, da contemporaneidade do que não é contemporâneo (KOSELLECK, 1984, p. 114 e 121). Jean-Marie Mayeur gosta de afirmar que, no mesmo instante, coexistem várias Franças de épocas diferentes; só nos resta subscrever sua observação. Desde o final do século XVII, o tempo que produz algo de novo é percebido como se não o produzisse no mesmo ritmo em todos os setores. Os historiadores servem-se de termos como "adiantado" ou "atrasado": a evolução social está "atrasada" em relação à evolução econômica ou o movimento das ideias está "adiantado"... A Revolução de 1848 teria ocorrido "cedo demais" na Alemanha, etc. Essas maneiras de falar significam que, no mesmo instante, nem todos os elementos observados se encontram no mesmo estágio de evolução ou, para afirmá-lo de forma paradoxal, utilizando o termo em seus dois sentidos: nem todos os elementos contemporâneos são contemporâneos.

## A pluralidade do tempo

De fato, cada objeto histórico tem sua própria periodização, de acordo com a afirmação bem humorada e clarividente de Marc Bloch.

---

**14. – Marc Bloch: Cada fenômeno tem sua própria periodização**
Enquanto nos limitamos a estudar, no tempo, cadeias de fenômenos aparentados, o problema é, em suma, simples; basta solicitar-lhes seus próprios períodos. A história religiosa do reino de Filipe Augusto? A história econômica do reino de Luis XV? Por que não o "Diário do que se passou em meu laboratório, durante o segundo mandato do presidente Grévy" par Louis Pasteur? Ou, inversamente, a "História diplomática da Europa, de Newton a Einstein"?

Sem dúvida, é possível ver perfeitamente os aspectos que retiveram a atenção para as divisões extraídas, de forma bastante uniforme, da série dos impérios, reis ou regimes políticos; em seu favor, elas não tinham apenas o prestígio atribuído por uma longa tradição ao exercício do

> poder [...]. O acesso ao trono, uma revolução têm seu lugar fixado, na duração, a determinado ano, até mesmo, a determinado dia. Ora, o erudito aprecia, como se diz, "datar com discernimento". [...]
>
> Evitemos, porém, submeter-nos ao ídolo da falsa exatidão: o recorte mais exato não é forçosamente o que faz apelo à menor unidade do tempo [...], mas o que está mais bem adaptado à natureza das coisas. Ora, cada tipo de fenômenos tem sua espessura de medida particular e, por assim dizer, seu decimal específico. (BLOCH, 1960, p. 93-94)

Assim, cada objeto histórico tem sua periodização. Adotar a periodização política para o estudo da evolução econômica ou religiosa, e inversamente, não é pertinente; no entanto, é impossível manter essa posição até seus extremos sem dissolver o tempo em uma pluralidade de tempos sem coerência. A negação absoluta do período como unidade dinâmica de um momento seria uma demissão da inteligência que teria renunciado à síntese. Estamos, aqui, diante de uma contradição – ainda encontraremos outras – que devemos assumir porque não podemos sacrificar um dos dois ramos da alternativa sem renunciar a algo de essencial.

Essa contradição tem sido experimentada pela maior parte dos historiadores que não conseguiram resolvê-la. Ranke insurgiu-se contra o recorte da história em três períodos, mas acabou servindo-se dessas categorias e forneceu-lhes um conteúdo (KOSELLECK, 1997, p. 267). Seignobos estava plenamente consciente do caráter artificial dos períodos, "divisões imaginárias" introduzidas pelos historiadores.[86] L. Febvre sublinhava "o vínculo de interdependência extremamente estreito de determinada época" e, ao mesmo tempo, deplorava as arbitrariedades que quebravam a continuidade (DUMOULIN, 1983, p. 148). Após ter formulado a questão – "Haverá, ou não, coincidência excepcional e breve entre os diversos tempos da vida dos homens?" –, F. Braudel escreveu, quinze páginas mais adiante: "O tempo social, em vez de surgir de um só e simples jato, é formado por uma infinidade de movimentos rápidos e lentos" (p. 149 e 150).[87]

Portanto, somos obrigados a encontrar um meio para transformar essa contradição em algo de suportável e fecundo. Eis o que pode ser obtido pela hierarquização dos tempos ao articulá-los entre si em suas diferenças, a exemplo, em parte, do cineasta que utiliza a profundidade do campo para

---

[86] SEIGNOBOS, 1884, p. 36: "Sei que tal procedimento pode ter a aparência de artificial. Os períodos não são realidades; o historiador é que, na série contínua das transformações, introduz divisões imaginárias".

[87] Ver BRAUDEL, 1969, p. 31 (Aula inaugural no Collège de France, 1950) e p. 48 (artigo sobre a longa duração, 1958).

mostrar vários personagens, distintos uns dos outros, que se distribuem a uma distância variada de sua objetiva.

Nesse espírito, se situou a tentativa de F. Braudel que obteve o sucesso, sobejamente conhecido, com a obra *La Méditerranée*. Sua distinção de três tempos tornou-se clássica ao ponto de ter sido submetida aos avatares descritos mais acima, da criação à concreção. De fato, mesmo que esse célebre texto tenha sido o prefácio de uma tese articulada em três partes, seguindo as regras tradicionais da retórica acadêmica francesa[88] e se, a exemplo de qualquer prefácio, prosseguiu prioritariamente o objetivo de justificar seu plano, ele continua a seduzir tanto por sua pertinência, quanto por sua elegância. Braudel vai do mais amplo e mais geral ao mais particular. Ele dedica a primeira parte ao quadro geográfico e material, a segunda à economia e a terceira aos acontecimentos políticos. Esses três objetos, relativamente convergentes e relativamente independentes, correspondem a três temporalidades escalonadas: um tempo longo, o das estruturas geográficas e materiais; um tempo intermédio, o dos ciclos econômicos, da conjuntura; e o tempo curto do político, o do acontecimento. F. Braudel não se deixa ludibriar; de fato, melhor do que ninguém, ele conhecia a pluralidade ilimitada dos tempos da história.

---

**15. – Fernand Braudel: Os três tempos...**
Este livro divide-se em três partes e cada uma é, por si mesma, uma tentativa de explicação.

A primeira expõe uma história quase imóvel, a do homem em suas relações com o meio circundante; uma história que transcorre e se transforma lentamente, feita quase sempre de retornos insistentes, de ciclos incessantemente recomeçados. Não quis menosprezar essa história, quase fora do tempo, ao contato das coisas inanimadas, nem me contentar, a seu respeito, com as tradicionais introduções geográficas à história [...]
Acima dessa história imóvel, uma história lentamente ritmada, dir-se-ia, com toda a naturalidade, se a expressão não tivesse sido desviada de seu sentido pleno, uma história social, a dos grupos e agrupamentos. Como é que essas ondas do fundo conseguem erguer o conjunto da vida mediterrânea? Eis a questão que me formulei na segunda parte de meu livro, ao estudar sucessivamente as economias e os Estados, as sociedades e as civilizações, tentando, por último – para esclarecer melhor minha

---

[88] Vamos apostar que, se tivesse sido chinês, ele teria dividido sua tese em cinco partes e teria distinguido cinco tempos, mas o fato de que nossa cultura seja ternária (Antiguidade, Idade Média, Tempos Modernos) não impediu, muito pelo contrário, que sua distinção tenha sido eficaz.

> concepção da história – mostrar como todas essas forças de profundidade agem no domínio complexo da guerra. De fato, como sabemos, a guerra não é puro domínio de responsabilidades individuais.
>
> Finalmente, na terceira parte, a história tradicional, se pretendemos uma história à dimensão não do homem, mas do indivíduo, a história factual de François Simiand: uma agitação de superfície, as ondas que as marés erguem em seu poderoso movimento. Uma história com oscilações breves, rápidas, nervosas. Ultrassensível por definição, o menor passo coloca em alerta todos os seus instrumentos de medida. Mas, sendo assim, é a mais apaixonante, a mais rica em humanidade e, também, a mais perigosa. Desconfiemos dessa história ainda candente, tal como foi experimentada, descrita, vivenciada pelos contemporâneos, ao ritmo de sua vida, breve como a nossa. Ela tem a dimensão de suas cóleras, de seus sonhos e de suas ilusões... (Braudel, 1976, p. 11-12, Prefácio)

Se preferimos conservar a fecundidade do procedimento braudeliano, convém reter não seu desfecho, mas sua intenção e sua iniciativa. O importante consiste em levar em consideração a temporalidade própria a cada série de fenômenos na busca de sua articulação. As diversas séries de fenômenos evoluem de forma diferenciada; cada uma tem seu próprio andar, seu ritmo específico que a define em ligação com outros traços característicos. Para compreender sua combinação, é essencial hierarquizar essas temporalidades desiguais.

Sem deixar de prestar atenção, aos pressupostos lógicos do procedimento. O escalonamento braudeliano da história imóvel à história rápida constitui, de fato, uma relevante opinião preconcebida sobre a importância respectiva dos diferentes lanços da realidade estudada e sobre o sentido das causalidades. Evitemos ser induzidos em erro pela noção paradoxal de "tempo imóvel",[89] retomada pelos alunos de F. Braudel. O substantivo tem mais peso que o adjetivo e esse tempo permanece uma duração que registra, sem dúvida, mudanças lentas, até mesmo, bastante lentas, mas não uma estabilidade absoluta; o tempo imóvel conhece flutuações e oscilações, em suma, não é verdadeiramente imóvel. Permanecemos na temporalidade da história; no entanto, a noção implica uma tomada de posição em favor da longa duração (Braudel, 1982, p. 71-83). O aspecto submetido a uma mudança lenta é, por isso mesmo, enaltecido como principal determinante, enquanto

---

[89] Esse é o título da aula inaugural de Emmanuel Le Roy Ladurie no Collège de France, em 1973. Ver E. Le Roy Ladurie, 1978, t. II, p. 7-34.

aquele que muda rapidamente é remetido às regiões secundárias, até mesmo subsidiárias, da história. A opinião preconcebida a respeito do tempo é também um expediente interpretativo global que deve ser explicitado.

Na construção da história, vê-se a importância decisiva do trabalho sobre o tempo. Além de uma colocação em ordem, de uma classificação cronológica e de uma estruturação em períodos, trata-se de uma hierarquização dos fenômenos em função do ritmo da mudança de cada um deles. O tempo da história não é uma reta, nem uma linha quebrada feita por uma sucessão de períodos, nem mesmo um plano: as linhas entrecruzadas por ele compõem um relevo. Ele tem espessura e profundidade.

Além de se fazer a partir do tempo, a história é uma reflexão sobre ele e sua fecundidade própria. O tempo cria e toda a criação exige tempo. No tempo curto da política, sabe-se que uma decisão adiada durante três semanas pode ser abandonada, que a não decisão torna, às vezes, os problemas insolúveis e que, pelo contrário, outras vezes, basta deixar passar o tempo para que o problema se dissolva por si mesmo, de acordo com a frase atribuída ao ex-presidente do Conselho de Ministros francês, Henri Queuille:"Qualquer problema acaba sendo resolvido por falta de decisão." No tempo mais longo da economia ou da demografia, o historiador avalia a inércia do tempo e a impossibilidade, por exemplo, de encontrar rapidamente um remédio (no pressuposto de que se trate de uma doença...) para o envelhecimento da população.

Assim, a história convida a empreender uma meditação retrospectiva sobre a fecundidade própria do tempo, sobre o que ele faz e desfaz. O tempo, principal ator da história.

CAPÍTULO VI

# Os conceitos

"É impossível dizer que alguma coisa é, sem dizer o que ela é. A reflexão sobre os fatos implica a evocação de conceitos; ora, não é indiferente saber quais sejam eles" (SCHLEGEL, *apud* KOSELLECK, 1990, p. 307). Neste aspecto, a história assemelha-se às outras disciplinas; mas, será que ela dispõe de conceitos específicos?

Segundo parece, a resposta é, à primeira vista, afirmativa porque o reconhecimento do enunciado histórico não se limita à referência ao passado, nem à menção de datas. Um enunciado tal como – *Nas vésperas da Revolução, a sociedade francesa passava por uma crise econômica do Antigo Regime* – é evidentemente histórico: com efeito, ele serve-se de termos e expressões – por exemplo, *Revolução ou crise econômica do Antigo Regime* – que não pertencem a qualquer outro vocabulário e merecem o qualificativo de conceitos. Qual seria sua particularidade?

## Conceitos empíricos

### Dois tipos de conceitos

Na frase que nos serve de exemplo, é possível identificar uma designação cronológica por referência a um acontecimento-período designado por uma expressão – *nas vésperas da Revolução* – e dois conceitos que, por sua vez, são complexos: *sociedade francesa e crise econômica do Antigo Regime*. O termo *Revolução* é peculiar à época. Basta lembrar a célebre apóstrofe: "– Mas, então, é mesmo uma revolta? – Não, Sire, é uma revolução"[90]... Por sua vez, a expressão *Antigo Regime* entrou na linguagem durante o

---

[90] Anúncio da Tomada da Bastilha, em 14 de julho de 1789, transmitido ao rei Luis XIV por seu conselheiro, o duque de La Rochefoucauld-Liancourt. (N.T.).

segundo trimestre de 1789, para designar o que, precisamente, se identificava com o passado. Esse termo e essa expressão – utilizados, aqui, o primeiro como elemento de datação, e a segunda como traço distintivo – são, evidentemente, dois conceitos, embora não tenham sido forjados pelo historiador: eles fazem parte da própria herança da história... Os outros dois conceitos – *sociedade francesa* e *crise econômica* – são também uma herança porque o historiador não teve de criá-los por necessidade de demonstração; no entanto, distinguem-se pela data de sua aparição já que o primeiro remonta ao século XIX, enquanto o segundo surge na primeira metade do século XX, tendo sido proposto por Labrousse. Portanto, só nos resta concordar com R. Koselleck ao estabelecer a distinção de dois níveis entre os conceitos.

---

### 16. – Reinhart Koselleck: Dois níveis entre conceitos

Toda a historiografia se movimenta em dois níveis: ela analisa fatos já mencionados anteriormente ou, então, reconstrói fatos, ainda não manifestados na linguagem, com a ajuda de determinados métodos e indícios que, de algum modo, os haviam "preparado". No primeiro caso, os conceitos herdados da tradição servem de elementos heurísticos para apreender a realidade do passado; no segundo, a história apoia-se em categorias acabadas e definidas ex post que não estão contidas nas fontes. É assim, por exemplo, que se recorre a dados da teoria econômica para analisar o capitalismo nascente com categorias que, na época, eram desconhecidas; ou, então, são desenvolvidos teoremas políticos a serem aplicados a situações constitucionais do passado, sem que por isso o pesquisador se sinta obrigado a escrever uma história sob o modo optativo. (KOSELLECK, 1990, p. 115)

---

Todas as designações da época – muitas vezes, herméticas para o profano – dependem do primeiro nível: falar de tença [*tenure*], domínio [*manse*], feudo [*fief*], tributo [*ban*], alódio [*alleu*], coletor [*fermier général*], oficial [*officier*] é designar, com seu próprio nome, determinadas realidades que, atualmente, não têm equivalente. Verifica-se uma hesitação em considerar esses termos como conceitos porque eles possuem um indiscutível conteúdo concreto. Mas, para citar outro exemplo, o termo *burguês* – visto, indubitavelmente, como um conceito – apresenta, também, um conteúdo concreto, à semelhança de qualquer designação de realidade social ou de instituição.

Entre esses termos, a diferença é da ordem de uma maior ou menor generalidade: o conceito de *oficial* é menos geral que o de *burguês* já que este termo engloba os oficiais do rei e os das cidades, assim como um grande número de personagens. No entanto, ambos apresentam certa generalidade, ou seja, o que constitui a passagem da palavra para o conceito: para se tornar um conceito, a palavra tem necessidade de incluir, *por si só*, uma pluralidade de significações e de experiências.

Em geral, é possível encontrar conceitos adequados na linguagem da época, para designar as realidades do passado. No entanto, ocorre também que o historiador venha a recorrer a conceitos estrangeiros à época por lhe parecerem mais bem adaptados. É conhecida a discussão em torno da sociedade do Antigo Regime: sociedade de *estamentos* ou de *classes*? Convém pensá-la de acordo com conceitos utilizados pela própria sociedade, os quais já não correspondiam exatamente às realidades do século XVIII, ou segundo conceitos elaborados no século seguinte, durante a Revolução Francesa ou, ainda, mais tarde?

Ao pensar o passado com conceitos contemporâneos, corre-se o risco de anacronismo; o perigo é particularmente grave no domínio da história das ideias ou das mentalidades. Em sua obra *Rabelais* (1942), L. Febvre mostrou perfeitamente como a aplicação, ao século XVI, dos conceitos de *ateísmo* e, até mesmo, de *descrença*, constituía um relevante anacronismo. No entanto, a tentação é inevitável: de fato, o historiador formula, inicialmente, suas questões com os conceitos de sua própria época já que ele os define a partir da sociedade em que vive. O trabalho de distanciamento – como vimos, contrapeso necessário para o enraizamento contemporâneo e pessoal das questões do historiador – começa precisamente por uma verificação da validade histórica dos conceitos, graças aos quais as questões são pensadas. Compreende-se que, envolvido no (falso?) debate "instrução ou educação", o pedagogo da década de 80 comece por aplicar essa grade conceitual ao estudo das reformas de J. Ferry;[91] no entanto, se não se aperceber rapidamente do desvio assim criado, ele corre o risco do anacronismo e do contrassenso. Teríamos vontade de dizer que ele saiu da história, se essa afirmação não implicasse reconhecer que estaria dentro dela...

Em compensação, o historiador não pode escolher entre os conceitos da época e os conceitos *ex post* para a abordagem de algumas realidades: referimo-nos à periodização e às evoluções nas diferentes áreas da vida social.

É extremamente raro que os contemporâneos de uma época tenham tido consciência da originalidade do período em que eles viviam ao

---

[91] Jules Ferry (1832-1893), estadista; como ministro da Instrução Pública (1879-1883) instituiu a obrigatoriedade, a gratuidade e a laicidade do ensino fundamental na França. (N.T.).

ponto de atribuir-lhe um nome naquele mesmo momento. Para falar da *Belle Époque*, foi necessário ter passado pela Guerra de 1914 e ter vivido em um tempo de inflação. A expressão bem cômoda – *primeira metade do século XX* –, para designar o período 1900-1940, surgiu apenas na década de 70. Os gregos da época *clássica* ignoravam que ela viria a merecer tal qualificativo e o mesmo se pode dizer a respeito dos gregos da época *helenística*. Somente os grandes movimentos populares, ou as guerras, é que suscitam entre os contemporâneos o sentimento de constituir um período particular, exigindo um nome: em 1789, a "Revolução" recebeu imediatamente tal denominação e os franceses de 1940 tiveram a nítida consciência de viver uma "debandada".[92]

Do mesmo modo, em geral, os processos históricos, ou seja, as evoluções mais ou menos profundas da economia, da sociedade e, até mesmo, da política, são raramente percebidos no próprio momento e, ainda mais raramente, conceitualizados. Uma das características da sociedade atual é a imediata presença a si mesma que lhe permite, graças à sociologia científica ou jornalística, formar um prognóstico sobre o que está em vias de se passar e que, às vezes, ainda não terminou, correndo o risco de contribuir, assim, para fazer advir o que ela anuncia. A *revolução silenciosa* – que abala a classe dos camponeses, introduz as máquinas e agrupa as produções agrícolas, integrando-as aos mercados internacionais, além de fazer desaparecer o camponês de outrora que vivia em regime de autossubsistência –, foi descrita por um secretário geral do *Centre national des jeunes agriculteurs* quando, afinal, tal revolução ainda era incipiente. O conceito de *nova classe operária* data de 1964 e, trinta anos mais tarde, ele ainda permite a descrição de uma evolução em marcha.

A distinção de dois níveis entre conceitos, fundamental para a história dos mesmos, não acarreta necessariamente uma diferença de ordem lógica. Nos dois casos, de fato, o conceito resulta do mesmo tipo de operação intelectual: a generalização ou o resumo.

## Da descrição resumida ao tipo ideal

Os verdadeiros conceitos permitem a dedução; eles procedem pela definição de uma propriedade pertinente, da qual resulta uma série de consequências. Definir o homem como animal racional é associar dois conceitos: animal e razão. Do primeiro, deduz-se que o homem é mortal, etc.;

---

[92] No original: "débâcle". (N.T.).

e do segundo, que é capaz de adquirir conhecimentos e de conformar-se aos princípios da moral.

Os conceitos da história não dependem deste tipo ideal, mas são construídos por uma série de generalizações sucessivas e definidos pela enumeração de certo número de traços pertinentes que têm a ver com a generalidade empírica, e não com a necessidade lógica.

Vejamos o exemplo do conceito enunciado pela expressão: *crise econômica do Antigo Regime*.[93] Ele compreende três níveis de precisão, enfatizados pela comparação paradigmática. Em primeiro lugar, trata-se de uma "crise": o termo designa um fenômeno relativamente violento e súbito, uma mudança súbita, um momento decisivo, mas sempre penoso ou doloroso. Esse sentido geral está presente na linguagem familiar, por exemplo, quando o integrante de uma equipe que, hesitante diante de um grande número de tarefas, atravessa um momento de afobação, diz: *é a crise...* Esse é, também, seu sentido no vocabulário da área médica, acompanhado por determinantes, tais como crise de *apendicite* ou de *cólicas renais*; a oposição às doenças crônicas fortalece o caráter de brevidade e intensidade implicado no termo.

Em um segundo nível, a *crise econômica* distingue-se das outras crises – *social, política, demográfica*, etc. –, à semelhança da *máquina de lavar roupa* se distingue da *máquina de lavar louça*, antes que a criação da expressão *lava-louça* tenha restituído à *máquina de lavar* o sentido exclusivo de *máquina de lavar roupa*. De fato, a expressão *crise econômica* é utilizada com maior frequência na linguagem das ciências sociais e, por extensão, tem sido aplicada fora da esfera econômica; assim, todo o mundo compreende que a frase – *é a crise* –, pronunciada em uma discussão sobre o desemprego, refere-se à crise econômica. Do mesmo modo, os historiadores compreenderiam o assunto em questão se alguém se limitasse a dizer *crise do Antigo Regime*. Entretanto, o determinante *econômico*, implícito ou explícito, é, aqui, essencial para a definição; de fato, ele implica um recorte da realidade em domínios – econômico, social, político, cultural – que está longe de ser neutro. Trata-se de um modo de pensar a história.

A precisão – *do Antigo Regime* – resume as características que essa crise de 1788 deve normalmente apresentar: sua origem é agrícola e não industrial; sua causa é uma safra ruim; implica uma alta dos preços,

---

[93] Esse conceito foi forjado por Labrousse (1944) e, na mesma época, por Jean Meuvret em artigos célebres: "Les mouvements des prix de 1661 à 1715 et leurs répercussions" (1944) ; e "Les crises de subsistances et la démographie de l'Ancien Régime" (1946, n 4).Ver uma discussão em Pierre Vilar, 1982, p. 191-216.

portanto, um encarecimento do pão nas cidades, no momento exato em que, por falta de trigo para vender, as zonas rurais carecem de dinheiro, o que fecha o mercado rural para os produtos industriais. A crise atinge, assim, a cidade e a indústria, além de ser acompanhada por uma taxa elevada da mortalidade e por uma diminuição diferida da natalidade. Essa crise do Antigo Regime opõe-se à crise do tipo industrial, cuja origem é uma superprodução que implica uma queda dos preços dos produtos, uma redução dos salários, o desemprego, etc.

Através desse exemplo, vê-se perfeitamente como procede o conceito histórico: ele atinge certa forma de generalidade por ser o resumo de várias observações que registraram similitudes e identificaram fenômenos recorrentes. Tendo estudado a história dos conceitos, R. Koselleck (1990, p. 109) afirma com toda a razão:

> Sob um conceito, a multiplicidade da experiência histórica, assim como uma soma de relações teóricas e práticas, são subsumidas em um único conjunto que, como tal, é dado e objeto de experiência somente por meio desse conceito.[94]

A *crise econômica do Antigo Regime* resume perfeitamente um conjunto de relações teóricas e práticas entre as safras, a produção industrial, a demografia, etc.; ora, a verdade é que esse conjunto só existe como tal pelo uso do conceito.

Seria possível escolher outros exemplos, como o conceito de *cidade antiga* ou de *sociedade feudal*, de *regime senhorial*, ou de *revolução industrial*, etc. A *cidade antiga* agrupa um conjunto de traços pertinentes, constatados empiricamente, com alguns matizes, na Antiguidade greco-latina, e que mantêm entre si relações estáveis. Até mesmo a designação de realidades, tais como *oficial* na época moderna, combina uma descrição com um feixe de relações: os oficiais do rei em relação aos das cidades, as modalidades de aquisição e transmissão de seus ofícios, seus modos de remuneração. Impossível pensar a história sem recorrer a conceitos desse tipo; são ferramentas intelectuais indispensáveis.

No primeiro nível, o conceito é uma facilidade de linguagem que permite uma economia de descrição e análise. A expressão *crise econômica do Antigo regime* dá uma ideia aproximada do que se passou, mas não indica, por exemplo, se essa crise foi longa ou curta, violenta ou não.

---

[94] Essa citação é, ao mesmo tempo, uma definição do verbo *subsumir*: reunificar, em um conceito, os dados da experiência concreta.

Por outro lado, é impossível deduzir porque cada crise é diferente das outras; além disso, outros fatores – por exemplo, uma guerra – podem complicar o esquema. Em suma, o conceito designado por Kant como empírico é uma descrição resumida, um modo parcimonioso de falar e não um "verdadeiro" conceito. A abstração permanece incompleta e não pode libertar-se completamente da referência a um contexto localizado e datado. Daí, um *status* de "seminome próprio", ou de "nomes comuns imperfeitos", atribuído aos conceitos genéricos da história, assim como da sociologia, que permanecem submetidos ao controle enumerativo dos contextos singulares que eles subsumem (PASSERON, 1991, p. 60 ss). Assim, é impossível defini-los por uma fórmula: convém descrevê-los, desenrolar a meada de realidades concretas e de relações das quais eles são o resumo, como acabamos de fazer relativamente à *crise econômica do Antigo Regime*; explicá-los é sempre explicitá-los, desenvolvê-los, desdobrá-los. Trata-se de conceitos nos quais "se concentra uma multiplicidade de significações", afirma R. Koselleck que cita Nietzsche: "Todos os conceitos nos quais se resume o desenrolar de um processo semiótico escapam às definições. É definível apenas o que não tem história" (1990, p. 109).

A impossibilidade de definir os conceitos históricos implica seu caráter necessariamente *polissêmico* e sua plasticidade:

> Após ter sido "forjado", um conceito contém, do ponto de vista exclusivamente linguístico, a possibilidade de ser utilizado de maneira generalizante, além de constituir um elemento de tipologia ou de abrir perspectivas de comparação. Aquele que fala de determinado partido político, Estado ou exército, posiciona-se linguisticamente ao longo de um eixo que pressupõe os partidos, os Estados ou os exércitos. (KOSELLECK, 1990, p. 115)

Por serem ferramentas de comparação, e para que possam suscitar, assim, uma "inteligibilidade comparativa" (PASSERON, 1991), os conceitos representam algo mais que uma descrição resumida. O processo de construção de conceitos que acabamos de descrever não esclarece plenamente esse aspecto. De fato, ele baseia-se mais na similitude que na diferença: ora, se o conceito é construído pelo agrupamento dos traços comuns ao mesmo fenômeno, a diferença reside na ausência de determinados traços ou a presença de traços suplementares no fenômeno estudado e seu sentido não é relevante. Na realidade, os conceitos históricos têm um alcance maior: eles incorporam uma argumentação e referem-se a uma teoria. São o que Max Weber designa como tipos ideais.

Voltemos ao exemplo da crise do Antigo Regime. Observamos que esse conceito implica um vínculo de causalidade entre fenômenos climáticos, produções agrícolas, preços e comportamentos demográficos. Não se trata apenas de uma coleção de traços concretos justapostos, mas também e, em primeiro lugar, de um vínculo entre esses traços e de uma atividade mental muito mais complexa, aliás, que uma simples determinação pelo clima. Além disso, é uma opinião preconcebida, em matéria de recorte da realidade em diferentes domínios, que se baseia não apenas em constatações empíricas, mas também em argumentos e em uma teoria; eis o que Max Weber descreve sob a expressão de tipo ideal. E, aliás, os exemplos de tipos ideais fornecidos por ele são todos bem conhecidos dos historiadores:

---

### 17. – Max Weber: O tipo ideal é um quadro de pensamento

[...] em vez de passar pelo estabelecimento de uma média a partir dos princípios econômicos que, efetivamente, existiram na totalidade das cidades analisadas, o conceito de "economia urbana" forma-se, justamente, pela construção de um tipo ideal. Para obtê-lo, acentua-se, unilateralmente, um ou vários pontos de vista e procede-se ao encadeamento de uma infinidade de fenômenos dados isoladamente, difusos e discretos, encontrados em maior ou menor número, qualquer que seja o lugar, classificados por ordem segundo os precedentes pontos de vista, escolhidos unilateralmente, para formar um quadro de pensamento homogêneo. Será impossível encontrar, em algum lugar, empiricamente, um quadro semelhante em sua pureza conceitual: trata-se de uma utopia. O trabalho histórico consistirá em determinar, em cada caso particular, o quanto a realidade está mais próxima ou mais afastada desse quadro ideal, em que medida convirá, por exemplo, atribuir, no sentido conceitual, a qualidade de "economia urbana" às condições econômicas de determinada cidade. [...]

[Em seguida, Max Weber analisa o conceito de civilização capitalista], ou seja, de uma civilização dominada unicamente pelos juros do investimento de capitais privados. Ele consistiria em acentuar alguns traços dados, de maneira difusa, na vida civilizada moderna, material e espiritual, para reuni-los em um quadro ideal não contraditório, a serviço de nossa investigação. Esse quadro constituiria, então, o desenho de uma "ideia" da civilização capitalista, sem que sejamos levados a nos questionar, aqui, se é possível e como se pode elaborá-lo. É possível [...] esboçar várias e, até mesmo, certamente, um grande número de utopias desse gênero: não há qualquer hipótese de que uma delas se deixe observar na realidade empírica sob a forma de uma ordem realmente em vigor em uma sociedade; por outro lado, cada uma pode pretender representar a "ideia" da civilização capitalista e ter, inclusive,

Os conceitos

> a pretensão – na medida em que selecionou efetivamente, na realidade, determinadas características significativas, por sua particularidade, de nossa civilização – de reuni-las em um quadro ideal homogêneo.
>
> [...] o historiador, desde que tenta elevar-se acima da simples constatação das relações concretas para determinar a significação concreta de um acontecimento singular, [...] trabalha e deve trabalhar com conceitos que, em geral, só se deixam definir de maneira rigorosa e unívoca sob a forma de tipos ideais.
>
> [...] O tipo ideal é um quadro de pensamento e não a realidade histórica, nem, sobretudo, a realidade "autêntica"; tampouco serve de esquema mediante o qual fosse possível ordenar a realidade a título de exemplar. Sua única significação consiste em ser um conceito limite puramente ideal, pelo qual se avalia a realidade para clarificar o conteúdo empírico de alguns de seus elementos importantes e com o qual ela é comparada. Esses conceitos são imagens em que construímos relações, utilizando a categoria de possibilidade objetiva que nossa imaginação, formada e orientada de acordo com a realidade, julga adequada. (WEBER, 1965, p. 180-185)

Os conceitos são, assim, abstrações utilizadas pelos historiadores para compará-las com a realidade; nem sempre tal procedimento é explicitado. De fato, eles orientam a reflexão a partir da diferença entre os modelos conceituais e as realizações concretas. Eis por que os conceitos introduzem uma dimensão comparativa, mais ou menos explícita, em toda a história, pela aplicação do mesmo modelo tipo ideal aos diferentes casos estudados. A abstração do tipo ideal transforma a diversidade empírica em diferenças e similitudes, dotadas de sentido; ela faz sobressair, ao mesmo tempo, o específico e o geral.

## Os conceitos formam rede

Por serem abstratos e fazerem referência a uma teoria, os conceitos formam rede: eis o que ficou demonstrado com o exemplo da crise do Antigo Regime. Por sua vez, o exemplo do fascismo, que tem a ver com um domínio completamente diferente, é uma demonstração, talvez, ainda mais esclarecedora.

O conceito de *fascismo*, como um tipo ideal, sobressai nitidamente de seu uso pelos historiadores,[95] que lhe atribuem um determinante – e falam de fascismo *hitlerista* ou *italiano*, o que implica a inexistência do fascismo,

---

[95] Ver a esse respeito, P. ORY (1987 ) a parte 4.2: "La solution fasciste" e, em particular, o estudo de Philippe Burrin na mesma obra. Ver também, entre um grande número de outros títulos, o artigo de Robert Paxton, "Les fascismes, essai d'histoire comparée" (1995, p. 3-13); além do preâmbulo de Berstein e Milza (1992).

propriamente dito (caso contrário, bastaria citar a palavra *fascismo* para saber precisamente o país e a época em questão) – ou, então, o utilizam para elaborar perguntas, por exemplo: "O governo de Vichy teria sido fascista?" Neste caso, em vez de uma resposta simplesmente afirmativa ou negativa, a questão faz apelo a um "inventário das diferenças", para retomar a expressão de P. Veyne, ou mais exatamente, a uma série de comparações entre o tipo ideal do fascismo e a realidade histórica concreta do regime de Vichy.

Nesse confronto entre a realidade histórica e o tipo ideal, o historiador encontra necessariamente outros conceitos, opostos ou concordantes: em primeiro lugar, *fascismo* opõe-se a *democracia, liberdades públicas* ou *direitos humanos*; e, nessa oposição, aproxima-se de *ditadura* que, na prática, implica a arbitrariedade policial, a ausência das liberdades fundamentais da imprensa ou de reunião e a submissão do poder judicial ao executivo. Entretanto, o fascismo é mais que uma ditadura, na medida em que se caracteriza por uma forma de mobilização coletiva e de *leadership*, além de uma vontade totalitária de controle da sociedade; ele supõe um líder carismático, formas paroxísticas de adesão entre seus partidários e, ao mesmo tempo, instituições que tutelam completamente a vida civil pelo corporativismo, movimento único de juventude, sindicato e partido únicos. Tais características permitem estabelecer a diferença entre os regimes hitlerista e mussoliniano, por um lado, e, por outro, as ditaduras sul-americanas. Mas não do regime soviético: para empreender essa operação, convém fazer intervir elementos de ordem ideológica, opor a ideologia da classe à ideologia da nação e encontrar o conceito de *totalitarismo*. No termo da argumentação, além da identificação dos traços pelos quais o governo de Vichy se aproxima e se distingue do fascismo, será possível verificar as mudanças ocorridas nesse regime entre 1940 e 1944, época em que se encontrava nas mãos da *Milice*.[96]

Como se vê, o conceito de fascismo só adquire sentido em uma rede conceitual que compreende conceitos tais como *democracia, liberdades, direitos humanos, totalitarismo, ditadura, classe, nação, racismo*, etc. Eis o que os linguistas designam por campo semântico: um conjunto de termos inter-relacionados sob uma forma estável, seja de oposição, de associação ou de substituição. Os conceitos que estão em oposição pertinente apresentam traços paralelos com orientação oposta; por sua vez, os conceitos associados possuem traços idênticos, mas não na totalidade. Se dois conceitos pudessem ser descritos exatamente com os mesmos traços, eles constituiriam,

---

[96] Formação paramilitar criada pelo governo de Vichy, em janeiro de 1943, a Milice française [Milícia Francesa] colaborou com os ocupantes nazistas na repressão da Resistência que lutava pela libertação da França. (N.T.)

então, uma classe de equivalência e estariam em condições de serem substituídos, um pelo outro, em todos os seus usos.

Os historiadores franceses nem sempre utilizam os conceitos de maneira rigorosa porque sua tradição historiográfica não os induz a tal prática. Neste aspecto, a tradição germânica, mais filosófica, é diferente; aliás, na Alemanha, pode-se verificar que, habitualmente, o primeiro capítulo dos livros de história é dedicado a justificar os conceitos adotados pelo autor.[97] Preocupados em evitar repetições e aplicar as regras escolares da redação, os historiadores franceses utilizam, às vezes, vários termos para designar a mesma realidade: indiferentemente, eles escrevem *Estado e governo*, às vezes, até mesmo, *poder*; no entanto, tais palavras correspondem a conceitos diferentes; ora falam de *classe social*, ora de *grupos sociais* ou, ainda, de *meios*. Essas concessões são lamentáveis, mas continuam sendo utilizadas com frequência sem acarretar consequências prejudiciais, desde que não alterem a estrutura e a coerência da rede conceitual.

Uma parte do sentido dos conceitos históricos advém-lhes, de fato, dos determinantes que lhes são atribuídos. Aliás, é rara sua utilização, pelo historiador, sob uma forma absoluta: assim, o termo *revolução* é reservado ao evento de 1789. Todas as outras aplicações dessa palavra, para serem compreendidas, exigem uma qualificação por adjetivos ou complementos: datas (1830, 1848) ou epítetos – revolução *industrial* e, inclusive, *primeira* ou *segunda* revolução industrial, revolução *das estradas de ferro, revolução tecnológica, revolução camponesa, agrícola, chinesa, soviética, política e social*, etc. O sentido preciso do conceito é assumido pelo determinante que lhe é atribuído; além disso, o jogo comparativo esboçado mais acima é, identicamente, busca do determinante pertinente.

Seria impossível, portanto, defender que os conceitos impõem à história uma ordem lógica rigorosa. Em vez de conceitos já constituídos, seria preferível falar de conceitualização, como procedimento e como busca, da história mediante a qual se opera uma organização, relativa e sempre parcial, da realidade histórica, porque o real nunca se deixa reduzir ao racional; ele comporta sempre uma parte de contingência e as particularidades concretas transtornam necessariamente a ordem irrepreensível dos conceitos. As realidades históricas nunca se conformam plenamente aos conceitos com a ajuda dos quais elas são pensadas; a vida transborda, incessantemente, a lógica e, na lista de traços pertinentes racionalmente organizados que constituem um conceito, verifica-se sempre a ausência de

---

[97] A título de exemplo, ver a obra de Peter Schöttler (1985) e o livro de Jürgen Kocka (1984).

alguns, enquanto outros se apresentam em uma configuração imprevista. O resultado não é desprezível: a conceitualização consegue ordenar, de alguma forma, a realidade, apesar de ser uma ordem imperfeita, incompleta e desigual.

Neste estágio da reflexão, é possível reconhecer que a história possui certa especificidade na manipulação e no uso dos conceitos. Mas, essa utilização particular atribuir-lhes-á uma natureza própria à disciplina? Ou serão semelhantes a fatos históricos inexistentes?

## A conceitualização da história

### Os conceitos pedidos de empréstimo

A história não cessa de pedir de empréstimo os conceitos das disciplinas afins: ela passa o tempo chocando ovos alheios. Por ser ilimitadamente aberta, descartamos apresentar a lista desses conceitos.

Da forma mais natural do mundo, a história política utiliza os conceitos do direito constitucional e da ciência política e, até mesmo, da política propriamente dita: *regime parlamentar* ou *presidencial, partido de quadros* ou *de massa*, etc. A análise sucinta do fascismo, apresentada mais acima, baseou-se inteiramente em conceitos pedidos de empréstimo a esse domínio, tais como o de *líder carismático*. Por sua vez, a história econômica serve-se do arsenal dos economistas e demógrafos: basta que estes imaginem um novo conceito – a exemplo de Rostow, que forjou o de *take off* (decolagem) – e, em breve, os historiadores vão assenhorear-se dele para saberem se, no século XVIII, teria havido um *take off* na Catalunha ou quando teria ocorrido essa situação na França. Eles tentam determinar o *cash flow* de empresas do início do século XX, apesar das dificuldades inerentes a uma contabilidade que não fazia aparecer essa variável. Aliás, a história social tem adotado o mesmo procedimento: por exemplo, retoma o conceito de *controle social* para aplicá-lo ao século XIX e, inclusive, à Antiguidade grega ou romana. Por último, a nova história constituiu-se a partir de empréstimos conceituais à etnologia.

Limitando-nos a esta primeira análise, fica a impressão de que a história não tem conceitos próprios, mas, de preferência, ela apropria-se do material oriundo das outras ciências sociais; na verdade, ela serve-se de um número enorme de conceitos importados.

Esses múltiplos empréstimos tornaram-se possíveis pelo uso propriamente histórico do determinante. Ao transitarem de sua disciplina de origem para a história, os conceitos sofrem uma flexibilização decisiva:

perdem seu rigor, cessam de ser utilizados sob sua forma absoluta para receberem imediatamente uma especificação. O empréstimo acarreta, logo, uma primeira distorção que será adotada por outros.

Compreende-se melhor, nestas condições, a relação ambígua da história com as outras ciências sociais: o empréstimo de conceitos e seu uso bem determinado, contextualizado, permitem que a história retome por sua conta todas as questões das outras disciplinas, submetendo-as ao questionamento diacrônico que é sua única especificidade, sua única dimensão própria. Daí, o papel de junção das ciências sociais desempenhado pela história em determinadas configurações sociais e científicas do mundo erudito. Daí, também, às vezes, sua pretensão obsessiva de assumir certa hegemonia no universo dessas disciplinas: a troca de conceitos faz-se em mão única, a história promove sua importação sem exportá-los e pode posicionar-se no terreno das outras ciências sem perder sua identidade, ao passo que a recíproca não é verdadeira.

## As entidades societais

No entanto, existem conceitos que, sem serem próprios da história, ocupam uma posição, a um só tempo, relevante e privilegiada dentro da disciplina: referimo-nos àqueles que designam entidades coletivas. O enunciado citado como exemplo no início deste capítulo contém um desses conceitos: nas vésperas da Revolução, a *sociedade francesa* passava por uma crise econômica do Antigo Regime.

A *sociedade*, a *França*, a *burguesia*, a *classe operária*, os *intelectuais*, a *opinião pública*, o *país*, o *povo*: outros tantos conceitos com a particularidade de subsumir um conjunto de indivíduos concretos e de figurar no discurso do historiador como singulares plurais, atores coletivos. Eles são utilizados como sujeitos de verbos de ação ou de volição, às vezes, até mesmo, sob a forma pronominal: a burguesia *pretende que, pensa que, sente-se em segurança* ou *ameaçada*, etc., enquanto a classe operária está descontente, revolta-se. A opinião pública mostra *inquietação*, está *dividida, reage*, a menos que esteja *resignada*...

Mas teremos o direito de atribuir os traços da psicologia individual a entidades coletivas? Tal transferência será legítima? Voltaremos a este assunto. Os sociólogos liberais, partidários da reconstituição das condutas coletivas a partir dos comportamentos racionais dos atores individuais, denunciam este tratamento de grupos à maneira de pessoas como um realismo ingênuo; é possível objetar-lhes que os atores individuais têm uma consciência mais ou menos confusa de constituir um grupo. Assim, o historiador sente-se autorizado a dizer que, em 1914, a *França* assumiu determinada atitude para com a Alemanha em decorrência do que os mobilizados afirmavam na época: *"Nós* estamos em guerra, a Alemanha nos declarou guerra." Do mesmo modo, se ele faz menção aos *operários* é porque, em greve, estes são os primeiros a afirmar: *"Nós* exigimos a satisfação de *nossas* reivindicações." O nós dos atores serve de fundamento implícito à entidade coletiva utilizada pelo historiador. Para legitimar essa transferência da psicologia individual para as entidades coletivas, P. Ricœur propõe a noção de "pertencimento participativo": os grupos em questão são constituídos por indivíduos que os integram e que têm uma consciência mais ou menos confusa desse pertencimento. Essa referência, oblíqua e implícita, permite tratar o grupo como um ator coletivo.

Portanto, não se trata de uma simples analogia, nem de uma fusão dos indivíduos no grupo ou de uma redução do individual ao coletivo. Assim, a objeção que venha a surgir ao historiador, ou seja, que o sentimento de pertencimento é, às vezes, confuso, não é válida. O fato de que, no dia 2 de agosto de 1914, ao toque dos sinos que convocava para a mobilização, os camponeses tenham voltado precipitadamente para casa a fim de pegarem em baldes por terem interpretado esse toque como o sinal de um incêndio é, aqui, irrelevante: tal atitude não impede de afirmar que a *França* entrou resolutamente na guerra já que esta é assumida pelos mobilizados ao dizerem *nós.* A referência da entidade coletiva aos indivíduos de que é composta baseia-se na reversibilidade do *nós* dos atores ao singular coletivo do historiador: ela permite considerar a entidade nacional ou social como se fosse uma pessoa.

De resto, neste aspecto, a linguagem da história assemelha-se à linguagem cotidiana. Os conceitos que permitem pensar a história que se escreve são exatamente aqueles com os quais se refere à história que se faz. O que nos reenvia ao risco de anacronismo; será possível evitá-lo?

## Historicizar os conceitos da história

O historiador tem o direito de utilizar todos os conceitos disponíveis na linguagem, mas não de usá-los de forma ingênua. Sua máxima consiste em recusar-se a tratar os conceitos como coisas. A advertência de Pierre Bourdieu não é supérflua:

---

**18. – Pierre Bourdieu: Servir-se dos conceitos com pinças históricas**

[...] Paradoxalmente, os historiadores não o são suficientemente quando se trata de pensar os instrumentos com os quais eles pensam a histó-

## Os conceitos

> ria. Os conceitos da história (ou da sociologia) deverão ser utilizados apenas com pinças históricas... [...]não basta fazer uma genealogia histórica dos termos considerados isoladamente: para historicizar verdadeiramente os conceitos, é necessário fazer uma genealogia sociohistórica não só dos diferentes campos semânticos (constituídos do ponto de vista histórico) nos quais, em cada instante, cada termo foi levado em consideração, mas também dos campos sociais em que eles são produzidos e, igualmente, em que circulam e são utilizados. (BOURDIEU, 1995, p. 116)

A afirmação de que convém "historicizar" os conceitos da história e reposicioná-los em uma perspectiva, por sua vez, histórica, comporta vários sentidos. O primeiro visa a diferença entre a realidade e o conceito sob o qual ela é subsumida; o conceito não é a coisa, mas o nome pelo qual ela é manifestada, ou seja, sua representação. Avaliar a diferença eventual, ou seja, verificar se os traços compreendidos no conceito se encontram na coisa, e reciprocamente, é já um preceito do método crítico, daquilo que Seignobos designava como a crítica da interpretação.

Em segundo lugar, trata-se de um dos elementos da construção do tempo da história. A significação das palavras no passado exige ser traduzida em uma linguagem compreensível nos dias de hoje e, inversamente, a significação dos conceitos atuais deve ser redefinida se pretendermos traduzir o passado por seu intermédio. Portanto, o historiador leva em consideração a profundidade diacrônica – a história – dos conceitos. A permanência de uma palavra não é a de suas significações e a mudança de suas significações não coincide com a alteração das realidades que ela designa. "A permanência inalterada das palavras não constitui, por si só, um indício suficiente da estabilidade das realidades designadas por elas" (KOSELLECK, 1990, p. 106). No entanto, inversamente, as mudanças de terminologia não constituem um indício de mudança material porque, muitas vezes, há necessidade de tempo antes que essa mudança implique, para os contemporâneos, o sentimento de que novos termos sejam necessários.

A historização dos conceitos da história permite, ao circunscrever a relação entre conceito e realidade, pensar situações dadas, simultaneamente, de maneira sincrônica e diacrônica, segundo o eixo das questões e, ao mesmo tempo, dos períodos, como estrutura e como evolução.

A semântica dos conceitos – parte menos nobre da linguística por ser a mais tributária das realidades nomeadas e, portanto, a menos formal – é, pelo contrário, fundamental para o historiador. Ao implicar, na circunscrição de cada conceito, a consideração dos conceitos opostos ou associados, e, paradigmaticamente, conceitos alternativos possíveis, ela permite avaliar, com a espessura da realidade social, a totalidade das diversas temporalidades. A mesma realidade pode, em geral, ser pensada e dita por intermédio de vários conceitos com diferentes horizontes e trajetórias temporais. Historizar os conceitos é identificar a temporalidade de que eles fazem parte; trata-se de um modo de apreender a contemporaneidade do não contemporâneo.

Por último, a historização dos conceitos permite que o historiador apreenda o valor polêmico de alguns desses conceitos. A partir de P. Bourdieu e de sua escola, os sociólogos estão muito atentos ao valor performático dos enunciados: dizer, em certo sentido, é fazer. As designações dos grupos sociais resultam de lutas pelas quais alguns atores procuraram impor um recorte do social.

> Assim, a ciência que pretenda propor os critérios mais bem fundamentados na realidade deve precaver-se para não esquecer que ela se limita a registrar um estado da luta entre classificações, ou seja, um estado da relação das forças materiais ou simbólicas entre aqueles que estão estreitamente associados a determinado modo de classificação e que, a exemplo da ciência, invocam, muitas vezes, a autoridade científica para fundar, na realidade e na razão, o recorte arbitrário que pretendem impor. (BOURDIEU, 1982, p. 139)[98]

Os conceitos da história resultam, assim, de lutas raramente aparentes pelas quais os atores tentam fazer prevalecer as representações do social que lhes são próprias: definição e delimitação dos grupos sociais, hierarquias de prestígio e de direitos, etc. Por exemplo, L. Boltanski mostra como a aparição do termo quadro, tão característico da maneira francesa de dividir a sociedade, efetua-se no contexto do *Front populaire*,[99] em concorrência com o conceito de *classes médias* e por oposição, ao mesmo tempo, ao patronato e à classe operária (1982). Na utilização sistemática pelo chanceler da Prússia, Hardenberg, no início do século XIX, de termos descritivos − tais como *habitantes* ou *latifundiários*, ou ainda de novos termos jurídicos, por exemplo, cidadãos −, R. Koselleck (1990, p. 99-118)

---

[98] Este exemplo refere-se aos recortes regionalistas. O texto prossegue: "O discurso regionalista é um discurso performático que visa impor, como legítima, uma nova definição das fronteiras, além de fazer conhecer e reconhecer a região, assim, delimitada...".

[99] Período (maio de 1936 a abril de 1938) durante o qual a França foi governada por uma coalizão de esquerda. (N.T.).

descortina uma vontade de mudar a decrépita constituição dos estamentos, ou seja, *Stände*. Os conceitos adquirem sentido por sua inserção em uma configuração herdada do passado, por seu valor performático anunciador de um futuro e por seu alcance polêmico no tempo presente.

Como se vê, os conceitos não são coisas; em certos aspectos, são armas. De qualquer modo, são instrumentos com os quais os contemporâneos, assim como os historiadores, procuram consolidar a organização da realidade, além de levar o passado a exprimir sua especificidade e suas significações. Nem exteriores, nem grudados ao real, como se fossem sinais perfeitamente adequados às coisas, eles mantêm – com as realidades a que atribuem um nome – uma distância e uma tensão mediante as quais se faz a história. Eles refletem a realidade e, ao mesmo tempo, dão-lhe forma ao nomeá-la. Essa relação cruzada de dependência e de conformidade constitui o interesse e a necessidade da história dos conceitos. Ao fazer-se a partir do tempo e, simultaneamente, ser feita por ele, a história exerce, também, sua ação sobre os conceitos e é influenciada por eles.

CAPÍTULO VII

# A história como compreensão

Nada do que foi analisado até aqui nos fornece uma ideia nítida acerca da história. Aparentemente, ela está empenhada perpetuamente em conciliar contradições: tem necessidade de fatos, extraídos de fontes; no entanto, sem serem questionados, os vestígios permanecem silenciosos e nem sequer são "fontes". Convém ser já historiador para conhecer as questões a serem formuladas às fontes, assim como os procedimentos suscetíveis de levá-las a exprimir-se. O método crítico pelo qual é garantido o estabelecimento dos fatos supõe, por si só, um saber histórico confirmado. Em suma, é necessário ser historiador para fazer história. Por sua vez, o tempo, ou seja, a dimensão diacrônica constitutiva da questão no âmbito da história, não é um quadro vazio que seria preenchido por fatos, mas uma estrutura modelada pela sociedade e pela história já escrita. Servindo-se dele como um material, o historiador deve considerá-lo também como um verdadeiro ator de seu roteiro. Além de proceder à periodização, ele deve desconfiar dos períodos pré-fabricados que, no entanto, exprimem simultaneidades essenciais; por último, para pensar a história, ele utiliza conceitos transmitidos por ela ou pedidos de empréstimo às outras ciências sociais. Em tudo isso, nada evoca um verdadeiro método suscetível de ser formalizado. A história aparece, de preferência, como uma prática empírica, uma espécie de atividade amadorística em que ajustes – incessantemente, diferentes – conseguem juntar materiais de textura variada ao respeitar, em maior ou menor grau, exigências contraditórias. O que dizem os historiadores a esse respeito?

## Autorretrato do historiador como artesão

### A história como ofício

Ao lermos os textos dos historiadores sobre a história, ficamos impressionados com a recorrência do vocabulário de cunho artesanal.

O historiador fala como um marceneiro. A história é um *ofício* – termo escolhido por L. Febvre como título para a obra póstuma de M. Bloch que, entretanto, o havia utilizado, abundantemente, e transformado em uma realidade coletiva: nosso ofício, o ofício de historiador. Desde o início de sua *Introdução*, ele compara-se a um "artesão, tendo envelhecido no ofício"; e o termo volta na última frase em que manifesta o desejo de que seu livro seja considerado como "o memento de um artesão, [...] o caderninho de um oficial[100] que, durante muito tempo, serviu-se de régua e compasso, sem por isso se julgar matemático". Aliás, ele evoca a oficina e elogia a erudição por ter "reconduzido o historiador à mesa de trabalho".

M. Bloch não é um caso isolado. Todos os historiadores falam, tal como F. Furet, de sua oficina; eles evocam as regras de sua arte. Em vez de descreverem seu ofício como algo que possa ser transmitido por um processo didático, eles o consideram como uma prática decorrente de um aprendizado. Ao falar de *corporação* (*Zunft*), o historiador alemão, Werner Conze, chega mesmo a estabelecer a distinção entre mestres, oficiais e aprendizes.[101] Bernard Bailyn (1994, p. 49-50) utiliza o termo *craft*: mesmo que a história possa apresentar-se de maneira mais sofisticada, ela deve ser, no mínimo, um ofício, *a craft*, no sentido em que as competências – *skills* – requisitadas dependem de uma prática e exigem tempo. Eis por que um tempo de estágio para se tornar oficial – *guildlike training* – faz sentido. A história aprende-se como a marcenaria: por um aprendizado na oficina. Ao fazer história é que alguém se torna historiador.

Entretanto, a denegação justapõe-se à afirmação. Ainda na *Introdução* citada mais acima, M. Bloch fala, também, da história como se tratasse de uma ciência – "ainda na infância", certamente –, mas "a mais difícil de todas as ciências", de acordo com a expressão utilizada por Bayle e Fustel de Coulanges. Para apresentá-la, não basta enumerar "as habilidades já experimentadas, por gerações sucessivas, no decorrer do tempo", como se fosse uma "arte aplicada". "A história não é a relojoaria, nem a marcenaria" (1960, p. XIV).

Entretanto, pela lógica, seria necessário escolher: a marcenaria não é uma ciência, a oficina não é um laboratório, nem a bancada de marceneiro, uma bancada de laboratório. As ciências são objeto de um ensino e é possível enunciar suas regras; em compensação, a história não possui

---

[100] No original, *compagnon*; literalmente, companheiro. Na Idade Média, era o operário que, exercendo um ofício, deixara de ser aprendiz e ainda não havia alcançado o grau de mestre. (N.T.).

[101] Em um texto de 1983. Ver LIPP, 1995, p. 54.

verdadeiras regras, mesmo que se afirme que elas existam. A utilização, em um discurso sobre a história, de termos que remetem a universos intelectuais e práticas completamente diferentes, não deixa de ser motivo de questionamento. A metáfora do artesanato é de tal modo recorrente que não pode ser apenas uma simples *captatio benevolentiæ* ou uma falsa modéstia. Com certeza, ao utilizar o léxico do artesanato, os historiadores traduzem um aspecto essencial de sua experiência, ou seja, o sentimento profundo de que não existe regra que possa ser aplicada de uma forma automática e sistemática, que tudo é uma questão de dosagem, tato e compreensão. Sem que deixem de ser – e sejam realmente – rigorosos, servindo-se do léxico da ciência.

De fato, a complexidade da história como prática remete à própria complexidade de seu objeto.

## Os homens, objetos da história

Os historiadores são relativamente unânimes em relação ao objeto de sua disciplina, apesar das diferenças de formulação; aliás, eles despendem um enorme talento para justificá-la. "A história é o estudo das sociedades humanas", dizia Fustel de Coulanges (*apud* BLOCH, 1960, p. 110). Seignobos fazia-lhe eco: "O objetivo da história consiste em descrever, por meio de documentos, as sociedades do passado e suas metamorfoses" (1881, p. 586). Por lhes parecer abstrato demais, L. Febvre e M. Bloch rejeitavam o termo *sociedade*; mas, Fustel, assim como Seignobos, insistiram sobre o caráter necessariamente concreto da história. Em 1901, Seignobos escrevia: "No sentido moderno, a história reduz-se ao estudo dos homens que vivem em sociedade" (p. 2). O mesmo é dizer que, neste aspecto, não há verdadeira divergência com os fundadores dos *Annales* que, em vez de "história das sociedades humanas"(HARTOG, 1988, p. 212-213), preferem "a história dos homens que vivem em sociedade". Não resistimos, aqui, ao prazer de lembrar o texto bem conhecido de L. Febvre:

---

**19. – Lucien Febvre: Os homens, únicos objetos da história**
Os homens, únicos objetos da história... de uma história que não se interessa por não sei qual homem abstrato, eterno, imutável em seu ser profundo e perpetuamente idêntico a si mesmo – mas pelos homens considerados sempre no âmbito das sociedades de que são membros, pelos homens membros dessas sociedades em uma época bem determinada de seu desenvolvimento, pelos homens dotados de múltiplas funções, de diversas atividades, de variadas preocupações e aptidões, sabendo que todas elas estão misturadas, se entrechocam, se opõem e

acabam por estabelecer entre si um compromisso de paz, um modus vivendi que se chama a Vida. (FEBVRE, 1953, p. 20-21)

Três traços caracterizam o objeto da história. Ele é humano, o que significa que inclusive os historiadores aparentemente indiferentes aos homens são levados até eles por vias transversas: a história da vida material ou do clima interessa-se pelas consequências de suas evoluções para os grupos humanos. Ele é coletivo: "Não o homem, insisto, nunca o homem, mas as sociedades humanas, os grupos organizados", dizia L. Febvre (*apud* BLOCH, 1960, p.110). Para que um homem, isoladamente, suscite o interesse da história é necessário que ele seja, como se diz, *representativo*, isto é, representativo de um grande número de outros homens; ou, então, que tenha exercido uma verdadeira influência sobre a vida e o destino dos outros; ou, ainda, tenha chamado a atenção, por sua própria singularidade, para as normas e os hábitos de um grupo em determinada época. Por último, o objeto da história é concreto: os historiadores têm desconfiança em relação aos termos abstratos; eles desejam ver, ouvir e sentir. Há algo de carnal na história. Eis o que, em um texto célebre, Marc Bloch afirmou:

**20. – Marc Bloch: O historiador, como o bicho-papão da lenda...**
[...] o objeto da história é, por natureza, o homem. Melhor dizendo: os homens. Em vez do singular, favorável à abstração, o plural – ou seja, o modo gramatical da relatividade – convém a uma ciência da diversidade. Por trás dos vestígios sensíveis da paisagem, dos utensílios ou das máquinas, por trás dos escritos, aparentemente, mais inertes, e das instituições, na aparência, mais totalmente desligadas daqueles que as estabeleceram, a história pretende captar os homens. Quem for incapaz desse empreendimento, nunca passará, na melhor das hipóteses, de um serviçal da erudição. Por sua vez, o bom historiador assemelha-se ao bicho-papão da lenda: ao farejar carne humana, ele reconhece que ali está sua caça. (BLOCH, 1960, p. 4)

Dizer que o objeto da história é concreto significa que ele está situado no espaço e no tempo, que tem uma dimensão diacrônica. "Ciência dos homens" é uma expressão imprecisa demais para M. Bloch que acrescenta: "dos homens no tempo". No mesmo momento, na conferência proferida para os estudantes da ENS, já citada, L. Febvre (1953, p.18) dava a mesma definição:

[a história é] o estudo, elaborado cientificamente, das diversas atividades e criações dos homens de outrora, considerados em sua época, no âmbito de sociedades extremamente variadas e, no entanto, comparáveis umas com as outras (esse é o postulado da sociologia), que têm ocupado a superfície da terra e a sucessão das eras.

A sociedade só é concreta se estiver localizada no tempo e no espaço.

## A história e a vida

A qualidade literária – para não dizer, o lirismo – dos textos dos fundadores dos *Annales* suscita a adesãosd do leitor. Neste aspecto, o historiador encontra a própria expressão de seu trabalho cotidiano, a formulação de uma experiência que, para ele, manifesta o valor da disciplina. A definição permanece, no entanto, bem imprecisa e não fornece qualquer informação ao profano. O historiador aprecia que, tendo focalizado sua atividade no estudo dos homens que vivem em sociedade, o campo de investigação é praticamente ilimitado. De um ponto de vista externo à história, essa extensão desmesurada é motivo de perplexidade.

A perplexidade aumenta com a emergência do tema "vida" e quando esta é decretada "nossa única escola", de acordo com a conferência proferida na ENS, intitulada pelo próprio L. Febvre: "Vivre l'histoire".

---

**21. – Lucien Febvre: "Viver a história"**

E já que tenho a felicidade de encontrar, nesta sala, jovens decididos a dedicar-se à pesquisa histórica, quero dizer-lhes com toda a franqueza: para fazer história, voltem as costas resolutamente ao passado e, antes de mais nada, vivam plenamente a vida. Misturem-se à vida. À vida intelectual, sem dúvida, com toda a sua diversidade. [...] Mas, vivam também uma vida prática. Não se contentem em olhar da praia, preguiçosamente, o que se passa no mar agitado. [...] Arregacem as mangas [...] e ajudem os marujos em sua tarefa.

Será tudo? Não. Isso de nada serve se continuarem separando ação e pensamento, vida de historiador e vida cotidiana. Entre a ação e o pensamento, não há tabiques, nem barreiras. Não deixem que a história tenha a aparência de uma necrópole inerte, pela qual passam unicamente sombras despojadas de substância. (FEBVRE, 1953, p. 52)

---

O que significará essa referência à vida? Quando um historiador, tal como L. Febvre, afirmava a necessidade de viver para fazer história, é difícil pensar que suas palavras sejam destituídas de sentido. Mas o que ele pretendia dizer? Qual será a relação entre a vida do historiador e a história que ele escreve?

## A compreensão e o raciocínio por analogia

### Explicação e compreensão

Ao considerar os homens concretos e suas vidas como objetos, a história deve adotar um modo específico de inteligibilidade.

A oposição entre o modo de inteligibilidade dos homens e o das coisas foi teorizada por Dilthey e retomada, na França, na tese principal de R. Aron (*Introduction à la philosophie de l'histoire*, 1953). Apesar de ultrapassado, esse debate epistemológico continua sendo importante: sublinha uma diferença radical entre as ciências do espírito ou ciências humanas (*Geisteswissenschaften*) e as ciências naturais (*Naturwissenschaften*) que, no final do século XIX, eram a física e a química. As ciências naturais explicam as coisas, as realidades materiais; por sua vez, as ciências do espírito procuram compreender os homens e suas condutas. A explicação é o procedimento da ciência propriamente dita; ela busca as causas e verifica as leis. É determinista: as mesmas causas produzem sempre os mesmos efeitos, ou seja, a própria definição de lei. O encontro de um ácido com um óxido dá sempre um sal, água e calor.

Manifestamente, as ciências humanas não podem visar esse tipo de inteligibilidade. As condutas humanas tornam-se inteligíveis por serem racionais ou, no mínimo, intencionais. A ação humana é escolha de um meio em função de um fim: é impossível explicá-la por causas e leis, mas pode ser compreendida. Esse é o modo próprio de inteligibilidade da história. Neste sentido, R. Aron (1961, p. 124-167) analisou os discursos que pontuam a *Guerra do Peloponeso* de Tucídides: o importante não é saber se eles foram efetivamente pronunciados ou se foram relatados fielmente pelo historiador; trata-se de procedimentos de escrita para explicitar, ao colocá-los na boca dos principais atores, os motivos que serviram de inspiração a suas políticas.

A distinção entre explicar e compreender tem sido utilizada com certa frequência; além disso, esse tema é abordado, de forma insípida, por vários candidatos do *baccalauréat*. Ela merece ser considerada, a um só tempo, em suas negações e em suas afirmações. É verdade que a história não é uma ciência, mesmo que ela se encontre "ainda em sua infância", além de ser "difícil". De fato, a ciência só é possível a partir do geral, de acontecimentos que se repetem, enquanto a história trata de acontecimentos originais e de situações singulares que nunca voltam a se encontrar de forma estritamente idêntica. Deste ponto de vista, P. Lacombe havia afirmado, há mais de um século, o essencial:

A HISTÓRIA COMO COMPREENSÃO

> O acontecimento, o fato histórico considerado pelo aspecto que o torna singular, é refratário à ciência já que, em primeiro lugar, esta é constatação de coisas similares [...] As tentativas da filosofia da história foram votadas ao fracasso por terem ignorado o caráter anticientífico do acontecimento e por terem pretendido explicá-lo como se tratasse de uma instituição. (LACOMBE, 1894, p. 10-11)

E denunciou o impasse da busca exaustiva dos fatos:

> À medida que aumenta o volume da realidade histórica, a parcela susce-tível de ser assimilada por cada um dos eruditos torna-se um fragmento menor, uma parcela mais reduzida do todo. Cada vez mais afastado da concepção do conjunto, o saber do erudito sofre uma depreciação gradual. Elaboram-se, assim, noções absolutamente inócuas que não fazem avançar o conhecimento do mundo e do homem. (p. X-XI)

Haveria muitas considerações a fazer sobre essa concepção da ciência e da explicação científica que se opõe à própria noção de compreensão. Ao colocar de lado, propositalmente, a abordagem detalhada desse debate, deve-se assinalar que ele já está realmente ultrapassado.

A ideia de que a ciência estabelece leis, que ela faz reinar uma pre-visibilidade rigorosa, do tipo – "uma vez produzido o acontecimento A, irá produzir-se, necessariamente, o acontecimento B" –, refere-se mais ao cientificismo do final do século XIX que à ciência moderna. Por um lado, desde o século XIX, espíritos brilhantes, tais como Cournot, advertiam contra essa simplificação abusiva.[102] O exemplo citado por ele, ao falar da "harmonia" entre os seres vivos e seu meio, da "rede" formada pelos fenômenos naturais (COURNOT, 1975, p. 81), é confirmado pela ecologia moderna: a análise dos ecossistemas é, certamente, uma ciência; além disso, o desenvolvimento das algas em um lago explica-se por temperaturas e teores em oxigênio da água, sem que seja possível extrair daí uma verdadeira previsibilidade. A definição da ciência pela lei não é totalmente pertinente. De resto, as leis científicas perderam o caráter puramente determinista que as caracterizava no século XIX, de modo que a física moderna tornou-se probabilista. Ocorre que ela continua a definir-se por meio de rigorosos

---

[102] "Apesar de ser impossível conceber a organização científica sem regras, princípios, classificação e, por conseguinte, sem certa generalização dos fatos e ideias, conviria evitar, também, tomar ao pé da letra este aforismo dos antigos: o individual e o particular não são da alçada da ciência. Nada existe que seja mais desigual que o grau de generalidade dos fatos utilizados pelas ciências, aliás, suscetíveis, no mesmo grau, da ordem e da classificação que constituem a perfeição científica" (COURNOT, 1975, p. 363).

procedimentos de verificação/refutação;[103] ora, a história, assim como as outras ciências sociais, é incapaz de aplicá-los. É claro que a história não poderia ser uma ciência em um grau semelhante ao da química.

De qualquer modo, essa não é a sua pretensão. Neste aspecto, a noção de compreensão revela todo o seu alcance: ela visa particularizar um modo de conhecimento que, por ser diferente, não é menos legítimo, nem menos rigoroso, nem menos verdadeiro, em sua ordem, que o conhecimento objetivo das ciências naturais.

## Compreensão e ordem do sentido

O objeto da história é constituído, desse ponto de vista, não por ser singular, nem por ser algo que se desenrola no tempo. Certamente, vimos até que ponto o historiador valoriza o concreto e o singular; aliás, os boxes com os textos de M. Bloch e L. Febvre, apresentados no início deste capítulo, mostram perfeitamente a recusa de transformar seu objeto de estudo em uma abstração desprovida de conteúdo. Neste sentido, eles voltam as costas, efetivamente, para o procedimento do físico ou do economista: para formular uma lei, o físico faz abstração de todas as condições concretas nas quais se produz o fenômeno para se limitar a uma situação experimental, reduzida abstratamente a alguns parâmetros. Entretanto, fora do espaço artificial do laboratório, só existem fatos singulares. A maçã, cuja queda proporcionou a Newton a oportunidade de formular a teoria da atração gravitacional, caiu apenas uma vez; além disso, a lei da gravidade não explica que ela tenha caído, precisamente, no momento em que Newton estava descansando à sombra da macieira. Ora, nem sempre é possível controlar todos os parâmetros, daí as vicissitudes da técnica: o foguete *Ariane* irá descolar provavelmente sem problema por ocasião do próximo lançamento, mas é impossível excluir que um pedaço de pano tenha sido deixado em uma canalização... Os lançamentos de *Ariane* têm uma história.

A inscrição do fenômeno histórico em uma temporalidade não é um traço absolutamente distintivo. Cournot observa que os registros das loterias públicas têm condições de oferecer uma sucessão de lances singulares, sem constituir uma história, "porque tal sucessão não implica um encadeamento, de modo que os primeiros lances não exercem qualquer influência sobre os seguintes" (1975, p. 369); por sua vez, o que se passa com o xadrez é diferente.

---

[103] "Falsificação", diz Popper, para quem uma proposição científica define-se por sua "falsificação": uma proposição que não se pode "falsificar", ou seja, cuja falsidade seja impossível comprovar, não pode pretender ser científica. Um enunciado será científico se, e sem qualquer exceção, for logicamente possível refutá-lo. Ver Karl Popper, 1978.

## 22. – Antoine Cournot: A partida de xadrez como símbolo da história

[...] no xadrez, jogo em que a determinação refletida do jogador toma o lugar dos acasos do dado, de maneira que sua estratégia, ao cruzar-se com a do adversário, presta-se a uma infinidade de encontros acidentais, constata-se o aparecimento das condições de um encadeamento histórico. O relato de uma partida [...] seria uma história semelhante a qualquer outra com suas crises e seus desfechos: de fato, além de se sucederem umas às outras, as jogadas se encadeiam no sentido em que cada uma exerce maior ou menor influência sobre a série das jogadas seguintes e é influenciada pelas anteriores. Com a eventual complicação das condições do jogo, a história de uma partida de xadrez tornar-se-á filosoficamente comparável à história de uma batalha [...], salvo a importância dos resultados. Talvez, até mesmo, fosse possível dizer, sem brincar, que existem realmente batalhas [...], cuja história não merece mais atenção, atualmente, que uma partida de xadrez. (COURNOT, 1975, p. 370)

Para Cournot, o importante é o encadeamento e não a sucessão: para haver história, é necessário que os fatos, além de serem colocados em ordem cronológica, exerçam uma influência recíproca. Ora, essa influência passa pela consciência dos atores que percebem uma situação e se adaptam a ela em função de seus objetivos, de sua cultura e de suas representações. Não há, portanto, história que possa ser considerada puramente "natural": qualquer história implica significações, intenções, vontades, medos, imaginação e crenças. A singularidade defendida, ciosamente, pelos historiadores é a do sentido; eis o que se pretende dizer ao falar de ciências do espírito ou ciências humanas.

A noção de compreensão assume, neste aspecto, um valor polêmico; ela visa conferir às ciências humanas uma "respeitabilidade científica"[104] e uma legitimidade semelhantes às das ciências propriamente ditas. Mesmo negando o *status* de ciência à história, esta não se limita à manifestação de uma opinião, nem os historiadores afirmam o que bem entenderem. Entre a ciência e a simples opinião, entre um saber e um "palpite", existem modos rigorosos de conhecimento que pretendem alcançar a verdade. Esse é o sentido da noção de compreensão: propor um modelo de inteligibilidade próprio a essa ordem de fenômenos.

---

[104] A expressão foi forjada por Ricœur, 1977, p. 127.

Ela é descaracterizada quando se reduz seu campo de validade à busca dos motivos que orientam as condutas, das intenções e das razões que determinam as ações dos homens, mesmo que tais procedimentos permitam obter uma simetria de belo efeito com as ciências propriamente ditas, além de apresentações aprofundadas em que as causas se opõem às razões. A compreensão acaba especificando, de forma mais abrangente, o modo de inteligibilidade da história (assim como da sociologia e da antropologia, de acordo com a demonstração de J.-Cl. Passeron) enquanto ela incide sobre comportamentos investidos de sentido e de valores, mesmo quando os homens não tenham domínio sobre eles e se contentem em se adaptar à situação. De fato, pode-se apurar a análise e distinguir, em companhia de Max Weber (1965, p.334), entre as ações orientadas subjetivamente pelas intenções ou crenças dos indivíduos que perseguem seu objetivo – ou sonho – independentemente do real (racionalidade subjetiva por finalidade), e as ações orientadas criteriosamente e que, de maneira adaptada, respondem a uma situação (racionalidade objetiva por adaptação). Existem histórias plenamente humanas em que o peso das intenções é realmente reduzido, devido à estreiteza da margem de ação, como a história das crises de safra: nos anos em que as safras de trigo são ruins, verifica-se uma alta de preços, fome e mortalidade, fatores que não são da alçada dos motivos ou das razões, por oposição às causas; entretanto, são situações a que os contemporâneos se adaptam e conferem sentido.

## Experiência vivida e raciocínio por analogia

Se o objetivo da compreensão consiste em encontrar a verdade de situações ou de fatos dotados de sentido pelos homens, resta ainda por elucidar as diligências que ela adotará para alcançá-la. Ora, segundo parece, a precisão e o rigor de seus procedimentos não estão à altura de suas ambições; em vez de um método que poderia ser descrito, estamos em presença de uma espécie de intuição que se baseia na experiência anterior do historiador. O caráter próprio da compreensão consiste em enraizar-se na vivência do sujeito; deste modo, é possível esclarecer os depoimentos, à primeira vista, surpreendentes, dos historiadores sobre o homem e a vida. Bloch e Febvre – que não chegam a citar Dilthey – convergem em suas intuições para a análise do filósofo alemão.

---

**23. – Wilhelm Dilthey: Experiência vivida e realidade**
A edificação [das ciências do espírito] parte da experiência vivida, ela vai da realidade para a realidade, consistindo em penetrar cada vez mais

> profundamente na realidade histórica, em analisá-la da forma mais meticulosa possível e em observá-la com um olhar cada vez mais abrangente. Nesse trabalho, não se introduz qualquer hipótese que pressuponha algo para além do dado; de fato, a compreensão penetra nas expressões da vida de outrem, graças a uma transposição efetuada a partir da plenitude de suas experiências pessoais. [...]
>
> Essa compreensão não designa somente um procedimento metodológico específico que adotamos diante de tais objetos. Entre ciências do espírito e ciências naturais, não se trata somente de uma diferença na posição do sujeito em relação ao objeto, de um tipo de diligência, de um método. Mas, o procedimento da compreensão é objetivamente fundamentado no seguinte: o elemento exterior que constitui o objeto das ciências do espírito diferencia-se absolutamente do objeto das ciências naturais. O espírito objetivou-se nessas realidades exteriores que acabaram forjando finalidades e concretizando valores; ora, a compreensão apreende, precisamente, essa dimensão espiritual, inscrita nelas. Entre o eu e essas realidades, há uma relação vital. O caráter de tais realidades, focalizado em um fim, está fundamentado na minha faculdade de formular finalidades; sua beleza e bondade baseiam-se na minha capacidade de instituir valores, assim como sua compreensibilidade apoia-se no meu intelecto.[...]
>
> Na natureza exterior, a coerência atribuída aos fenômenos faz-se através da ligação de conceitos abstratos. Pelo contrário, no mundo do espírito, a coerência é vivida e compreendida a partir dessa vivência. A coerência da natureza é abstrata, enquanto a coerência psíquica e histórica é viva, impregnada de vida. (DILTHEY, 1988, p. 72-73)

Enquanto as ciências naturais procedem por conhecimento objetivo e abstrato, a humanidade, como objeto das ciências do espírito, só aparece através da experiência vivida de cada um:

> A compreensão de nós mesmos e dos outros só é possível na medida em que transferimos o conteúdo de nossa vida para qualquer forma de expressão de uma vida, seja ela nossa ou alheia. Assim, o conjunto da experiência vivida, da expressão e da compreensão é, por toda parte, o método específico pelo qual a humanidade existe para nós enquanto objeto das ciências do espírito. (DILTHEY, 1988, p.38)

Concretamente, como procede o historiador que pretende compreender – ou explicar no sentido corrente, não científico, do termo – um fenômeno histórico? Em geral, ele esforça-se por reduzir o fenômeno a fenômenos mais gerais ou encontrar suas causas profundas ou acidentais.

Eis as razões da Revolução Francesa: situação econômica, movimento das ideias, ascensão da burguesia, crise financeira da monarquia, safra ruim de 1787, etc.

A essa "explicação", considerada erudita, seríamos tentados opor "explicações" mais triviais. Aquela que, por exemplo, a testemunha de um acidente de trânsito fornece ao policial encarregado do boletim de ocorrência: "Vou explicar-lhe... a velhinha encontrava-se na passagem para pedestres, o carro chegou em alta velocidade... freou, mas a calçada estava molhada e ele não conseguiu parar a tempo. Essa é a explicação..." Ou, ainda, as explicações do resultado das eleições, na discussão dos frequentadores do botequim: "Eles perderam porque os eleitores desaprovam os escândalos dos políticos; porque não têm um programa; porque não conseguiram controlar a crise econômica e o desemprego". Essas "explicações", no segundo sentido do termo, não têm evidentemente, valor, nem pretensão científica; apesar disso, são adequadas. E passamos nossa vida a fornecer, a solicitar e a receber tais "explicações".

Do ponto de vista da lógica, a explicação do historiador não difere da explicação fornecida pelo homem da rua. O modelo de argumentação utilizado para explicar a Revolução Francesa é, logicamente, semelhante ao do homem comum para explicar o acidente ou o resultado das eleições. Fundamentalmente, trata-se do mesmo procedimento intelectual, apurado, aprimorado pela consideração de fatores suplementares, assim como é possível aprimorar a explicação do acidente ao fazer apelo à embriaguez do motorista, à qualidade do capeamento da calçada ou às características do carro que, por sua vez, podem ser explicadas: "Vou dizer-lhe o motivo: o freio dos carros de tal marca é ruim..."

É constatar que não há método histórico. Existe sim um método crítico que permite estabelecer, com rigor, os fatos para validar as hipóteses do historiador; no entanto, a explicação histórica é exatamente aquela utilizada por qualquer pessoa na conversação cotidiana. Para explicar a greve dos ferroviários de 1910, o historiador serve-se de argumentos semelhantes aos do aposentado que relata aos netos a greve de 1947, falando do passado com tipos de explicação que lhe permitiram compreender situações ou acontecimentos vivenciados por ele. Ao afirmar que Luis XIV se tornou impopular em virtude da elevação dos impostos no final de seu reino, o historiador toma a palavra do contribuinte... E em que se baseará para aceitar ou rejeitar as explicações propostas por suas fontes, a não ser em sua própria experiência do mundo e da vida em sociedade que lhe ensinou a ocorrência de certas coisas, enquanto outras não acontecem?[105]

Aqui, encontramo-nos precisamente no espaço do que J.-Cl. Passeron designa por "raciocínio natural". O historiador elabora sua argumentação por analogia com o presente e, para relatar o passado, transfere modos de explicação comprovados pela experiência social cotidiana do homem comum. É, aliás, uma das razões do sucesso da história entre o grande público: nenhuma competência específica é exigida do leitor para abordar um livro de história.

Para tornar-se possível, esse raciocínio por analogia supõe, evidentemente, a continuidade do tempo e, simultaneamente, sua objetivação. O movimento de vaivém entre presente e passado, analisado mais acima, revela-se, aqui, fundamental. Por outro lado, ele baseia-se no postulado de uma continuidade profunda entre os homens através dos séculos; por último, faz apelo a uma experiência prévia da ação e da vida dos homens em sociedade. Aspecto em que se encontra, de novo, o vínculo entre a compreensão e a experiência vivida.

## A história como aventura pessoal

### História e práticas sociais

O conselho pelo qual L. Febvre incentivava os estudantes da ENS na *rue d'Ulm* a "viver", encontra, aqui, sua justificação e importância: para quem não viveu em sociedade, é impossível compreender a história. Robinson Crusoe, deixado em uma ilha deserta por três anos, seria incapaz de fazer história.

Nas páginas precedentes, a propósito dos compromissos do historiador, já tivemos a oportunidade de assinalar o vínculo entre as práticas sociais e a história. Tínhamos observado que os antigos – ou atuais – comunistas que têm escrito a história do Partido Comunista expõem-se, pela íntima ligação com seu tema, a riscos evidentes de exprimirem opiniões preconcebidas; de fato, o historiador compreende as situações históricas a partir da experiência adquirida das diversas práticas sociais.

A questão da ampliação do campo da experiência do historiador apresenta, por isso mesmo, certa importância: quanto mais abrangente

---

[105] R. G. Collingwood (1935, p. 11) critica essa opinião de Bradley por se limitar a fornecer um critério negativo da verdade.

for, maior será o leque de oportunidades à sua disposição para compreender diferentes situações históricas. Essa pode ser a justificação para experiências que, aparentemente, levam o historiador a afastar-se de sua oficina quando, afinal, elas permitem sua volta à mesa de trabalho mais bem equipado para compreender seu objeto próprio. A experiência de M. Bloch relativamente à Guerra de 14-18, assim como a de C.-E. Labrousse em relação à prática do movimento socialista contribuíram para transformar esses historiadores em mestres. Uma decisão governamental ficará muito mais bem esclarecida pelas informações concernentes ao presidente das reuniões interministeriais que pela leitura do *Diário Oficial*; melhor ainda, eu não teria compreendido verdadeiramente a Guerra de 1914 se não tivesse percorrido as montanhas argelinas à procura de *fellaghas*.[106] Poderíamos multiplicar os exemplos: o historiador exercita a compreensão através de suas práticas sociais.

No entanto, o historiador tem apenas uma vida; além disso, ele passa longos períodos em bibliotecas e arquivos. É impossível ser, sucessivamente, ministro, monge, cavaleiro, bancário, camponês, prostituta; é impossível conhecer, sucessivamente, a guerra, a fome, a revolução, a crise, os descobrimentos. Portanto, ele é obrigado a se basear na experiência dos outros. Essa experiência social indireta – de algum modo, por procuração – transmite-se através de relatos de amigos, de pessoas conhecidas e de testemunhas. Uma conversa com um empresário ajuda, às vezes, a compreender os burgueses do século XIX ou XVIII; e aquele que se limita a conhecer a zona rural pelas idas à sua casa de campo, nunca chegará a fazer uma verdadeira história da classe dos camponeses. O interesse dos livros de memórias dos políticos deve-se não só ao que eles explicitam a respeito do funcionamento das instituições e da relação de forças, mas também ao que dizem de sua ação própria. A contribuição dos colóquios organizados pela *Fondation nationale des sciences politiques* sobre o governo Blum (1936-1938), sobre Vichy (1940-1944) ou sobre o governo Daladier (1938-1939), residia precisamente no confronto das explicações das testemunhas e dos historiadores. O historiador tem necessidade de guias que o introduzam na compreensão dos universos que ele ignora.

Inversamente, quanto mais imbuído de seu ofício estiver o historiador, mais enriquecedora será para ele a atualidade porque a transferência pode funcionar nos dois sentidos: do presente para o passado, assim como do passado para o presente. A explicação do passado baseia-se nas analogias

---

[106] Guerrilheiros argelinos que, no período de 1954 a 1962, lutaram contra a dominação francesa. (N.T.).

com o presente, mas, por sua vez, ela alimenta a explicação do presente. Essa é a justificação – teremos a oportunidade de voltar ao assunto – para o ensino da história às crianças e aos adolescentes.

Essa análise da história como raciocínio por analogia, como vaivém entre uma prática social atual, direta ou indireta, e as práticas sociais do passado, permite compreender a postura dos historiadores sobre os homens e a vida. No entanto, ele tem um alcance ainda mais amplo.

## A história como amizade

De fato, na história, compreender é sempre, de certa maneira, colocar-se pelo pensamento no lugar daqueles que são o objeto da história que se escreve. Tal procedimento supõe uma verdadeira disponibilidade, uma atenção e uma capacidade de escuta; a vida cotidiana é que permite o aprendizado de todos esses aspectos. Voltamos a descobrir o pensamento de Hamurabi (1793-1750 a.C.) ou de Sólon (c. 640-c. 558 a.C.) – dizia Collingwood, (1946, p. 218) – do mesmo modo que descobrimos o pensamento de um amigo que nos escreve uma carta. E, como observava Marrou com toda a razão: aquele que compreende "de través" o que lhe dizem os amigos, não pode ser um bom historiador.

---

**24. – Henri-I. Marrou: A história como escuta**

[...] O outro só é compreendido por sua semelhança com nosso ego, com nossa experiência adquirida, com nosso próprio clima ou universo mental. Só podemos compreender aquilo que, em grande medida, já é nosso e com quem mantemos laços fraternos; se o outro fosse completamente dessemelhante, estranho cem por cento, seria impossível compreendê-lo.

Uma vez aceito esse aspecto, o conhecimento do outro só será possível se me esforçar em ir ao seu encontro, esquecendo-me, durante um instante, de mim mesmo [...]... Nem todos têm essa capacidade; cada um de nós já tem encontrado, ao longo da vida, alguns homens que se revelam incapazes de se abrir, de prestar atenção aos outros (o tipo de pessoas de quem se diz que não escutam quando alguém lhes fala): tais homens seriam realmente maus historiadores.

Tal atitude tem a ver, às vezes, com a estreiteza de espírito e, então, trata-se de falta de inteligência (evitemos falar de egoísmo: o verdadeiro egocentrismo é mais sutil); no entanto, quase sempre, trata-se de homens que, esmagados sob o peso das preocupações, não se permitem o luxo dessa disponibilidade [...] ... o historiador será [...] capaz de deixar seu pensamento em férias e empreender longos circuitos para mudar de ares porque ele sabe que o ego ganha uma imensa abertura por esse tipo de desvio que passa pela descoberta dos outros. (Marrou, 1954, p. 88-90)

Mas compreender "bem" é simplesmente compreender. O que supõe certa forma de convivência, de cumplicidade com o outro: é necessária a disposição de entrar em sua personalidade, enxergar com seu olhar, sentir com sua sensibilidade, julgar de acordo com seus critérios. A compreensão adequada faz-se somente a partir de dentro. Esse esforço que mobiliza a inteligência implica zonas mais íntimas da personalidade; é impossível permanecermos indiferente àqueles que já foram assimilados por nosso entendimento. A compreensão é, também, uma simpatia, um sentimento. Marrou chegava a afirmar: "uma amizade".

### 25. – Henri-I. Marrou: A compreensão como amizade no âmbito da história

Se a compreensão é efetivamente essa dialética, que já descrevemos, do Mesmo com o Outro, ela supõe a existência de uma ampla base de comunhão fraterna entre sujeito e objeto, entre historiador e documento (digamos mais precisamente: e o homem que se revela através do documento, enquanto signo): como compreender, sem essa disposição de espírito que nos torna conaturais a outrem e nos permite sentir suas paixões, repensar suas ideias sob a própria luz em que ele as vive, em suma, comungar com o outro? Neste aspecto, o termo "simpatia" é, inclusive, insuficiente: entre o historiador e seu objeto, deve ser estabelecida uma amizade, se o historiador pretende compreender; com efeito, segundo a bela fórmula de Santo Agostinho, "é impossível conhecer alguém a não ser pela amizade" (et nemo nisi per amicitiam cognoscitur). (Marrou, 1954, p. 28)

Além de ter sido inspirado pelo humanismo cristão – em si mesmo, ultrapassado –, esse texto chama a atenção para um ponto essencial ao afirmar, claramente, a impossibilidade de uma história inteiramente fria, asséptica e insensível. O historiador não pode manter-se indiferente, sob pena de fazer uma história morta, incapaz de compreender seja lá o que for e de suscitar o interesse de quem quer que seja. No termo de um longo convívio com os homens – objeto de seu estudo –, ele não pode deixar de manifestar-lhes simpatia ou afeição, mesmo que se trate, às vezes, de um afeto desiludido. Por ser viva, nossa história comporta uma parte irredutível de afetividade. Eis o que suscita três problemas.

O primeiro refere-se à questão dos limites morais da compreensão no âmbito da história. "Explicar em profundidade e com simpatia é, pelo menos, implicitamente, ser indulgente" afirma B. Bailyn (1994, p. 58), ao citar o exemplo de Jefferson e dos pais da Constituição Norte-Americana: eles tinham razões compreensíveis para não libertar os escravos e não inscrever a abolição da escravidão na Constituição; mas, "procurar a explicação desses motivos parece ser uma tentativa para desculpá-los." Por maior força de razão, quando se trata de episódios tão monstruosos e criminosos, quanto as práticas vigentes nos campos de extermínio. Na esteira de Primo Levi, não concebo a possibilidade de compreender Hitler:

> Talvez, o que se passou não possa ser compreendido e, até mesmo, não deva ser compreendido, na medida em que compreender é quase justificar. De fato, "compreender" a decisão ou a conduta de alguém significa (e esse é o sentido etimológico do termo) incorporá-las, incorporar seu responsável, colocar-se em seu lugar, identificar-se com ele. Pois bem, nenhum homem normal poderá, um dia, identificar-se com Hitler, Himmler, Goebblels, Eichmann, nem com um grande número de outros indivíduos. [...] talvez seja desejável que suas afirmações – sem falar do que fizeram – nunca se tornem compreensíveis para nós. Trata-se de palavras e de ações não humanas ou, melhor ainda, anti-humanas, sem precedentes históricos. (LEVI, 1995, p. 261)

Neste sentido, e a não ser que seja escrita de outro modo, sem tentar compreendê-la, é impossível fazer a história do nazismo porque, de certa maneira, tal atitude levaria o historiador a colocar-se no lugar de Hitler, identificar-se com ele; ora, ninguém vai, absolutamente, vislumbrar tal situação...

O segundo problema é o da objetividade ou, melhor dizendo, da imparcialidade. Teremos a oportunidade de voltar ao assunto. Limitemo-nos a mencionar, aqui, o dever de lucidez do historiador que inclui o dever de compreender, o mais profundamente possível, o conjunto das partes e situações que são objeto de sua análise: os populares partidários da Revolução Francesa e os emigrantes; os soldados da frente de combate, os estados-maiores e a retaguarda. Sua compreensão, cuja amplitude procura abranger todos os aspectos, permite-lhe tomar a distância necessária em relação ao tema e fundamentar o valor de sua análise.

O último problema é, sem dúvida, mais difícil: o da legitimidade da transposição. Colocar-se no lugar de quem está sendo objeto de estudo é uma boa iniciativa, mas como ter a garantia de que a operação será bem-sucedida? A compreensão é precária: nunca se tem a certeza de ter sido bem compreendido. Quantas explicações sinceras e completas redundam em um mal-entendido? Esse problema, já difícil na vida cotidiana, torna-se ainda mais complicado no âmbito da história pela distância no tempo. Ao nos colocarmos, homens de nosso século, no lugar dos homens da Idade Média ou, nem que seja, da década de 30, não corremos o risco de nos equivocar? L. Febvre (1953, p. 218) já advertia contra "o pior e o mais insidioso de todos os anacronismos, ou seja, o psicológico."

> Com efeito, psicologia histórica depara-se com um problema especial. Ao falarem, em suas dissertações e tratados, das emoções, decisões e atividade mental do "homem", os psicólogos abordam, na realidade, nossas emoções, nossas decisões e nossa atividade mental, ou seja, nosso modo de ser, enquanto homens de cor branca da Europa Ocidental, integrados a grupos de cultura antiquíssima. Ora, como é que nós, historiadores – para interpretar as atitudes dos homens de outrora – poderíamos servir-nos de uma psicologia oriunda da observação dos homens do século XX? (p. 213)

O perigo consiste precisamente no seguinte: tendo a convicção de levar os homens do passado a se exprimir, o historiador limita-se a falar de si mesmo. Mas, tal procedimento será mesmo um risco ou um componente essencial de toda a história?

## A história como história de si mesmo

Apesar de todos os esforços que vier a despender para se colocar, pelo pensamento, no lugar de outros, o historiador não deixará de ser ele mesmo; nunca chegará a tornar-se outro, seja qual for o esforço de compreensão que possa fazer. Ele re-pensa, re-constitui em sua mente, a experiência humana coletiva da qual está fazendo a história. Em vez dos pensamentos, sentimentos, emoções e motivos das personagens, humildes ou eminentes, acompanhadas passo a passo em seus documentos, ele expõe seus próprios pensamentos; essa é a maneira como ele se re-presenta o passado. A história é o re-pensamento, a re-ativação, a re-ação no presente, pelo historiador, de coisas que, outrora, haviam sido pensadas, experimentadas e praticadas por outras pessoas. Faça o que fizer, o historiador não pode deixar de ser ele mesmo.

Collingwood (1946) insistia, justamente, sobre esse aspecto. Ao elaborar a história de determinadas atividades, o historiador não as observa como um espetáculo, mas vai abordá-las como experiências a viver integralmente, em sua própria mente (*experiences to be lived through in his own mind*); aqui, o termo "experiência" é considerado no sentido mais amplo de algo que é vivido, experimentado, pensado. Tais atividades são objetivas, ou seja, conhecidas por ele, simplesmente por serem também subjetivas, por serem suas próprias atividades (p. 218). Para ele, a história é conhecimento tanto do passado, quanto do presente: ela é "conhecimento do passado no presente, o conhecimento pessoal adquirido pelo historiador de sua própria mente, enquanto ele renova e revive no presente uma experiência do passado" (p. 175).[107] Neste sentido, só existe história de coisas pensadas, no presente, pelo historiador.

### 26. – Robin G. Collingwood: Só existe história de coisas pensadas

Para a questão – de que é que pode haver conhecimento histórico? –, a resposta é: daquilo que pode ser re-ativado (re-enacted) na mente do historiador. Em primeiro lugar, é preciso que seja parte da experiência. Daquilo que não é experiência mas simplesmente objeto de experiência não pode haver história.Assim, não há, nem pode haver história da natureza a não ser enquanto percebida ou pensada pelo cientista.

[...] O historiador empenha-se no estudo de determinado pensamento: estudá-lo implica re-ativá-lo em si mesmo; e para que ele possa tomar posição na imediatidade de seu próprio pensamento, este deve estar, como estava, pré-adaptado para acolhê-lo. [...]

Se o historiador [...] tenta controlar a história de um pensamento de que não conseguiu apropriar-se pessoalmente, ele não vai escrever a história desse pensamento, mas repetirá simplesmente frases que registram os fatos exteriores de seu desenvolvimento: os nomes e as datas, assim como frases descritivas pré-fabricadas. Tais repetições podem ser úteis, mas não porque pudessem ser história; trata-se de ossos ressequidos que, um dia, podem tornar-se história quando alguém for capaz de revesti-los com a carne e o sangue de um pensamento, simultaneamente, seu e deles. Eis um modo de dizer que o pensamento do historiador deve emergir da unidade orgânica de sua experiência total, além de ser uma função de sua personalidade inteira com seus interesses tanto práticos, quanto teóricos. (COLLINGWOOD, 1946, p. 302-305)

Neste sentido, pode-se dizer que toda a história é autoconhecimento: *self-knowledge*. O conhecimento do passado é, também, a mediação pela qual o historiador prossegue a busca de si mesmo. Pode ocorrer que, em certo período de sua vida, ele não preste atenção a determinada história

---

[107] Minha tradução não restitui adequadamente o original: a história "*is the knowledge of the past in the present, the self-knowledge of the historian's own mind as the present revival and reliving of past experiences*".

à qual, em outro período, irá apegar-se; com o decorrer do tempo, irá compreender o que ele não havia percebido anteriormente. Em relação aos historiadores, os ensaios de ego-história, apesar de todo o seu interesse, fornecem menos informações que a leitura de seus livros. Após uma digressão, voltamos a encontrar, aqui, a mensagem de Michelet: o historiador é filho de suas obras.

No entanto, ao descobrir-se, o historiador descobre que é capaz de se colocar no lugar de inumeráveis personagens diferentes. Ele recapitula, de algum modo, em si mesmo, uma boa parte da humanidade, em uma infinidade de situações. A história seria menos fascinante se não combinasse, assim, um autoconhecimento aprofundado com a descoberta dos outros.

---

**27. – Robin G. Collingwood: Autoconhecimento e conhecimento da diversidade das questões humanas**

Através da investigação histórica, o historiador adquire um conhecimento não de sua situação enquanto oposta ao autoconhecimento, mas de sua situação que é, simultaneamente, autoconhecimento. Ao re-pensar o que foi pensado por um outro, ele reflete pessoalmente sobre o mesmo assunto. Ao tomar conhecimento do que um outro havia pensado, ele sabe que é capaz dessa reflexão. E a descoberta de sua capacidade leva-o a descobrir o tipo de homem que ele é. Se, ao re-pensar os pensamentos de um grande número de tipos diferentes de homem, é capaz de compreendê-los, segue-se que ele consegue identificar-se com todos esses tipos de homem. De fato, ele deve ser um microcosmo de toda a história que é capaz de conhecer. Portanto, o autoconhecimento é, simultaneamente, o conhecimento da diversidade das questões humanas. (COLLINGWOOD, 1939, p. 114-115)

---

Teremos de voltar à vertente "compreensiva" do modo próprio de fazer história: de fato, ela exige ser contrabalançada por elementos menos intuitivos, mais racionais e consistentes. Apesar de não ser a totalidade da história, esse aspecto é um de seus componentes essenciais; por seu intermédio, a explicação é energizada e vivificada.

CAPÍTULO VIII

# Imaginação e atribuição causal

A compreensão reconhece à imaginação uma posição essencial na construção da história: transferir esquemas explicativos, experimentados no presente, para uma situação histórica e colocar-se no lugar de quem é objeto de estudo, consiste em imaginar as situações e os homens. Para ilustrar este aspecto, Collingwood citava o exemplo de alguém que, depois de despedir-se do amigo que tinha recebido para jantar, pensava nele, imaginando-o a subir a escadaria de sua casa e procurar as chaves da porta em seu bolso; ao representar-se tais imagens, ele executava uma operação semelhante à do historiador ao construir a história.

A observação nada tem de novo. Um historiador, tal como Seignobos – a quem se atribui, habitualmente, certezas mais ingênuas – já observava o seguinte:

---

**28. – Charles Seignobos: Somos obrigados a imaginar...**
De fato, na ciência social, em vez de trabalharmos com objetos reais, operamos sobre nossas representações dos objetos. Não vemos os homens, os animais, as casas que recenseamos; nem as instituições que descrevemos. Somos obrigados a imaginar os homens, os objetos, os atos e os motivos que estudamos. Essas imagens constituem a matéria concreta da ciência social, ou seja, o objeto de nossa análise. Algumas podem ser lembranças de objetos que observamos pessoalmente; no entanto, uma lembrança não passa de uma imagem. Na sua maioria, aliás, elas não foram obtidas por lembrança, mas são invenções à imagem de nossas lembranças, ou seja, por analogia com imagens obtidas por meio da lembrança. [...] Para descrever o funcionamento de um sindicato, imaginamos as ações e os procedimentos adotados por seus membros. (SEIGNOBOS, 1901, p. 118)

---

Com um vocabulário diferente, o texto de Seignobos já se assemelhava ao de Collingwood. Seria inócuo voltar ao assunto se a imaginação funcionasse apenas na construção dos fatos históricos; ora, ela preside à busca das causas, ao que é designado correntemente como explicação histórica, em um sentido que, em vez de se opor, prolonga a compreensão enquanto explicação "científica", abordada no capítulo precedente.

# À procura das causas

## Causas e condições

Pode-se discutir a importância que, na história, deve assumir a busca das causas. No entanto, não adotamos uma perspectiva normativa: em vez de dizer o que deve ser a história, nossa ambição consiste em analisar como ela se pratica habitualmente. Ora, se, na história, existem formas de inteligibilidade diferentes da reconstituição das causalidades, é forçoso constatar que os historiadores passam grande parte de seu tempo, por um lado, na busca das causas dos acontecimentos estudados por eles e, por outro, na determinação das mais importantes: quais são as causas do nazismo, da Guerra de 1914, do regime de Terror – durante a Revolução Francesa –, da queda do Império Romano? O debate histórico organiza-se em torno desse tipo de questões.

Para compreender a postura dos historiadores ao falarem das causas, é necessário proceder a algumas distinções em decorrência de sua diversidade.

Assim, a oposição mais frequente verifica-se entre causas superficiais e causas profundas, o que remete ao articulação das temporalidades: as causas profundas são mais difíceis de perceber, mais gerais, globais e importantes; exercem maior influência sobre os acontecimentos e, de algum modo, são mais "causas" que as superficiais. Tal postura reenvia a uma hierarquia das causas inexistente no universo das ciências: na lógica determinista, a causa é identificada ou, caso contrário, ela inexiste; não há um menor ou maior grau de causalidade. Com toda a evidência, o sentido da palavra é diferente em cada um desses universos.

Talvez seja mais claro estabelecer a distinção entre causas finais, causas materiais e causas acidentais. As causas finais têm a ver com a intenção, com a conduta considerada em termos de racionalidade, ou seja, da compreensão, separando, eventualmente, de acordo com Weber, racionalidade objetiva por adaptação e racionalidade subjetiva por finalidade. No entanto, ao lado das causas finais, existem causas materiais, ou seja, os dados objetivos que explicam o acontecimento ou a situação histórica: a safra ruim, a alta do preço do pão, etc. Em vez de causas, conviria, neste caso, falar de condições: apesar de não determinarem, no sentido estrito, o acontecimento ou a situação, nem os tornarem inelutáveis, pode-se pensar que, em sua ausência, não haveria registro da ocorrência que, afinal, se tornou possível e, até mesmo, provável, por seu intermédio. As causas acidentais têm a ver sempre, em parte, com o acaso; de qualquer modo, são contingentes e servem de desencadeador. Elas explicam que o acontecimento provocado pelas causas materiais tenha ocorrido, precisamente, em determinado momento e sob tal forma. Vejamos o célebre exemplo apresentado por Seignobos; aliás, ele acabou sendo utilizado por Simiand no sentido contrário ao de seu autor e, mais tarde, foi retomado por M. Bloch. Na explosão da mina, a faísca que acende a pólvora é a causa acidental. Por sua vez, as causas materiais são diferentes: a dimensão do forno, a compacidade da rocha em torno dele, a quantidade de pólvora (SEIGNOBOS, 1901, p. 270; SIMIAND, 1960, p. 93; BLOCH, 1960, p. 48). E, poderíamos acrescentar, a causa final: as razões pelas quais alguém teria decidido fazer explodir uma mina – por exemplo, alargar uma estrada.

Em certo sentido, essa busca e a hierarquização das causas levam a história a aproximar-se das ciências: neste caso, afastamo-nos da compreensão empática ou da intuição romântica para entrar na ordem intelectual do raciocínio, da argumentação. Existe aí um segundo momento, bem diferente, pelo menos, em uma primeira análise. A compreensão e a explicação dos fenômenos históricos têm uma analogia com as dos textos literários. Em seu artigo, "Expliquer et comprendre", P. Ricœur observa que é inócuo opor, relativamente a determinado texto, sua compreensão imediata por intuição ou comunicação e sua análise estrutural; de fato, como ter a certeza de uma compreensão adequada sem análise e por que fazer uma análise sem que haja algo para compreender? Do mesmo modo, na história, a compreensão é insuficiente e corre o risco de ser equivocada, se não houver a preocupação de construir uma explicação mais sistemática pela análise de sua situação inicial, pela identificação de seus diversos fatores e pela ponderação de suas causas.

Ao recorrer a uma explicação racional, reduz-se a distância entre história e ciência. Não existem leis no âmbito da história, como ocorre na ciência. Mesmo assim qualquer lei está sujeita a condições de validade: por exemplo, no caso das reações químicas, a condições de temperatura e de pressão. A própria natureza da história excluiria a possibilidade da lei? Ou, então, as condições de validade relativamente a eventuais leis seriam, assim, tão numerosas, complexas e interdependentes que tornassem impossível desenredar tal meada? Poderíamos, neste caso, vislumbrar que uma história mais acabada, aprimorada, pudesse equiparar-se à ciência; neste sentido é que M. Bloch falava de ciência "ainda na infância".

No entanto, convém renunciar a essa ilusão, no mínimo, por duas razões. A primeira foi estudada minuciosamente no capítulo precedente: as condutas humanas, objeto da história, dependem da ordem do sentido e não da ordem da ciência. Por sua vez, a segunda razão é também importante: na história, a complexidade dos encadeamentos de causas é ilimitada. Até mesmo um historiador perfeito, onisciente e onicompetente, fracassaria na operação de desenredá-la; a complexidade inesgotável é constitutiva dos objetos históricos. "Até mesmo, a descrição do mais insignificante fragmento da realidade – afirmava M. Weber – nunca pode ser pensada de maneira exaustiva. O número e a natureza das causas que determinaram um acontecimento singular, seja ele qual for, são sempre ilimitados..."(1965, p. 162).

Portanto, encontramo-nos entre dois fogos: apesar da impossibilidade de explicar-se completamente, a história explica-se. Aliás, se ela se explicasse perfeitamente, seria inteiramente previsível; ora, ela não é totalmente determinada, nem totalmente aleatória. Nem tudo pode acontecer; além disso, o historiador que estivesse empenhado em decifrar esse aspecto poderia, até certo ponto, prever os acontecimentos futuros, mas não as modalidades exatas de sua realização. Ao basear-se em um diagnóstico e dar ensejo à contingência, o prognóstico torna-se possível: "É possível prever o futuro, desde que se evite profetizar cada coisa em detalhe", dizia Stein, em 1850; seu prognóstico sobre a evolução constitucional da Prússia foi verificado pela história (KOSELLECK, 1979, p. 81-95). No entanto, acontece também que os historiadores se equivocam: quantos haviam descrito os regimes socialistas da Europa de Leste como estruturas absolutamente estáveis? E, no entanto, o muro de Berlim acabou sendo derrubado... Na experiência cotidiana, em vez de um determinismo absoluto ou de uma pura contingência, verifica-se uma mistura de dosagens variadas que vão da verdadeira previsibilidade à imprevisibilidade, passando por todos os graus do provável e do possível.

A explicação histórica adquire, ao desenredar todo esse emaranhado de múltiplas causas, algumas particularidades que a transformam em uma operação intelectual específica.

## Retrodicção

Por um lado, de acordo com a opinião de P. Lacombe no final do século XIX, a história remonta do efeito até a causa, enquanto a ciência segue o movimento inverso: da causa para o efeito. Eis o sentido da importância atribuída pelos cientistas à reprodutibilidade das experiências: as mesmas causas, reunidas segundo os mesmos protocolos experimentais, provocam os mesmos efeitos. Por sua vez, a história limita-se a constatar efeitos, sempre diferentes, e tenta recuar até as fontes: ela é retrodicção.

---

### 29. – Paul Lacombe: Do contingente ao determinado

[...] a causa de um fenômeno é um outro fenômeno que, necessariamente, o precede. Se, para se produzir, o fenômeno consequente não tivesse necessidade da precedência de outro, este não seria considerado como uma causa.

À ideia da antecedência necessária, liga-se outra ideia em uma espécie de polaridade, ou seja, a ideia da sequência mais ou menos obrigatória. Concebemos que a presença do primeiro termo implicará a ocorrência do segundo; após a causa, esperamos o efeito, mas sem o mesmo grau de certeza que é possível obter quando se trata da precedência da causa.

A experiência ensina-nos, de fato, que a sequência nem sempre é orientada de forma absoluta. Nessa espécie de pressão exercida pelo fenômeno antecedente sobre o consequente, observamos uma infinidade de graus, desde o totalmente inevitável ao provável e ao possível.

Quando o efeito nos parece ser a consequência direta de sua causa, dizemos que ele é determinado; quando, apesar da presença da causa, o efeito pode deixar de se produzir, dizemos que é contingente. Trata-se de dois termos subjetivos que traduzem uma impressão, a um só tempo, intelectual e moral; [...] esses termos nada têm de absoluto; na natureza, não há duas coisas distintas, o determinado e o contingente, mas é, em nós, que existe uma impressão graduada; opomos o determinado ao contingente, do mesmo modo que falamos de frio e de quente.

[...] Até aqui, temos utilizado o termo "causa"; podemos empregar a palavra "condição". Tudo o que se designa como causas de um efeito constitui as condições de sua produção. Uma condição pode impor-se ao efeito de um modo absoluto: enquanto ela não tiver sido satisfeita, será impossível produzir-se o efeito. Por outro lado, mesmo na presença da causa, pode ocorrer que ele não se produza imediatamente; portanto, ela o condiciona de forma impreterível, mas não o determina de modo algum. (LACOMBE, 1894, p. 250-251)

---

A retrodicção implica um tempo que possa ser percorrido nos dois sentidos – voltaremos ao assunto. A exemplo do lastro, ela fornece à busca das causas, ao fazer história, um elemento de estabilidade e dinamismo que não deve ser subestimado: com a fixação do ponto de chegada, o historiador pode orientar seu trabalho nesse sentido. Nem por isso, o risco de uma construção intelectual delirante é totalmente descartado, mas, no mínimo, é reduzido de forma singular. O historiador pode tentar todas as interpretações possíveis a respeito da Revolução Francesa, mas suas explicações têm em comum um invariante que lhes serve de orientação: a própria Revolução. Deste modo, a imaginação[108] pode ser circunscrita.

A observação tem seu fundamento porque, na busca das causas, o historiador faz apelo frequentemente a essa faculdade de representar imagens.

## A experiência imaginária

### Escrever a história a partir de suposições

A história não se escreve a partir de suposições, eis o que se repete frequentemente. Ora, justamente, a história faz-se assim![109]

Certamente, existe apenas uma história: aquela que se passou e de nada serve – pelo menos, é o que se acredita – sonhar que as coisas pudessem ser diferentes do que foram. É inútil, à primeira vista, imaginar a possibilidade de que a Revolução não tivesse ocorrido ou de que a França não tivesse sido derrotada em 1940, de que não tivesse sido inventada a estrada de ferro ou de que as videiras não tivessem sido cultivadas no Império Romano. A lembrança de que a história não se escreve a partir de suposições é uma forma de reconduzir à realidade todo aquele que fosse tentado a evadir-se dela. Essa é uma função reguladora indispensável, evocada há pouco.

No entanto, o caráter recorrente da advertência obriga-nos a nos questionar: não haverá aí uma tentação permanente, inerente ao procedimento histórico? Será possível compreender por que as coisas aconteceram dessa forma, sem nos perguntar se elas poderiam ter ocorrido de outro modo? Na verdade, imaginar uma outra história é o único meio de encontrar as causas da história real.

O procedimento foi sistematizado, inclusive, pelos historiadores norte-americanos da *New Economic History*. Para tentar avaliar o impacto da estrada de ferro sobre o crescimento da economia norte-americana, eles tentaram reconstruir a hipotética evolução dessa economia se a estrada de ferro não tivesse existido na época (FOGEL, 1964); outros historiadores

---

[108] No original, "*la folle du logis*", literalmente: a louca da casa. (N.T.)

[109] No original: "*On n'écrit pas l'histoire avec des 'si',... Or justement si!*". Trocadilho com a partícula *si* a qual, em sua primeira acepção, corresponde à conjunção condicional "se". (N.T.)

construíram um modelo de crescimento da economia russa, desde 1918, a partir da hipótese de que essa economia não tivesse sido socialista, ou seja, na hipótese de um fracasso da revolução soviética.

Os historiadores franceses permaneceram, em geral, reticentes diante desse procedimento; em seu entender, as construções contrafactuais são arriscadas. É verdade que, nos exemplos citados, elas colocam em jogo um número considerável de variáveis, cuja combinação é particularmente aleatória; no entanto, em si mesmo, o procedimento é perfeitamente legítimo. Para demonstrá-lo, vou servir-me de um exemplo que me parece irrefutável.

Os historiadores da Guerra de 1914 e os da população francesa, ao avaliarem o número de mortes provocadas por esse conflito, têm o costume de acrescentar às perdas militares, propriamente ditas, o que eles designam como "sobremortalidade civil". Para a população, a guerra teve consequências nefastas, penúria alimentar e falta de carvão durante o inverno bastante rigoroso de 1916-1917; considerando que tais condições de vida teriam implicado a morte de um maior número de civis que em tempo de paz, parece lógico inscrever essa "sobremortalidade" no balanço da Guerra.

A análise apresenta um primeiro defeito: ela inclui as perdas decorrentes da epidemia da gripe espanhola de 1918. Ora, ninguém pode afirmar que essa epidemia seja resultante da guerra porque ela atingiu também pessoas dos países neutros e, às vezes, após o final da Guerra.

Um segundo defeito é o caráter aproximativo da argumentação. De fato, a noção de "sobremortalidade civil" implica já uma análise contrafactual: para falar de sobremortalidade, convém comparar a mortalidade efetiva ao que teria ocorrido se não tivesse sido desencadeada a guerra. No entanto, por carecer de autoconsciência, essa história contrafactual não formaliza suas hipóteses, o que a impede de verificá-las.

Tentemos, portanto, fazer tal operação.[110] A estatística dos óbitos por sexos e por faixas etárias é conhecida. Ao exercitar a crítica, para não entristecer Seignobos, somos levados a afastar da análise os óbitos masculinos porque é difícil distingui-los das perdas militares que, por terem atingido cifras enormes relativamente a determinadas faixas etárias, inviabilizam qualquer comparação. Neste caso, levemos em consideração apenas os óbitos femininos que correspondem a dados efetivos da história.

---

[110] Essas cifras são extraídas de um estudo, ainda inédito, do Dr. Jay Winter de Pembroke College, Cambridge.

Para compará-la ao que teria ocorrido se não tivesse sido desencadeada a guerra, temos de avaliar o número de mulheres das diversas faixas etárias que, anualmente, teriam morrido se, em igualdade de circunstâncias, tudo tivesse sido normal; essa é a hipótese contrafactual. Ora, é perfeitamente possível calcular esses óbitos "teóricos": conhecemos as taxas de mortalidade, por faixas etárias e por sexos, dos anos precedentes e subsequentes à guerra. Ao aventar a hipótese de que a evolução em curso teria prosseguido sem o conflito, obtemos taxas de mortalidade "teóricas", durante os anos da guerra; ao aplicá-las aos efetivos conhecidos da população feminina, obtemos o número dos óbitos "teóricos". A comparação torna-se possível.

E eis a surpresa: em 1915, 1916 e 1917, houve um número menor de óbitos femininos que a taxa previsível se, em igualdade de circunstâncias, todas as coisas tivessem sido normais; além de não ter acontecido "sobremortalidade", conviria, pelo contrário, falar de uma "submortalidade" civil. A análise conduz a resultados semelhantes aos obtidos no Reino Unido, mas opostos às taxas verificadas na Alemanha. Daí, a conclusão de que, durante a guerra, as potências aliadas conseguiram preservar as condições de vida de suas populações civis ao passo que, e apesar da amplitude de seus recursos, a administração alemã fracassou nesse aspecto. O que contribuiu consideravelmente para a desorganização da sociedade alemã, em 1918, e às tentativas revolucionárias que, na outra margem do Reno, marcaram o desfecho da guerra.

Fiz questão de desenvolver esse exemplo, de forma detalhada, não só por seu interesse, mas também pela formalização implicada no uso do cálculo; ele ilustra claramente um procedimento contrafactual que, menos autoconsciente, se encontra em toda a história.

## A experiência imaginária

De fato, toda a história é contrafactual. Aliás, não existe outro recurso para identificar as causalidades: transportar-se em imaginação ao passado e questionar se, por hipótese, o desenrolar dos acontecimentos teria sido semelhante no caso em que determinado fator, considerado isoladamente, tivesse sido diferente. Para fazer história, a experiência imaginária é incontornável, de acordo com a posição manifestada, há um século, por P. Lacombe.

---

**30. – Paul Lacombe: A experiência imaginária ao fazer história**
Devo dizer, aqui, algumas palavras a respeito de uma espécie de experiência sem a qual é impossível fazer história: a experiência imaginária.

Ou seja, supor, pelo pensamento, que uma série de acontecimentos tivesse assumido outra feição: por exemplo, refazer a Revolução Francesa. Na opinião de um grande número de pensadores, essa operação constituirá, sem sombra de dúvida, um trabalho inútil, para não dizer perigoso. Não compartilho tal sentimento. Vejo um perigo mais real na tendência que nos leva a acreditar que os acontecimentos históricos não poderiam ter ocorrido de outra forma. Convém adotar, pelo contrário, o sentimento de sua verdadeira instabilidade; para isso, antes de mais nada, é necessário imaginar a história diferente do modo como ela ocorreu. (LACOMBE, 1894, p. 63-64)

Em geral, os filósofos abordaram essa questão a partir de exemplos pedidos de empréstimo à mais clássica história factual. Max Weber refletiu sobre o papel desempenhado por Bismarck no desencadeamento da Guerra de 1866 entre a Áustria e a Prússia;[111] além disso, Raymond Aron retomou o mesmo exemplo para analisar, de forma bastante sutil, as operações adotadas pelo historiador.

### 31. – Raymond Aron: Ponderar as causas...

Se afirmo que a decisão de Bismarck foi a causa da Guerra de 1866, [...] entendo que, sem a decisão do chanceler, a guerra não teria sido desencadeada (ou, pelo menos, não nesse momento) [...] ... a causalidade efetiva define-se apenas por um confronto com os possíveis. Para explicar o acontecido, qualquer historiador se questiona sobre o que poderia ter ocorrido. A teoria limita-se a fornecer uma forma lógica a essa prática espontânea do homem da rua.

Se procuramos a causa de um fenômeno, não nos limitamos a adicionar ou equiparar os antecedentes, mas esforçamo-nos em ponderar a influência própria de cada um. Para operar essa discriminação, tomamos um dos antecedentes; supomos, pelo pensamento, que ele desapareceu ou foi modificado; e, a partir dessa hipótese, tentamos construir ou imaginar o que teria acontecido. Se devemos aceitar que o fenômeno estudado teria sido diferente na ausência desse antecedente (ou, então, no caso em que este tivesse sido diferente), concluímos que ele é uma das causas de uma parte do fenômeno-efeito, a saber, da parte que teria sido transformada por nossa suposição [...]

Portanto, logicamente, a pesquisa compreende as seguintes operações: 1° recorte do fenômeno-efeito; 2° discriminação dos antecedentes e separação de um antecedente, do qual pretende-se avaliar a eficácia; 3°

---

[111] Por sua vez, Max Weber retoma esse exemplo de Edouard Meyer (1902); ele considera a Guerra de 1866 como o resultado de uma decisão de Bismarck. Para uma visão panorâmica dessa discussão, cf. WEBER, 1965, p. 290 ss.

> construção de evoluções irreais; 4° comparação das imagens mentais com os acontecimentos reais.
>
> Suponhamos, provisoriamente [...] que nossos conhecimentos gerais, de ordem sociológica, permitem as construções irreais. Qual será sua modalidade? Weber responde: tratar-se-á de possibilidades objetivas ou, dito de outra forma, de consecuções conformes às generalidades conhecidas, mas apenas prováveis. (ARON, 1938, p. 164)

Para além do exemplo *événementiel*,[112] o alcance da análise é geral: "Para explicar o acontecido, qualquer historiador se questiona sobre o que poderia ter ocorrido." De fato, seja qual for o problema histórico abordado, o mesmo procedimento intelectual é posto em prática: "A causalidade efetiva define-se apenas por um confronto com as possibilidades."

Se nos questionamos, por exemplo, sobre as causas da Revolução Francesa e pretendemos ponderar a importância respectiva dos fatores econômicos (a crise da economia francesa no final do século XVIII, a safra ruim de 1788), dos fatores sociais (a ascensão da burguesia, a reação da nobreza), dos fatores políticos (a crise financeira da monarquia, a demissão de Turgot), etc., restanos como única solução considerar cada uma dessas causas, supor que elas tivessem sido diferentes e tentar imaginar as evoluções daí decorrentes. De acordo com a afirmação de M. Weber: "Para desenredar as relações causais da realidade, construímos relações irreais".[113] Para o historiador, além de fornecer a possibilidade de identificar as causas, essa "experiência imaginária" é a única forma de *desenredá-las* e *ponderá-las* — para retomar os termos de M. Weber e de R. Aron, respectivamente —, ou seja, hierarquizá-las.

Esse papel decisivo da experiência imaginária na construção das explicações, no âmbito da história, impõe a questão sobre as condições que a tornam possível.

## Fundamentos e implicações da atribuição causal

### Passado, presente e futuro do passado

Em primeiro lugar, a experiência imaginária baseia-se em uma manipulação do tempo. A construção de evoluções irreais para encontrar as causas das evoluções reais implica um distanciamento e uma reconstrução do tempo. Analisamos, detalhadamente, a forma de temporalidade própria à história, ao sublinhar o fato de que esse tempo do passado que chega até o presente é per-

---

[112] Ou seja, que se limita à descrição dos acontecimentos (= *événements*). (N.T.).

[113] Retomado por RICŒUR, 1983, t. I, p. 328.

corrido pelo historiador nos dois sentidos, de montante a jusante e vice-versa. Afinal, por esse vaivém contínuo entre presente e passado, assim como entre os diversos momentos do passado, é que a história se constrói; a busca das causas consiste em percorrer o tempo pela imaginação.

Aliás, ela pode incidir, por sua vez, sobre o tempo: entre as causas, cuja importância deve ser ponderada pelo historiador, figura necessariamente o tempo curto ou muito longo. A Alemanha teria sido vencida em 1918 se os norte-americanos tivessem adiado sua entrada na guerra? Se a Rússia czarista não tivesse sido lançada na Guerra de 1914, a política de constituição de uma burguesia rural teria fornecido bases sociais suficientes para um regime constitucional?

Ao percorrer o tempo, o historiador situa-se em um momento em que o futuro era antecipado para o presente pelos homens do passado à luz de seu próprio passado; pela imaginação, ele reconstrói um momento passado como um presente fictício em relação ao qual ele redefine um passado e um futuro. Seu passado é um tempo com três dimensões.

No entanto, o passado e o futuro desse passado não têm a mesma textura. Com a ajuda de dois conceitos não concordantes, ou seja, campo da experiência e horizonte da expectativa, R. Koselleck (1979, p. 307-329) formalizou essa diferença. O campo da experiência dos homens do passado é a presença, para eles, de seu passado, ou seja, a maneira como este era atual para eles: a um só tempo, racional e irracional, individual e interindividual. Ele transpõe a cronologia e pula lanços inteiros do tempo porque os homens do passado, à semelhança do que ocorre conosco, apagavam determinados elementos de seu passado para valorizar outros. Por sua vez, o horizonte da expectativa é a presença, para eles, do futuro. Trata-se de um horizonte que nunca se descobre em seu conjunto, como pode ser visto atualmente pelo historiador, mas que se deixa apreender concretamente por elementos sucessivos: os homens do passado deverão esperar para descobri-lo. Esse futuro passado é feito de antecipações, de alternativas possíveis, de esperanças e de receios.

Essa manipulação do tempo comporta uma grande vantagem e um grande risco. A grande vantagem é que o historiador chega depois do acontecimento ou da situação, objeto de seu estudo. Portanto, ele já conhece sua evolução real; precisamente, esse conhecimento da evolução ulterior (em relação ao passado estudado) é que fornece o caráter histórico aos fatos. Como é constatado muitíssimo bem pelos alunos, os acontecimentos "históricos" – no sentido de "memoráveis", "dignos de serem narrados" – são aqueles que trazem consequências em seu bojo. A compra de uma lata de conserva na mercearia não é um fato histórico: para tornar-se histórico, é necessário que o fato tenha a capacidade de provocar uma mudança (SADOUN-LAUTIER, 1992, cap. 3). O historiador está, de alguma forma, "adiantado" em relação ao tempo que estuda: ele pode diagnosticar, com toda a certeza, o que vai produzir-se já que o fato já ocorreu. Ele distingue facilmente, até mesmo, de um modo fácil demais, os acontecimentos importantes: eis o que F. Braudel designava como "as implacáveis facilidades de nosso ofício".

> À primeira análise, não poderemos identificar o essencial de uma situação histórica em relação a seu devir? Das forças em luta, conhecemos aquelas que levarão a melhor, discernimos antecipadamente os acontecimentos importantes, "aqueles que terão consequências", a quem o futuro será finalmente entregue. Imenso privilégio! Mas, nos fatos confusos da vida atual, quem seria capaz de estabelecer a distinção, com toda a certeza, entre o duradouro e o efêmero?[114]

Aliás, "simplificação evidente e perigosa", afirmava F. Braudel.[115] Essa oportunidade é, de fato, indissociável de um grande risco. O conhecimento retrospectivo do que era o futuro para os homens do passado, corre o risco, efetivamente, de perverter a reconstituição do horizonte da expectativa e de reduzi-lo ao ponto de obcecar, inclusive, o historiador em relação às possibilidades contidas na situação.

A esse respeito, a história da campanha militar da França, em 1940, fornece um bom exemplo. A derrota foi um acontecimento tão rápido e tão maciço que os historiadores, impressionados pelas imagens da debandada – e, talvez, também traumatizados pelo desmoronamento da França – tiveram tendência a escrever a história das cinco semanas decorridas entre a ofensiva dos tanques alemães no departamento das Ardenas e a demanda do armistício como uma tragédia antiga, cujo desfecho era inelutável. Entretanto, no horizonte da expectativa dos franceses, no início de maio de 1940 – em harmonia com um campo da experiência em que eram enaltecidas as referências à batalha na região do Marne e da vitória de 1918 longamente esperada –, a derrota era apenas uma alternativa, entre outras: possível, mas não certa, nem inevitável. Foi necessário esperar

---

[114] Aula inaugural no Collège de France (1969, p. 30). O trecho citado assume um valor particular pelo fato de ter sido escrito por F. Braudel, em duas ocasiões, exatamente com os mesmos termos: a primeira, nesta aula de 1950; e, a segunda, em um artigo da *Revue économique*, igualmente de 1950 (artigo retomado em 1969, p. 123-133).

[115] No célebre artigo sobre a longa duração (BRAUDEL, 1969, p. 58).

meio século para que uma história atenta aos documentos, feita além do mais por um membro da Resistência, viesse sublinhar que as perdas do exército francês em maio-junho de 1940 – 100.000 homens – foram, proporcionalmente, mais importantes que as da batalha de Verdun[116] e que, no final de maio, por ocasião da tentativa para deter o avanço dos invasores em direção ao Sul, às margens do rio Somme, o moral das tropas francesas havia registrado uma melhoria momentânea. Considerando as forças em luta, assim como o ritmo de produção de armamentos alcançado na época – em maio, apesar das operações, a França produzia um número maior de tanques que a Alemanha –, a derrota não era inelutável.[117]

Vale dizer até que ponto é importante que o historiador evite exercer uma autocensura abusiva ou reduzir suas hipóteses às evoluções que já fazem parte do acervo de seus conhecimentos por ter chegado após o acontecimento. Construir evoluções irreais é "o único meio de escapar à *ilusão retrospectiva da fatalidade*" (ARON, 1961, p. 186-187).

## Possibilidades objetivas, probabilidades, fatalidade

Neste momento, encontramo-nos no âmago do ofício de historiador, no seu aspecto mais sensível. Essa construção imaginária probabilista é, de fato, o que permite à história conciliar a liberdade dos atores e a imprevisibilidade do futuro com a enfatização e a hierarquização das causas que condicionam a ação desses atores. Na esteira de R. Aron, esses dois pontos foram sublinhados vigorosamente por P. Ricœur. O fato de reconstituir, no horizonte da expectativa do passado, possibilidades objetivas que eram apenas – e de forma desigual – prováveis não é um procedimento literário que permita ao historiador introduzir, em sua narrativa, um elemento de "suspense", mas, antes de mais nada, um respeito pela incerteza fundamental do acontecimento.

---

**32. – Paul Ricœur: Respeitar a incerteza do acontecimento**
[...] a lógica da probabilidade retrospectiva reveste-se de um significado preciso que interessa diretamente nossa investigação sobre a temporalidade histórica: "A busca das causas empreendida pelo historiador, diz Aron,

---

[116] Cenário, entre fevereiro e dezembro de 1916, dos combates mais mortíferos – mortos e feridos: 362.000 franceses e 336.000 alemães – da Primeira Guerra Mundial em que as tropas francesas repeliram as mais violentas investidas alemãs. (N.T.).

[117] O leitor curioso por precisões sobre este ponto – citado, por mim, somente a título de exemplo – poderá consultar J.-L. Crémieux-Brilhac (1990). Em sua contribuição para o livro escrito em colaboração com Michel Winock (1970), Jean-Pierre Azéma havia tomado a precaução de relatar a campanha militar de 1940 como se desconhecesse seu desfecho, mas ainda não dispunha da pesquisa de arquivos feita, posteriormente – durante dez anos –, por J.-L. Crémieux-Brilhac.

tem por sentido não tanto esboçar os grandes traços de cunho histórico, mas conservar ou restituir a incerteza do futuro ao passado" (p. 181-182). E ainda: "Mesmo que as construções irreais se limitem a uma verossimilhança equívoca, elas devem permanecer como parte integrante da ciência por oferecerem o único meio de escapar à 'ilusão retrospectiva da fatalidade'" (p. 186-187). Como será possível? Convém compreender que a operação imaginária pela qual o historiador supõe, pelo pensamento, um dos antecedentes desaparecidos ou modificados e, em seguida, tenta construir o que teria ocorrido nessa hipótese, tem um significado que supera a epistemologia. Aqui, o historiador comporta-se como narrador que, em relação a um presente fictício, redefine as três dimensões do tempo. Ao sonhar com um acontecimento diferente, ele opõe a ucronia ao fascínio do tempo findo. A estimação retrospectiva das possibilidades se reveste, assim, de um significado moral e político que excede sua significação puramente epistemológica: ela lembra aos leitores de história que "o passado do historiador foi o futuro das personagens históricas" (p. 187). Por seu caráter probabilista, a explicação causal incorpora a imprevisibilidade – que é a marca do futuro – ao passado, além de introduzir na retrospecção a incerteza do acontecimento. (RICŒUR, 1983, t. I, p. 331-332)

A lição moral e política do respeito pela imprevisibilidade do futuro é, assim, uma lição de liberdade. À sua maneira paradoxal e no âmbito de sua filosofia idealista, R. G. Collingwood argumentava que a descoberta da história como ciência autônoma seria impossível sem a descoberta simultânea de que o homem é livre (1946, p. 315ss).[118] Ele chamava a atenção para um aspecto fundamental: com a condição de respeitar a incerteza do acontecimento, a história é que permite pensar, a um só tempo, a liberdade dos homens e o condicionamento das situações.

Ao mesmo tempo, a reconstituição probabilista dos futuros possíveis que poderiam ter advindo é o único meio de descobrir e hierarquizar as causas ao fazer história. A imaginação solicitada, aqui, não é a divagação; apesar de serem ficções, suas construções irreais são totalmente diferentes do delírio ou do sonho por estarem ancoradas resolutamente no real e se inscreverem nos fatos reconstituídos pelo historiador. A hipótese de uma possível estabilização da frente de combate, em maio de 1940, baseia-se em uma análise do tempo perdido pela chefia do Estado Maior das Forças Armadas francesas, em decorrência da substituição de Gamelin por Weygand, assim como no

---

[118] Para R. G. Collingwood, o homem não é, evidentemente, livre em relação à situação; todavia, esta só existe enquanto pensada pelo homem. Ao pensar a situação, ele a constrói e é livre.

conhecimento das dificuldades logísticas do exército alemão e nos blindados disponíveis. Vê-se perfeitamente sua fecundidade: nas causas da derrota, ela enfatiza, por contraste, os erros cometidos pelos militares e a teoria relativa à utilização das forças blindadas; sua dúvida tem a ver com a inferioridade, a um só tempo, em número e em qualidade, da aviação francesa. A experiência imaginária é um inventário orientado por hipóteses alternativas.

Ancorada na realidade, a construção das evoluções irreais leva em consideração – além de tudo o que o historiador pode saber a respeito das regularidades sociais, ou seja, do que M. Weber designava por "regras da experiência"– o hábito adquirido pelos homens para reagir a determinadas situações. Às vezes, trata-se do que a vida lhe ensinou e que ele descobriu por suas próprias práticas sociais; outras vezes, ele apoia-se nas contribuições da história e da sociologia. De qualquer modo, ele inspira-se nos precedentes e mobiliza múltiplos conhecimentos; além disso, não se orienta por não sei qual "faro" de um detetive tarimbado. Nestas condições, e somente desta maneira, é que ele atinge, no mínimo, o que R. Aron designa por "uma verossimilhança equívoca".

Assim, ancorada na realidade e equipada com um saber social, a experiência imaginária conduz o historiador a identificar, no passado, determinadas possibilidades que, apesar de serem objetivas, não chegaram a concretizar-se; portanto, não eram necessárias, mas apenas prováveis. No ofício de historiador, o mais difícil consiste em atribuir a cada possibilidade objetiva um grau de probabilidade adequado que vai servir de fundamento à hierarquia das causas (RICŒUR, 1983, t. I, p. 329).

Eis o aspecto essencial de que o historiador está plenamente consciente: ao chamar a atenção para essas possibilidades objetivas, desigualmente prováveis, ele não exige do leitor que acredite em sua palavra. Ele se sente obrigado a prestar contas e, para citar P. Ricœur, "apresentar os motivos pelos quais ele adota tal fator, *em vez de um outro*, como causa suficiente de tal série de acontecimentos". Ele deve argumentar

> [...] por saber que é possível explicar de outro modo. E ele sabe disso porque, a exemplo do juiz, encontra-se em uma situação de contestação e de processo, além de que sua defesa nunca está terminada: de fato, a prova é mais convincente para eliminar candidatos à causalidade [...] que para premiar um deles definitivamente. (RICŒUR, 1983, t. I, p. 329)

Assim, somos reconduzidos à posição desconfortável do historiador. Sente-se perfeitamente que ele não relata seja lá o que for; além disso, em sua argumentação, serve-se de fatos construídos a partir de documentos, segundo as regras da arte. Compreende-se claramente que a experiência imaginária de evoluções irreais – permitindo-lhe ponderar as causas – leva em consideração todos os dados objetivos; essa é uma operação fictícia, empreendida pela imaginação. Como a balança com a qual ele pondera as causas não foi vistoriada pelo Serviço de Controle de Pesos e Medidas, sua apreciação inclui sempre algo de subjetivo; é bem possível que, no termo de sua investigação, ele adote como preponderantes, precisamente, as causas privilegiadas por sua teoria. Eis por que Henri-I. Marrou, ao citar R. Aron, podia afirmar que "A teoria precede a história".

---

### 33. – Henri-I. Marrou: A teoria precede a história

[...] a teoria, ou seja, a posição, consciente ou inconsciente, assumida diante do passado pelo historiador – escolha e recorte do tema, questões formuladas, conceitos utilizados e, sobretudo, tipos de relações, sistemas de interpretação, valor relativo associado a cada um: a filosofia pessoal do historiador é que lhe dita a escolha do sistema de pensamento em função do qual ele vai reconstruir e, de acordo com sua convicção, explicar o passado.

A riqueza e a complexidade da natureza dos fatos humanos e, por conseguinte, da realidade histórica, fazem com que esta seja [...] praticamente inesgotável ao esforço de redescoberta e de compreensão. Além de inesgotável, a realidade histórica é equívoca (Aron, p. 102): convergindo e sobrepondo-se em relação ao mesmo ponto do passado, há sempre um tão grande número de aspectos diversos e de forças em ação que o pensamento do historiador encontrará sempre aí o elemento específico que, de acordo com sua teoria, revela-se como preponderante e se impõe como princípio de inteligibilidade – como a explicação. O historiador escolhe à sua vontade: os dados prestam-se, de forma condescendente, à sua demonstração e, igualmente, adaptam-se a qualquer sistema. Ele encontra sempre o que procura... (MARROU, 1954, p. 187-188)

---

No entanto, se o historiador encontra sempre o que procura, o que dizer da verdade ao fazer história? Será algo diferente de um passatempo literário? Mesmo que, pela construção intelectual das explicações e pela busca das causas, tenhamos conseguido algum distanciamento em relação à intuição romântica ou humanista da compreensão, o status da história – tal como ele nos aparece neste estágio – é ainda bastante frágil. Poderemos contentar-nos com isso?

CAPÍTULO IX

# O modelo sociológico

Numerosos historiadores rejeitam satisfazer-se com as abordagens metodológicas que acabamos de descrever. Se alguém adotar uma concepção exigente da verdade, não irá reduzi-la, certamente, a uma compreensão inefável e a uma atribuição causal que se baseia na imaginação. Por mais que se diga que os historiadores não devem ceder à tentação da fantasia pela exigência de argumentar – e de argumentar a partir de fatos construídos de acordo com as regras do ofício –, seu ponto de vista e sua personalidade exercem uma considerável influência sobre sua atividade. Estamos bem longe, como temos repetido, do que designamos, habitualmente, por ciência, inclusive, de uma ciência mesclada de competência clínica, tal como a medicina.

Ora, há um século, o prestígio granjeado na nossa sociedade pela ciência levou os historiadores – e, em sua companhia, os sociólogos e os antropólogos – a tornar seus métodos mais exigentes e a reivindicar procedimentos mais rigorosos. Eles esforçaram-se em aproximar-se do modelo de legitimidade em vigor nas ciências exatas; apesar de ter evoluído, como vimos, tal modelo continuou sendo uma referência, a um só tempo, invejável e inacessível.

Os historiadores do final do século XIX haviam tentado afirmar o caráter científico de sua disciplina pela aplicação do método crítico e pelo estabelecimento dos fatos. Esse foi precisamente o debate abordado, mais acima, relativo à observação direta do químico ou do naturalista e à observação indireta do historiador (ver, mais acima, p. 68 ss). No entanto, eles encarnavam de tal modo seu modo de ser, enquanto historiadores, que não conseguiam dissimular a subjetividade em ação no exercício de seu ofício. Vimos, por exemplo, como Seignobos sublinhava o papel da imaginação ao fazer história; ele estava ainda bem longe do modelo das ciências positivas. Ora, além de ser válida para a história, sua concepção valia para o conjunto das ciências humanas; e tratava-se de um aspecto no qual ele insistia, energicamente, diante da emergência – ameaçadora para a história – da sociologia.

Sua argumentação baseava-se em dois pontos essenciais: em primeiro lugar, já vimos, todas as ciências sociais operavam "não sobre objetos reais, mas sobre as representações que temos dos objetos". As imagens é que constituíam a matéria concreta da ciência social; ao interessar-se pelos fatos do passado, a história não usufruía de qualquer *status* particular.

Em segundo lugar, Seignobos avançava mais longe e, no estilo de sua época, chamava a atenção para o que, atualmente, seria traduzido nos seguintes termos: se pretendemos compreender os fatos humanos, é impossível fazer abstração de seu sentido.

---

**34. – Charles Seignobos: Evitar o estudo da dança sem a música**
Enquanto matéria da ciência social, os atos humanos só podem, portanto, ser compreendidos por intermédio dos fenômenos conscientes do cérebro; assim, somos levados irresistivelmente à interpretação cerebral (ou seja, psicológica) dos fatos sociais. Auguste Comte havia acalentado a esperança de evitá-la ao constituir a sociologia a partir da observação dos fatos externos que, afinal de contas, não passam de produtos dos estados internos. Estudá-los, isoladamente, sem conhecer os estados psicológicos que lhes servem de motivação, teria correspondido à pretensão de compreender os movimentos de um dançarino sem escutar a música que inspira sua dança. (SEIGNOBOS, 1901, p. 109)

---

Questionados na pessoa de A. Comte, seu fundador, os sociólogos contestaram radicalmente esse ponto de vista em nome da ciência positiva. Por ser fundamental e incontornável, esse debate merece ser retomado.

# O método sociológico[119]

## A rejeição do subjetivismo

Para os sociólogos positivistas, a ciência social procede como todas as ciências; portanto, são obrigados a rejeitar Seignobos. Foi Simiand, em um célebre artigo de 1903, quem exprimiu tal rejeição:

---

[119] Utilizo essa expressão em referência ao título do livro de É. Durkheim (1950), de preferência a expressões mais contemporâneas e menos gerais.

> [...] a prática continuada equivale a *imaginar* as ações, pensamentos e motivos dos homens do passado a partir das ações, pensamentos e motivos dos homens que ele [*o historiador*] conhece, ou seja, os homens atuais; assim, "a explicação" é extraída pelo historiador dessa construção arbitrária, feita com sua imaginação, da utilização sem crítica dessa psicologia imprecisa e mal elaborada, assim como da aplicação inconsciente de regras analógicas postuladas sem discussão prévia. (p. 95)

No entanto, a destruição completa de algo só ocorre pela sua substituição. O que acontecerá com a história, se for rejeitada a imaginação analógica?

A resposta é categórica: a história deve adotar determinados objetos de modo que possa transformá-los em uma ciência; portanto, ela deve repudiar toda erudição inócua que serve apenas para acumular fatos singulares dos quais não pode haver ciência, uma vez que esta só existe em relação ao geral. Na esteira de P. Lacombe que merece sua aprovação, Simiand retomou a prescrição:

> Se, portanto, o estudo dos fatos humanos pretende constituir-se como ciência positiva, ela é conduzida a se desviar dos fatos únicos para ater-se aos fatos que se repetem, ou seja, a afastar o acidental para vincular-se ao regular, a eliminar o individual para estudar o social. (1960, p. 95)

O sentido desse preceito fica esclarecido mediante as consequências extraídas por Simiand do texto. Além de rejeitar a interpretação psicológica das condutas por motivações, ele recusa o que parece ser mais objetivo no procedimento dos historiadores, ou seja, seu modo de identificar o caráter único de um período – mais exatamente, de determinada sociedade em determinado momento – e mostrar os vínculos de interdependência que unificam todos os aspectos dessa sociedade nesse exato momento. Ele exime-se de negar a existência de tais vínculos: o *Zusammenhang* é, certamente, uma realidade (ver cap. V). No entanto, o método histórico tradicional é incapaz de estabelecê-lo; sua argumentação é, neste aspecto, suficientemente concisa de modo que é possível acompanhá-la.

O exemplo escolhido é uma citação de H. Hauser, retomada posteriormente, com certa frequência:

> Conquista do mundo, chegada ao poder dos *homines novi*, modificações introduzidas na propriedade quiritária e na *patria potestas*, formação de uma plebe urbana [...], tudo isso forma um *complexus* indestrutível; aliás, todos esses fatos se explicam entre si muito melhor que a evolução da

família romana possa ser explicada pela evolução da família judaica, chinesa ou azteca.

Ora, contesta Simiand, essa afirmação é gratuita

> [...] enquanto H. Hauser não tiver estabelecido que a família romana evoluiu de forma completamente diferente de uma família encontrada em outra parte, cujo tipo de origem seja análogo; que essa evolução idiossincrásica foi *causada* realmente por fenômenos sociais de outra espécie da qual nos sejam fornecidos alguns exemplos; que as contingências históricas especiais relativas à história da sociedade romana exerceram exatamente um papel *causante* decisivo e não simplesmente um papel de causa ocasional. Ora, como é que ele poderia agir com rigor, método, garantindo o *status* de prova científica [...] sem recorrer ao método comparativo? (1960, p. 104-105)

Por outras palavras, o próprio objetivo dos historiadores, ou seja, compreender a originalidade de uma sociedade em seus diversos aspectos concordantes, implica situar precisamente a originalidade de cada componente; ora, tal operação exige, em primeiro lugar, um estudo comparativo.

Eis um debate fundamental que foi retomado, com frequência, posteriormente, às vezes, com posições invertidas. Alguns historiadores tão diferentes quanto F. Furet ou P. Veyne – que não são, certamente, sociólogos positivistas – manifestaram-se também contra a busca dos vínculos sincrônicos, do *Zusammenhang*, e em favor da comparação sistemática de realidades análogas em diferentes sociedades, ao retomar, às vezes, exatamente o exemplo utilizado por Simiand.[120]

A proposição dos sociólogos positivistas rejeita a preocupação historizante com o concreto, que é sempre único. Ora, a ciência só pode ser feita a partir do geral, ou seja, do abstrato; assim, torna-se necessário construir fatos abstratos, sociais ou políticos – por exemplo, o absolutismo monárquico – para erigir a história como verdadeira ciência.

Simiand não forneceu outro exemplo dos fatos sociais abstratos que, em seu entender, deveriam ser objeto de estudo para a história. Neste caso, se alguém pretende compreender o que é a construção dos fatos

---

[120] Sublinhem-se as oscilações dos herdeiros de Simiand sobre este ponto. O projeto de história global, caro a Braudel, tinha tudo a ver com o Zusammenhang que, na opinião deste sociólogo, seria inatingível. E, ao retornarem a uma história mais próxima, sob certos aspectos, de Seignobos que de Simiand, P. Veyne e F. Furet renunciam ao princípio da "dependência recíproca" [*tout-se-tient*] que, em seu entender, assim como para este sociólogo, é um "refugo" [*fourre-tout*], e preconizam uma história comparativa focalizada sobre determinada instituição.

sociais, convém voltar-se para a obra dos sociólogos e, em primeiro lugar, de Durkheim (1985), cujo livro sobre o suicídio serve de demonstração.

## O exemplo do suicídio

A audácia do projeto é evidente: haverá ato mais individual e mais psicológico que o suicídio? Ora, precisamente, Durkheim construiu esse ato como fato social.

Seu primeiro trabalho consistiu em defini-lo; de fato, o cientista não pode utilizar, sem elaboração, as palavras da linguagem usual. Em vez do suicídio como ato individual, ele se interessa pelo conjunto de suicídios, que constitui um fato *sui generis*. Com efeito, através das séries estatísticas de seis países diferentes, Durkheim mostrou a estabilidade e a constância, anualmente, do número total dos suicídios; além disso, ele empenhou-se em explicar as exceções. As taxas relacionadas com a população total confirmaram essa constância, mas revelaram também a constância de grandes diferenças entre esses países. Assim, cada sociedade está predisposta a registrar determinado contingente de mortes voluntárias (p. 15). Como explicar essas diferenças?

A análise vai examinar meticulosamente todos os fatores suscetíveis de justificar as diferenças registradas. Em primeiro lugar, os fatores extrassociais: contrariamente ao que poderíamos acreditar, o suicídio não está associado a estados psicopatológicos. A prova é fornecida pela comparação das estatísticas de alienados e de suicidas: as duas populações são bastante diferentes, em particular, segundo o sexo e a religião. Aliás, os dois fenômenos não apresentam o mesmo tipo de variáveis entre os países. O alcoolismo não é uma melhor explicação porque os relatórios individuais de suicidas, registrados em cada departamento francês, são bastante diferentes dos relatórios concernentes aos alcoólatras.

Portanto, convém voltar-se para fatores não sociais e não patológicos, tais como raça e hereditariedade, além do clima, que fornece conclusões interessantes: de fato, constata-se um ritmo sazonal dos suicidas, cujo número é mais elevado no verão; além disso, eles variam segundo a duração média dos dias.

Durkheim volta-se, então, para os fatores sociais. Em primeiro lugar, a religião, cujo efeito é sensível: o número de suicídios entre os protestantes é mais elevado que entre os católicos; por sua vez, estes se suicidam em maior número que os judeus. Em seguida, a situação familiar: o suicídio é mais frequente entre os celibatários que entre as pessoas casadas. Ele avança, assim, inexoravelmente para a conclusão de que o suicídio se tornou possível pelo esfacelamento dos vínculos sociais, pela anomia social.

Vou ficar por aqui em relação a este exemplo; aliás, trata-se da aplicação do método que – alguns anos antes da publicação de *Le Suicide* (1897) – Durkheim havia apresentado em *Les Règles de la méthode sociologique* (1895).

## As regras do método

A preocupação central, enquanto linha diretriz do método, era a vontade de apresentar provas. Uma ciência não é constituída por afirmações verossímeis, nem mesmo verdadeiras, mas verificadas, comprovadas, irrefutáveis. Não basta afirmar coisas inteligentes que deem acesso a resumos inéditos, mas é necessário apresentar a prova do que é afirmado. A ciência não é da alçada da opinião, nem mesmo da opinião verdadeira, mas da verdade comprovada. Portanto, a propósito de fatos sociais, como apresentar a prova de suas afirmações?

Para Durkheim, o método das ciências sociais não era diferente, em seu princípio, do método das ciências naturais, chamadas experimentais.

---

**35. – Émile Durkheim: O método comparativo**

O único meio de demonstrar que um fenômeno é causa de outro consiste em comparar os casos em que eles estejam, simultaneamente, presentes ou ausentes; e, por outro lado, procurar saber se as variações que eles apresentam nessas diferentes combinações de circunstâncias dão testemunho de que um depende do outro. Quando podem ser produzidos artificialmente à mercê do observador, o método é a experimentação propriamente dita; pelo contrário, quando a produção dos fatos não se encontra à nossa disposição e quando só podemos equipará-los, tais como se produziram espontaneamente, o método utilizado é o da experimentação indireta ou método comparativo. (DURKHEIM, 1950, p. 124)

---

Esse é precisamente o método adotado pela medicina experimental, segundo Claude Bernard. É necessário procurar se a ausência de um fato é acompanhada pela ausência de um outro ou, inversamente, se a presença de determinado fato é acompanhada sempre pela ausência do outro. "Desde que ficou comprovado que, em certo número de casos, dois fenômenos sofrem variações semelhantes, é possível ter a certeza de que se está em presença de uma lei" (p. 132). Assim, o suicídio não está associado à doença mental já que ele varia em sentido inverso ao número de alienados; em compensação, está vinculado à idade, à religião, ao *status* matrimonial, ao sexo, etc. Esse é

O modelo sociológico

o método das variações concomitantes utilizado nas ciências naturais com a diferença de que não resulta de uma experimentação no sentido próprio: trata-se de um *método experimental a posteriori*.

Ele implica, evidentemente, que sejam procuradas situações sociais diferentes para compará-las entre si e verificar se os fatos estudados sofrem, habitualmente, variações semelhantes ou não. Eis o que obriga a sair de um único período e país: a investigação publicada em *Le suicide* abrange o século XIX e vários países da Europa. Será impossível compreender a família romana sem sair da história romana para procurar comparações na família judaica ou azteca.

Para que esse método comparativo *a posteriori* possa ser praticado, é necessário que os fatos sociais sejam elaborados com essa intenção; o ponto decisivo consiste em construir fatos sociais enquanto sociais, que se prestem à comparação. Neste sentido, Durkheim enunciou a célebre regra: "Os fatos sociais devem ser tratados como coisas". Tal assertiva não significa que eles sejam coisas. Aliás, seria uma provocação criticá-lo por ignorar o aspecto moral ou psicológico das coisas: ele conhecia perfeitamente esse aspecto. Simplesmente, ele optou por afastá-lo porque essa era a única maneira de construir fatos sociais que se prestassem à comparação: "Uma explicação puramente psicológica dos fatos sociais deixará escapar, forçosamente, tudo o que eles têm de específico, ou seja, de social" (p. 106).

O fato social deve ser extraído de dados – *data*, diriam os anglo-saxões – que se impõem à observação. Tais dados são exteriores aos indivíduos, se impõem a eles de fora, o que significa que são coletivos ou se impõem a uma coletividade. A porcentagem dos suicídios em determinada população é um fato social, assim como a mortalidade por acidentes de trânsito ou o desemprego: ninguém poderá evitar tais ocorrências e estamos cientes das dificuldades encontradas pelos representantes do poder público para fazer baixar a mortalidade por esse tipo de acidentes ou a taxa de desemprego! Eis o que poderia constituir, inclusive, uma definição das políticas chamadas "voluntaristas": o enfrentamento de fatos sociais que, em larga escala, escapam a seu controle.

Para serem comparáveis, esses fatos sociais devem ser construídos a partir de bases que permitam a comparação: nenhuma conclusão poderá ser tirada a partir de uma taxa de suicídios masculinos na Alemanha e uma taxa de suicídios femininos na Áustria. A comparação sistemática supõe uma construção prévia e adquire o valor da validade dessa construção.

Constata-se como os sociólogos argumentam sua pretensão em constituir uma verdadeira ciência social. A história poderá enfrentar esse desafio e assumir as mesmas restrições metodológicas?

# O método sociológico aplicado à história

## Da tipologia às estatísticas

Evidentemente, determinados tipos de história não podem dobrar-se a regras tão rigorosas e, por isso mesmo, encontram-se desqualificados; algumas histórias estão irremediavelmente reprovadas. No termo de seu artigo, Simiand lançava três anátemas significativos: os dois primeiros diziam respeito ao ídolo político e ao ídolo individual. A condenação é lógica porque a política tem a ver, por definição, com a ordem das intenções, ou seja, do psicológico, e não do social, no sentido durkheimiano; por sua vez, o individual está necessariamente excluído de uma ciência que pretende ser social.

A condenação do individual implica a da monografia, tal como a história de uma aldeia ou de uma família; para se beneficiar de um *status* científico, ela teria de comprovar, nesta perspectiva, seu caráter representativo. Ora, por si mesma, essa prova supõe que seu autor tenha saído da monografia para comparar seu objeto a outros da mesma classe. Para ser legítima, a monografia deve integrar uma fase comparativa, ou seja, renunciar a ser uma monografia.

Inversamente, a história privilegiada partirá à busca das covariações, em níveis mais ou menos elaborados.

No plano mais elementar, essa história limitar-se-á a critérios simples, do tipo presença/ausência, a serem cruzados para a definição de tipologias. Neste sentido, ela tem sido amplamente praticada, inclusive, por autores que jamais haviam sonhado reivindicar a herança durkheimiana;[121] pode-se citar, como exemplo, as páginas em que P. Barral (1968) tomou a iniciativa de comparar entre si, do ponto de vista sociológico, regiões rurais construídas por ele com essa intenção.[122] Em resumo, ele procedeu ao cruzamento dos três critérios adotados: o modo de valorização dominante (granjeiro ou meeiro/latifundiário), o volume das produções agrícolas e a religião.

---

[121] De maneira convincente, J.-Cl. Passeron comprovou o caráter tipológico do método durkheimiano. Retomaremos esse debate na parte final do presente capítulo.

[122] Essa tipologia foi retomada e reformulada por Maurice Agulhon (1976).

Assim, distinguiu democracias rurais (de direita ou de esquerda, segundo o fator religioso); glebas, cuja dependência havia sido aceita ou rejeitada; e regiões de agricultura capitalista.

Em um plano mais elaborado, a história procura comparações mais sistemáticas, no tempo e no espaço. Como exemplo de variações no espaço, poderíamos citar o livro pioneiro de André Siegfried, em 1913: *Tableau politique de la France de l'Ouest*. Pela primeira vez, uma análise esforçava-se por situar em mapas, meticulosamente, as diferentes variáveis sociais e compará-las com a orientação política. Em seguida, a comparação de mapas individuais — aliás, frequentemente, de maneira bastante aproximada — tornou-se um dos métodos usuais no exercício do ofício. As correlações entre os dados que os mapas traduzem deveriam ser calculadas sistematicamente: então, seria possível perceber que, na maior parte das vezes, a influência exercida pelas diferenças é superior à das semelhanças nas quais se concentra o comentário.[123]

O melhor exemplo de variações no tempo é, certamente, o estudo da crise econômica do Antigo Regime, tal como foi conduzido por J. Meuvret (SIMIAND, p. 104). Trata-se, aqui, de traduzir a evolução dos fatos sociais por meio de curvas que possam ser comparadas entre si: na sequência das safras ruins, a curva dos preços do trigo sobe para baixar após a entressafra, no final do verão seguinte, se a nova safra for boa; caso contrário, ela dispara para novos picos. A curva da mortalidade acompanha as flutuações da curva dos preços do trigo. Por sua vez, a curva da natalidade varia em sentido inverso com uma defasagem que chega quase a um ano: os períodos de fome não são favoráveis à concepção. Essas três covariações não esgotam a descrição dessa crise, mas respondem com fidelidade às prescrições dos sociólogos.

Em um plano ainda mais elaborado, o historiador não se contenta com comparações sistemáticas entre fenômenos previamente quantificados (os preços do trigo, a mortalidade e a natalidade); ele pretende avaliar a covariação e saber se ela é realmente consistente ou apenas suficientemente forte. O próprio Durkheim escrevia em uma época em que ainda não existiam os testes estatísticos que permitem avaliar a covariação ou a

---

[123] Quando se calcula a correlação entre os valores extraídos de duas séries de relatórios individuais é frequente obter resultados não significativos. De fato, as correlações chamadas ecológicas (entre dados espaciais) são bastante sensíveis à unidade de análise adotada: o resultado da correlação entre a prática religiosa e o voto nos partidos de direita será muito diferente, conforme o cálculo tiver sido efetuado no plano do município, cantão ou departamento.

correlação.[124] Seu estudo, *Le Suicide*, colocava face a face numerosas séries estatísticas sobre as quais, sem elaboração suplementar, teria sido possível proceder a cálculos de correlação; às vezes, eles fornecem resultados bastante elevados.

Neste estágio, entramos no domínio da estatística, que deixa atemorizados numerosos historiadores a tal ponto que, neste aspecto, nossa disciplina conta com um atraso dramático. Os erros encontrados em teses de doutorado em história teriam sido suficientes para reprovar estudantes de psicologia ou de sociologia no DEUG.[125] Os conhecimentos elementares são deliberadamente ignorados não tanto por incapacidade, mas sobretudo por esnobismo e preguiça porque a estatística exigida aos historiadores é, em geral, rudimentar: trata-se de uma simples questão de bom senso. No entanto, para alguns, é de bom tom brincar de mentes privilegiadas ao desdenharem, como se tratasse de contingências subalternas ou mesquinharias de tarefeiro, as exigências do rigor e os condicionantes da quantificação, inclusive, evidente... Assim, ficam satisfeitos com enunciados displicentes e nefastos em que se proclama, sem verificação, que um fenômeno "exprime" ou "traduz" (e de que modo?) um outro;[126] tal postura acabará sendo denunciada publicamente e, por conseguinte, o preço a pagar será exorbitante.

Para fazer compreender a necessidade de recorrer à estatística, por mais rudimentar que seja, a fim de confirmar a prova, citarei dois exemplos. Em primeiro lugar, vejamos os manifestos oficiais dos candidatos às eleições legislativas de 1881[127]: foram constituídas duas amostras, numericamente

---

[124] O livro *Le Suicide* foi publicado em 1897. A correlação linear (Bravais-Pearson) foi inventada por Pearson no início do século XX para demonstrar a ausência de relação entre o alcoolismo dos pais e o nível mental dos filhos, portanto, o caráter hereditário da deficiência mental. Ver Michel Armatte (1994, p. 21-45) e André Desrosières (1993).

[125] Sigla de *Diplôme d'études universitaires générales* [Diploma de Estudos Universitários Gerais], que é outorgado no termo de dois anos de ensino superior. Por sua vez, para a inscrição no doutorado, o candidato deve ser titular de um DEA – *Diplôme d'études approfondies* [Diploma de Estudos Aprofundados], obtido ao termo de cinco ou seis anos de ensino superior – e iniciar os trabalhos de pesquisa, com a duração de três a quatro anos, culminando na defesa de uma tese. (N.T.).

[126] A carência estatística assume duas formas: o historiador exime-se, pura e simplesmente, de qualquer elaboração estatística quando, afinal, ela seria possível; ou, então, ele empreende um tratamento estatístico, sem respeitar suas exigências. Conheci um pesquisador – já falecido, aliás, após uma brilhante carreira – que, na versão impressa de sua tese secundária, retomou uma fórmula errônea do coeficiente de correlação e um coeficiente de correlação a que ele persistia a atribuir um valor bastante elevado; ora, por ocasião da defesa da tese, ele já havia sido advertido desses dois erros pelo economista H. Guitton. Observa-se como a moda quantitativa implicou certa desenvoltura em relação à estatística entre alguns pesquisadores que a consideravam como uma moda, e não como um dispositivo de administração da prova.

[127] Antoine Prost, em colaboração com Louis Girard e Rémi Gossez. *Vocabulaire des proclamations électorales de 1881, 1885 et 1889*. Paris: PUF-Publications de la Sorbonne, 1974.

semelhantes, de textos conservadores e de textos republicanos ou radicais. Além disso, tentou-se identificar as palavras características do discurso de cada um dos grupos: a frequência de *república* ou *progresso* era, evidentemente, muito maior à esquerda que à direita. No entanto, outros termos – tais como *direito, liberdade*, etc. – não puderam ser situados com suficiente nitidez: quando um termo é utilizado três vezes no campo da direita e duas no da esquerda, será um acaso? Uma diferença de quatro a dois é mais convincente, mas será que isso corresponde à verdade? Afinal de contas, bastaria que um candidato tivesse um "cacoete" de linguagem para obter tal resultado. Dez contra cinco seria, certamente, mais convincente... No entanto, onde colocar a barra?

Eis, agora, o segundo exemplo: determinados municípios foram classificados, na escala política, a partir da votação obtida nas eleições de 1919, momento em que ergueram monumentos aos mortos da Guerra. Naturalmente, a localização desses monumentos dependia das circunstâncias locais, dos espaços disponíveis; assim, independentemente de serem municípios de direita ou de esquerda, eles foram edificados no pátio de escolas, nos cemitérios, nas praças públicas, etc. No entanto, ficou a impressão de que a escolha da praça pública é mais republicana, mais à esquerda, que as outras localizações e, em particular, do cemitério. De fato, em princípio, os monumentos erguidos nos cemitérios eram os únicos que podiam incluir símbolos religiosos; os municípios que faziam absolutamente questão de colocar uma cruz no monumento puderam, portanto, privilegiar o cemitério; além disso, é conhecido o vínculo, bastante generalizado na época, entre influência do catolicismo e orientação à direita. Entretanto, é impossível instituir uma regra simples do tipo: todos os municípios de esquerda localizam seu monumento em uma praça pública, enquanto todos os municípios de direita optam pelo cemitério; tanto à direita, quanto à esquerda, é possível encontrar as duas localizações. Trata-se de uma questão de proporções. A diferença será suficiente para que se possa falar de inclinação, tendência, preferência? Ou será simplesmente o acaso das circunstâncias?[128]

Intuitivamente, nesses dois exemplos, torna-se bem perceptível que determinadas diferenças quantificadas são suficientemente relevantes para que se possa tirar conclusões, enquanto outras carecem dessa evidência. Percebe-se também que a influência do acaso é mais predominante nas

---

[128] Esse exemplo é discutido de maneira mais detalhada, sobre o caso do departamento de Loire-Atlantique, no meu artigo, "Mémoires locales et mémoires nationales: les monuments de 1914-1918 en France", em *Guerres mondiales et conflits contemporains*, Paris, julho de 1992, p. 41-50.

amostras de menor porte que nas de maior porte[129]: quando, em 750.000 nascimentos, o porcentual de meninos é um pouco mais elevado que o das meninas, trata-se de um resultado consistente, ao passo que alguém teria de ser realmente estúpido para declarar que, entre duas turmas de liceus diferentes – uma com 52% de meninos e a outra com 48% –, existe uma grande diferença... Mas, as mesmas porcentagens autorizariam a tirar uma conclusão a respeito de dois liceus – anteriormente, um deles masculino e o outro feminino – com 2.000 alunos cada um?

Ao pretender comprovar realmente alguma coisa, o historiador deve formular-se essas questões. Tanto mais que elas são simples e fáceis de resolver; basta um pouco de reflexão. Os cálculos estatísticos eram, outrora, lentos e fastidiosos; portanto, era razoável reservá-los para os aspectos verdadeiramente críticos. As máquinas de calcular e os computadores modificaram inteiramente a paisagem; assim, o recurso aos testes estatísticos deveria tornar-se uma rotina para os historiadores, a exemplo do que ocorre com os psicólogos e os sociólogos.

Seu princípio é simples. Fixa-se, em primeiro lugar, um nível de exigência em relação ao papel desempenhado exclusivamente pelo acaso que, de fato, produz diferenças. Se formos bastante exigentes, decidiremos que, por exemplo, para sua utilização como prova, uma diferença estatística não deverá depender, uma vez em cem, do acaso; diz-se, então, que ela é "significativa" no patamar de 0,01 ou 1%. No entanto, é possível aceitar outros patamares: 5 ou 10%. Acima disso, extrair argumentos da diferença seria arriscado. Assim, por referência à hipótese zero, obtém-se um indicador graduado do valor comprovante da diferença constatada, considerando, por um lado, a amplitude dessa diferença e, por outro, o contingente de objetos ou de pessoas em que ela é constatada. Além das diferenças que nada comprovam, são conhecidas aquelas que possuem um valor comprobatório, assim como sua proporção. Com a condição, todavia, de evitar um rigor excessivo e de levar em consideração o fato de que as variáveis em jogo são de tal modo numerosas que os resultados não podem ser perfeitos.[130]

---

[129] Daí, o absurdo de porcentagens calculadas com duas decimais – ou, até mesmo, uma – para amostras, cujos efetivos se limitam a algumas dezenas de indivíduos!...

[130] Furet e Ozouf (1977, t. I), constatam – sob o título "Le verdict de l'ordinateur" – uma correlação extremamente elevada (0,927 em 1866 e 0,866 em 1896) entre a alfabetização dos conscritos e os indicadores de escolarização. Eles observam, acertadamente, que essa correlação refere-se a 80% do fenômeno (o quadrado do coeficiente de correlação) e, portanto, que a alfabetização "escapa à escola, no mínimo, em 20%" (p. 306). Esse comentário é demasiado severo: considerando todas as variáveis descartadas em uma análise desse tipo (por exemplo, escolarização em asilos), a correlação obtida é excepcionalmente elevada, além de serem raros os pesquisadores que tiveram oportunidade de constatar correlações tão fortes. Um resultado tão significativo permite tirar a conclusão de um vínculo bastante forte entre os dois fenômenos.

## A construção dos indicadores

A partir da década de 70, a história quantitativa suscitou uma adesão bastante forte entre os historiadores franceses, em particular, no que era, então, a *VI<sup>e</sup> section da École pratique des hautes études*. Um dos mais eminentes representantes dessa escola histórica — que, aparentemente, navegava de vento em popa — acabava por concluir, após alguma hesitação, um artigo publicado no cotidiano *Le Monde* nestes termos: "Não há história científica sem uma base quantitativa".[131]

O estado de espírito atual é diferente e numerosos historiadores sentem repugnância em adotar esse procedimento científico que continua exercendo uma pressão evidente; assim, por não ousarem confessar um bloqueio psicológico ou desleixo, eles argumentam sua recusa por uma crítica contra a quantificação. Com alguma má-fé porque, de acordo com a observação de K. Popper: "esses métodos foram realmente utilizados com grande sucesso em determinadas ciências sociais. Como será possível, neste caso, negar que eles sejam aplicáveis?" (1956, p. 23). Alguns continuam sua contestação aludindo ao fato de que nem tudo é quantificável; aliás, não seria necessário pressioná-los demais para que eles acrescentem que só é quantificável o que tem pouco sentido ou pouca importância.

O argumento carece de pertinência e, mais ainda, de imaginação. Desde que o objeto adotado pelo historiador é um fato social no sentido durkheimiano, ou seja, um fato de cunho coletivo, ele subentende uma população, cujos integrantes podem ser arrolados: nada a ver com o domínio do único, do inefável. Do mesmo modo que, para as pessoas ameaçadas pela fome, a primeira qualidade da alimentação é sua quantidade, assim também para o historiador do fato social, as quantidades que lhe estão associadas constituem uma de suas qualidades. É possível evitar o estudo de fatos sociais e descartar os aspectos sociais dos fatos individuais; mas, neste caso, será difícil reivindicar o direito de ser historiador. A história do pensamento de Proudhon[132] ou de Maurras,[133] sem se interessar pela

---

[131] E. Le Roy Ladurie, artigo de 25 de janeiro de 1969 (1977, I, p. 22). Para ter uma ideia do que, na época, a "moda" quantitativa representava para os historiadores franceses, convém consultar, enquanto documento histórico, as atas do célebre — e, aliás, interessante — colóquio realizado na ENS de Saint-Cloud, em 1965: *L'Histoire sociale, sources et méthodes*.

[132] Pierre-Joseph Proudhon (1809-1865), teórico socialista, sonhava com uma sociedade, no plano econômico e social, "mutualista" e, no plano político, federalista.

[133] Charles Maurras (1868-1952), escritor, diretor de *Action française* — movimento reacionário monarquista da direita radical, ultranacionalista e antissemita, que surgiu por ocasião do Affaire Dreyfus (1894-1906). Ele militou contra tudo o que lhe parecia ser causa de desordem na arte ou na política; em 1945, foi condenado à prisão perpétua por ter colaborado com o ocupante nazista.

sua audiência, seria semelhante a considerar como história o estudo das aliterações na obra de Mallarmé.[134] Qualquer estudo histórico comporta uma vertente social, portanto, coletiva, e, neste caso, um conjunto formado por certo número de integrantes, suscetíveis de arrolamento.

A oposição qualitativo/quantitativo, que tem servido de anteparo para muitos estudiosos, revela simplesmente o maior ou menor grau de dificuldade na construção de indicadores que possibilitem argumentar de maneira comparativa. O quantitativo é um domínio em que os indicadores são evidentes, inscritos de algum modo nos próprios fatos: se alguém se interessa pelo preço do trigo, a construção do indicador não cria problema. É, inclusive, às vezes, uma armadilha: os preços são diversificados e o resultado dos cálculos será diferente ao considerar o valor pago ao produtor ou no moinho, na importação ou no mercado interno.

Por sua vez, o qualitativo é um domínio em que a construção de indicadores pertinentes requer alguma engenhosidade, revelando-se aí a imaginação criadora do pesquisador. Haverá tema mais qualitativo que a religião? Gabriel Le Bras não pretendeu sondar a fé individual dos crentes, nem penetrar em sua intimidade e descobrir a veracidade de suas relações com Deus, mas abordou a religião como um fato social, a partir da prática religiosa que constitui a manifestação coletiva da religião. Assim, ele construiu indicadores a partir das práticas exigidas pela Igreja Católica: assistência à missa dominical e comunhão pascal. Esses indicadores – como é óbvio – são descontínuos: servem de fundamento a uma tipologia. Assim, G. Le Bras estabeleceu uma distinção entre católicos praticantes que vão à missa todos os domingos; católicos sazonais que comungam na Páscoa e vão à missa nas grandes festas, tais como Natal, Todos os Santos...; e, por último, católicos não praticantes.

Tendo sido construídos tais indicadores, a quantificação depende das fontes. Se dispomos de estatísticas religiosas fidedignas, como na diocese de Orléans durante o episcopado de D. Dupanloup (MARCILHACY, 1963), é possível avaliar a proporção – por municípios, em porcentagens relativas – de praticantes, de sazonais e de não praticantes; na falta de uma verdadeira estatística e com a ajuda de outros testemunhos incompletos, é possível contentar-se em definir o tipo dominante localmente. A administração da prova obtém-se, em primeiro lugar, não pela quantificação, mas pela construção de indicadores pertinentes, cuja validade determina o valor da prova.

---

[134] Stéphane Mallarmé (1842-1898), poeta, cuja obra – por exemplo, o poema *Um lance de dados jamais abolirá o acaso* – foi determinante na evolução da literatura do século XX. (N.T.).

Afinal de contas, construir um fato social coincide com a construção dos indicadores que permitirão operar comparações entre ele e outros fatos sociais; aliás, do ponto de vista operatório, ele define-se por seus indicadores.

## Os limites do método sociológico

### Os limites epistemológicos

Nesse aspecto, precisamente, é que se situa o limite epistemológico do fato social.

Longe de mim a ideia de desvalorizar a quantificação ao fazer história ou, de forma mais geral, o modo de raciocínio durkheimiano: creio que esses dois aspectos são indispensáveis, mas não constituem uma panaceia. Em meu entender, sua limitação deve-se a dois motivos.

O primeiro é de ordem epistemológica. Durante muito tempo, acreditei que o historiador era um "diletante" que se empenhava em juntar narrativas à maneira de Tucídides com trechos genuínos de "verdadeira" ciência social à maneira de Durkheim;[135] além disso, eu tinha dificuldade em atribuir um status epistemológico a essa colcha de retalhos diversificados por sua matéria e textura. Com efeito, eu superestimava o procedimento durkheimiano, considerando-o mais científico que ele é realmente; aliás, pode-se reformular esse debate em termos modernos, partindo da definição do enunciado "científico" como "refutável" (falsificável, afirma Popper[136]). Na aparência, as afirmações da sociologia – e, em particular, as que se baseiam em quantificações e cálculos estatísticos – são "refutáveis" e, neste aspecto, poderiam reivindicar um *status* "científico", o que não corresponde à verdade. Certamente, elas possuem maior consistência que outras, mas não podem reivindicar o status de leis universais; de fato, como mostra J.-Cl. Passeron, é impossível extrair, de qualquer contexto histórico, todas as realidades que lhes dizem respeito.[137] A afirmação sociológica é sempre, igualmente, histórica porque incide sobre realidades indissociáveis de contextos bem determinados; portanto, só é válida no espaço e no tempo desses contextos. Para comprovar essa assertiva, basta verificar "a

---

[135] Ver meu debate com J.-Cl. Passeron (1990, p. 7-45).

[136] K. Popper, La *Logique de la découverte scientifique*, obra muito mais importante que *Misère de l'historicisme*; de fato, este título não passa de um panfleto contra as "grandes" teorias e, acima de tudo, contra o marxismo.

[137] Peço desculpas por não retomar, aqui, a demonstração de J.-Cl. Passeron (1991), particularmente, em sua conclusão.

facilidade com que um pesquisador [...], diante de uma constatação empírica que o contradiz, pode sempre objetar que tal constatação é efetuada fora do contexto pressuposto para a validade de sua proposição" (PASSERON, 1991, p. 64); e a cláusula – "em igualdade de circunstâncias" – pode tornar-se um "álibi ilimitado" nas comparações tanto sociológicas, quanto históricas. O recurso ao procedimento durkheimiano não permite que o historiador escape à história na diversidade das situações concretas que são seu objeto de estudo.

Melhor ainda, a argumentação estatística constitui apenas o horizonte, o modelo de aspiração da sociologia. Na maior parte das vezes, o método comparativo preconizado limita-se ao método das variações concomitantes, até mesmo, à sua versão atenuada, ou seja, o método das diferenças. Mas permanecemos no universo do raciocínio natural. A sociologia propõe uma versão mais elaborada e rigorosa, talvez, também mais intimidante, desse raciocínio: assim, em relação à história, trata-se de uma diferença de grau e não de natureza.

Deste modo, o vaivém no discurso histórico, entre sequências explicativas ou compreensivas e sequências comparativas, inclusive, quantificadas, não é a aliança da impassibilidade dos cálculos com a desenvoltura da imaginação – a mescla inconfessável de métodos heterogêneos –, mas a utilização de uma verdadeira gama de argumentos que se desenrola, inteiramente, em um universo em que os conceitos são indissociáveis de seus contextos.

O mesmo é dizer, simultaneamente, que o método sociológico é tipológico: ele constitui tipos para compará-los e, entre eles, estabelece relações de presença concomitante ou de incompatibilidade, ou avalia discrepâncias ou correlações. No entanto, tais relações não possuem valor universal: seu alcance limita-se aos tipos considerados.

## Os domínios privilegiados

Em segundo lugar, a argumentação sociológica não é utilizável na história dos acontecimentos propriamente ditos. Certamente, ela pode, às vezes, confirmar ou não a atribuição causal: se alguém defende que a miséria é a causa das greves, pode quantificar os níveis de salários e de desemprego, por um lado, e, por outro, a frequência das greves, para analisar se existe alguma correlação entre esses dados. Mas, neste caso, trata-se de uma causa material. Por sua vez, as causas finais escapam inteiramente à quantificação: a estatística jamais poderá nos dizer se foi, ou não, a decisão de Bismarck que desencadeou a Guerra de 1866.

O MODELO SOCIOLÓGICO

Daí resulta de forma bastante nítida que, no âmbito da história, existem dois modos de argumentação. Para simplificar, dir-se-á que o primeiro interessa-se pelos encadeamentos no desenrolar do tempo, enquanto o segundo refere-se às coerências no âmago de determinada sociedade em determinado tempo. O primeiro aborda os acontecimentos e organiza-se segundo o eixo da narrativa, enquanto o segundo dedica-se às estruturas e depende da descrição. Naturalmente, ambos entrecruzam-se porque todos os problemas históricos concretos têm a ver, simultaneamente, com a narrativa causal e com o enquadramento estrutural.

Determinadas formas de história privilegiam a narrativa; a análise dos encadeamentos constitui sua dimensão fundamental, como se vê perfeitamente no ensino. A história política, a das guerras ou revoluções – do que, para nossos contemporâneos, continua sendo os "grandes" acontecimentos –, organiza-se principalmente segundo uma série de atribuições causais. Neste aspecto, somos remetidos ao capítulo precedente.

A contribuição mais importante do método sociológico – do qual a quantificação é um dos elementos e, ao mesmo tempo, o símbolo – consiste em permitir que sejam pensadas, com rigor, as coerências que servem de liame a uma sociedade, suas estruturas, o *Zusammenhang*, paradoxalmente tão criticado por Simiand em Hauser. Algumas das mais consistentes obras históricas do século XX, a começar por *La Méditerranée*, organizam-se em torno dessa solidariedade e dessas coerências. "Explicar – afirmará Braudel – é identificar, imaginar correlações entre as mais vibrantes manifestações da realidade material e as outras flutuações tão diversificadas da vida dos homens" (*apud* ROSENTAL, 1991). A desvalorização do acontecimento e o desinteresse pela questão das causas são acompanhados, aqui, por uma valorização do tempo longo das estruturas geográficas, econômicas e tecnológicas. A argumentação sociológica está presente, mesmo que Braudel manifeste certa desconfiança para com os sistemas demasiado deterministas.

Seria possível, inclusive, avançar mais longe e defender que, neste preciso sentido, a história só pode ser total. A pretensão de escrever uma história total que seria uma história da humanidade inteira – desde as origens até nossos dias, e sob todos os seus aspectos – é, evidentemente, absurda; aliás, mostramos mais acima (cap. IV) como a inevitável e necessária renovação dos questionamentos impede, no âmbito da história, qualquer concepção cumulativa do saber. No entanto, em outro sentido, qualquer história é total por ter a ambição de esclarecer como os elementos abordados por ela formam um todo; apesar da impossibilidade de conhecer tudo a respeito de uma época ou de uma sociedade, o caráter próprio da história consiste em constituir várias totalidades, ou seja, estruturas organizadas, ali onde o olhar superficial observaria apenas um simples amontoado ou justaposição de diferentes elementos (POPPER, 1956, p. 81).

Percebe-se imediatamente que alguns domínios prestam-se mais facilmente a esse tipo de história, enquanto outros oferecem-lhe maior resistência.

A demografia histórica é, evidentemente, um terreno predileto para uma história que se preocupa com a administração das provas. Os demógrafos têm elaborado múltiplas taxas (mortalidade, natalidade, fecundidade, reprodução) e sua engenhosidade é ilimitada: vimos, mais acima, em relação ao problema da "sobremortalidade" civil durante a Guerra de 1914-1918, um exemplo de sua extrema perícia.

A história econômica é um segundo domínio que se presta espontaneamente à utilização de métodos quantitativos: os economistas reconstituem séries contínuas que permitem comparações fidedignas. Pensamos, aqui, na grande pesquisa dirigida por J. Bouvier (1965) sobre o lucro nas indústrias do departamento Norte ou nas séries de F. Crouzet (1970, p. 56-99) sobre a indústria francesa no século XIX.

A história dos grupos sociais presta-se, também, ao método comparativo: a análise de sua riqueza é, evidentemente, um elemento indispensável de sua história. Além disso, nesta área, os pesquisadores desenvolveram uma considerável habilidade: as investigações sobre as fortunas de Paris ou nas grandes cidades do interior, tais como Lyon, Lille ou Toulouse (DAUMARD, 1973; LÉON 1974), exploraram de maneira sistemática, para as várias datas que pontuam um longo século XIX, as declarações de sucessão, permitindo comparações entre grupos sociais e entre cidades. Desde modo, tornou-se evidente a superioridade das fortunas parisienses. Outro exemplo: a maneira como Gabriel Désert (1975), em sua tese sobre os camponeses do departamento de Calvados no século XIX, reconstituiu – a partir da evolução dos preços dos produtos agrícolas (trigo, leite, queijo, etc.), assim como da evolução das quantias pagas pelos rendeiros e dos impostos, levando em consideração as transformações das práticas culturais – a evolução secular da renda de vários tipos de cultivadores, desde o proprietário de um terreno de 35 ha destinado ao plantio do trigo na zona rural de Caen até o mais insignificante camponês proprietário de 5 ha que pratica uma policultura de produtos alimentícios, passando pelos criadores de gado e estabelecendo a distinção entre os modos de valorização desses bens.

O MODELO SOCIOLÓGICO

No entanto, é possível estudar também, com a ajuda de indicadores mais ou menos quantificados, a mobilidade dos diversos grupos sociais, seus modos de vida e seus comportamentos. Em sua tese sobre as elites na França, no final do século XIX, Christophe Charle (1987) comparou a elite da administração (conselheiros de Estado, etc.) com a elite de negócios (banqueiros, etc.) e com a elite universitária (professores), sob vários critérios além da renda; por exemplo, levou em consideração a moradia (qual rua? bairro nobre?) e o lugar habitual das férias.

A história política tem utilizado abundantemente o indicador característico das sociedades democráticas: o voto livre dos cidadãos. As análises de geografia eleitoral − fundadas por A. Siegfried e desenvolvidas por F. Goguel − fazem parte dos elementos de base de qualquer história política; elas permitem, também, acompanhar a implantação dos partidos políticos, assim como articular o social com o local e o nacional. No entanto, um grande número de outros temas políticos prestam-se a esse modo de argumentação: por exemplo, o estudo de manifestações, desfiles e comícios. Em sua tese, Jean-Louis Robert (1995) abordou, assim, os relatórios lavrados pelos inspetores de polícia relativamente a 18.000 reuniões sindicais, socialistas ou pacifistas, durante a Primeira Grande Guerra.

A história das mentalidades tem maior dificuldade para adaptar-se, segundo parece, a essa abordagem "científica". Trata-se de um domínio feito de detalhes e sutilezas que não se deixa apreender pelos instrumentos − compactos e, ao mesmo tempo, sumários − da quantificação: eis o teor da justificação quando há recusa em procurar indicadores pertinentes. Todavia, se forem despendidos esforços nessa procura, à semelhança do que fez G. Le Bras, será possível encontrá-los. A análise sistemática do vocabulário, por exemplo, oferece inúmeras possibilidades;[138] a das práticas simbólicas − à semelhança do exemplo que forneci a respeito dos monumentos aos mortos − é também fecunda. E Daniel Roche (1981) ou Michel Vovelle (1973) mostraram as vantagens a auferir de um estudo sobre as bibliotecas ou testamentos. Do mesmo modo que existe uma história social do político, assim também há uma história social das mentalidades enquanto representações.

Essa história que poderia ser chamada sociológica, na medida em que assume as normas da sociologia durkheimiana e aplica métodos análogos, é particularmente eficaz na longa e média duração. Teve seus dias de

[138] Permito-me citar meu estudo "Les mots", em RÉMOND (1988, p. 255-285).

glória e houve um tempo em que a escola dos *Annales* reconhecia valor apenas às grandes pesquisas quantitativas e preconizava a história serial, baseada em longas séries de cifras, a exemplo daquelas que haviam sido estabelecidas por P. Chaunu (1959-1960) em sua tese sobre o comércio de metais preciosos entre a América e a Espanha, no século XVI. Era a época em que E. Le Roy Ladurie (1968), empenhado na elaboração de uma pesquisa sobre os conscritos franceses do século XIX, concluía um texto com esta proclamação categórica: "O historiador de amanhã será programador ou deixará de existir como tal".

Em seguida, ele dirigiu-se para *Montaillou*. Por uma dessas reviravoltas mais dependentes da moda que da ciência, do ar do tempo e da demanda da mídia que do desenvolvimento coerente de uma disciplina erudita, a história quantitativa foi relegada para segundo plano.

No entanto, conforme a exposição detalhada que acabamos de fazer, ela tinha um grande mérito que pode ser resumido em duas frases: trata-se de uma história que apresenta a prova de suas afirmações; além disso, permite apreender estruturas e compará-las entre si. No entanto, por si só, o método quantitativo e comparativo é insuficiente para enfatizar o modelo que, de forma duradoura, dominou a historiografia na França, ou seja, o da história social; sua ponderação, por ser mais complexa, merece uma análise específica.

CAPÍTULO X

# A história social

A história social constitui um bom exemplo para compreender o modo como se faz a união, em um procedimento concreto, entre a estrutura e o acontecimento, assim como entre a análise das coerências e a busca das causas. Trata-se de uma história "no meio" dos diferentes procedimentos, cujo inventário tem sido apresentado até aqui. Entendo essa história, em sentido amplo, como uma tradição de longa duração que avança de Voltaire ou Guizot até Labrousse ou Braudel, passando por Michelet, Fustel, Taine, Seignobos, em sua tese, Bloch, Lefebvre e ainda muitos outros. Para explicar seu modo de argumentar, a maneira como ela tenta fazer a síntese do acontecimento com a estrutura, citarei dois exemplos: o primeiro extraído de *Cours d'histoire moderne* (1828) de François Guizot; e o segundo tirado da Introdução da tese (1943) de Camille-Ernest Labrousse.

## Guizot: classes e luta de classes

### Um exemplo: a emergência da burguesia

Em 1828, ao retomar a cátedra na Sorbonne que lhe havia sido interditada pelos reacionários,[139] Guizot abordou o tema do desenvolvimento da "civilização moderna" que ele vai acompanhar durante uma dezena de séculos. A longa duração, como se vê, não é assim tão recente... A sétima lição foi dedicada à emergência da burguesia e à sua consolidação, entre os séculos X e XVI. Eis como foi elaborada sua apresentação.

Com a precária estabilização do regime feudal – Guizot não fornece datas, nem territórios –, os possuidores de feudos experimentaram novas necessidades. Para satisfazê-las, instalaram-se de forma incipiente o

---

[139] No original, *les ultras*, elipse de *ultra-royalistes*.

comércio e as indústrias nas cidades que, lentamente, recuperaram a riqueza e a população. No entanto, tendo sido obrigados a renunciar aos saques e às conquistas, nem por isso os poderosos do mundo deixaram de lado sua avidez: "Em vez de saquearem ao longe, eles faziam seus saques nas cercanias; as extorsões dos burgueses feitas pelos senhores redobraram a partir do século X". Daí, as queixas dos comerciantes que já não podiam voltar tranquilamente para suas cidades e, também, dos burgueses, vítimas de extorsões.

Observar-se-á, aqui, o caráter psicológico das explicações fornecidas por Guizot relativamente ao comportamento tanto dos burgueses, quanto dos senhores. Mas, retomemos sua apresentação.

Diante de tal situação, os burgueses irão defender seus interesses com o desencadeamento da "grande insurreição do século XI".

> A emancipação das comunas [...] foi o resultado de uma verdadeira insurreição, de uma verdadeira guerra declarada pela população das cidades a seus senhores. Em tais histórias, o primeiro fato encontrado é sempre o levantamento dos burgueses que se armam com tudo o que está ao alcance da mão; é, também, a expulsão dos emissários do senhor que vinham executar algum tipo de extorsão...

O procedimento de Guizot, neste ponto, teria chamado a atenção de Simiand: ele constrói um fato social por antecipação. Para afirmar – "O primeiro fato encontrado sempre em tais histórias" (no plural) –, é necessário conhecer vários casos de insurreição urbana, ter procedido à comparação entre elas e identificar os traços comuns; estamos na ordem das regularidades, tão apreciadas pelos sociólogos. Entretanto, no conceito de "insurreição urbana", assim como nos conceitos de "burguês" e de "senhor" pressupostos por ele, encontramos os traços de qualquer tipo ideal: por um lado, além de uma descrição geral, trata-se de argumentos; por outro, eles são indissociáveis dos contextos concretos, suscetíveis de serem pensados por seu intermédio.

Essas insurreições conhecem diferentes desfechos, mas implicam progressivamente a instituição de emancipações. Esse é um fato importante, cujas consequências são analisadas por Guizot: a primeira é o início de uma intervenção régia nos limites do feudo; mesmo que tudo tenha permanecido no âmbito local, a realeza interveio nessa disputa e "a burguesia aproximou-se do centro do Estado". Em vez de um resumo, as duas consequências seguintes merecem que passemos a palavra ao próprio Guizot.

### 36. – François Guizot: A classe burguesa e a luta de classes

Mesmo que tudo tivesse permanecido no âmbito local, criou-se, pela emancipação, uma classe nova e abrangendo todo o território. Os burgueses nunca haviam estabelecido uma coalizão; enquanto classe, eles estavam desprovidos de qualquer existência pública e entre si. No entanto, o país estava repleto de homens que viviam em uma situação semelhante, com os mesmos interesses e costumes, entre os quais não poderia deixar de surgir, aos poucos, certo vínculo e certa unidade que deveriam gerar a burguesia; aliás, a formação dessa grande classe social era o resultado inevitável da emancipação local dos burgueses.

Seria um equívoco acreditar que essa classe era, então, o que se tornou posteriormente. Não somente sua situação se modificou bastante, como também seus elementos eram completamente diferentes; no século XII, ela compunha-se apenas de comerciantes, de pequenos negociantes e de pequenos proprietários de casas ou de terrenos com domicílio na cidade. Três séculos mais tarde, a burguesia compreendia, além de advogados, médicos e letrados em geral, todos os magistrados locais; ela formou-se, sucessivamente, com elementos bastante diversos [...]. Ao falar da burguesia, houve sempre a impressão de que as pessoas supunham que, em todas as épocas, ela tivesse sido composta dos mesmos elementos. Suposição absurda. Na diversidade de sua composição, nas diferentes épocas da história, é que, talvez, se deva procurar o segredo de seu destino. Enquanto não contou com magistrados, nem com letrados, enquanto não foi o que se tornou no século XVI, seu caráter e sua importância no Estado foram diferentes. É necessário ver surgir, sucessivamente, em seu âmago, novas profissões, novas situações morais, um novo estado intelectual, para compreender as vicissitudes de seu destino e de seu poder. [...]

O terceiro grande resultado da emancipação das comunas foi a luta de classes; essa luta constitui o próprio fato e permeia a história moderna. A Europa da época moderna surgiu da luta entre as diversas classes da sociedade. (GUIZOT, 1828, 7e leçon, p. 27-29)

---

Todo o conteúdo desta aula exigiria, evidentemente, inumeráveis esclarecimentos factuais. As coisas não ocorreram de um modo tão simples e nada haveria a esperar do progresso da história se, quase dois séculos mais tarde, não tivéssemos de corrigir profundamente a análise de Guizot. No entanto, em vez de verificar seus acertos ou enganos, interessa-nos, aqui, compreender seu modo de argumentar; e só nos resta manifestar nossa admiração perante a importância atribuída, em sua análise, à noção de classe social.

## A classe social

A maneira como Guizot definiu a burguesia é interessante por três razões. Em primeiro lugar, trata-se de uma definição pelo direito e pelas instituições: "Criou-se, pela emancipação, uma classe nova e abrangendo todo o território". A burguesia não foi uma simples realidade de fato, mas tomou forma pelo viés das instituições.

Na verdade, há uma espécie de circularidade entre o fato e o direito. Na argumentação de Guizot, o burguês é mencionado antes da emancipação porque esta resultou da insurreição promovida por ele; portanto, havia burgueses antes que a emancipação viesse a formar uma burguesia. Tratava-se de um processo de fortalecimento e consolidação pelo qual a burguesia tornava-se, em suma, o que ela já era. Observamos, neste aspecto, o papel do político como revelador e criador do social, que não seria desaprovado por alguns contemporâneos. No entanto, o político não foi levado em consideração em uma perspectiva factual: ao evocar a intervenção, Guizot referiu-se à realeza e não a determinado rei; ainda neste ponto, ele construiu algo de geral – desta vez, institucional –, a partir da concretude dos fatos.

Em seus textos, a definição jurídica e política não deixou lugar para uma definição econômica, embora tivesse feito menção aos fatores econômicos: os burgueses revoltaram-se contra os senhores, em primeiro lugar, porque seus interesses estavam ameaçados. Esta explicação tem a ver com a psicologia mais elementar; trata-se de um comportamento que pode ser experimentado por qualquer pessoa. No entanto, estamos muito longe de uma concepção marxista da classe social: nenhuma referência é feita ao modo de produção, nem às estruturas do sistema de produção e de troca, nem às suas transformações.

Em segundo lugar, essa definição institucional era acompanhada pela enumeração das personagens que compunham a burguesia: comerciantes, negociantes; em seguida, advogados, etc. A enumeração era desnecessária: teria sido possível definir a burguesia por uma lista de traços pertinentes, de critérios de pertencimento – fortuna igual ou superior a determinada quantia, rudimentos de instrução, etc.; no entanto, Guizot preferiu nomear os membros da classe. Contudo, por um lado, não teve a pretensão de nomear todos os integrantes: a enumeração não foi exaustiva e a lista permaneceu aberta. Por outro lado, a questão dos limites da classe não foi formulada; ele não se questionou para saber se determinada categoria social fazia parte, ou não, da burguesia.

Com efeito, seu objetivo consistiu em fornecer um conteúdo concreto à classe, em permitir que seus ouvintes pudessem se representar, imaginar a burguesia. Em vez de elaborar o retrato de determinados indivíduos, ele preferiu nomear grupos profissionais (comerciantes, advogados, etc.) que, por sua vez, constituíam um primeiro nível de generalização. Um segundo nível foi constituído pela burguesia que era uma reunião de grupos; estamos, portanto, longe do indivíduo considerado isoladamente. Se, entretanto, essa enumeração pôde ser eficaz é porque as palavras utilizadas conservaram um sentido no tempo presente: Guizot sabia que seus ouvintes conheciam o que era, concretamente, um comerciante ou um advogado. A imaginação do passado mobiliza saberes formados pela prática cotidiana da sociedade em que se vive; eis o que explicamos de forma meticulosa mais acima.

Ainda falta analisar a terceira característica da classe burguesa, segundo Guizot: a continuidade no tempo, a estabilidade diacrônica na mudança. A burguesia não era imóvel, mas mutável: "Seria um equívoco acreditar que essa classe era, então, o que se tornou mais tarde..." A composição da classe transformou-se pela adição sucessiva de novos elementos; além disso, essa evolução interna implicou uma evolução de sua posição e de seu papel no Estado, afirmava Guizot. Seria possível acrescentar: na sociedade. No entanto, apesar dessas mudanças, tratava-se sempre da mesma classe.

A identidade preservada e a continuidade mantida através de figuras sucessivas transformavam a classe social em uma entidade coletiva: a burguesia do século XVIII permaneceu uma classe semelhante à do século X, da qual era profundamente diferente, do mesmo modo que permaneço a mesma pessoa que, sucessivamente, foi estudante, militar, etc. O recurso à noção de classe social permite conjugar no singular uma realidade plural; ela transforma uma coleção de realidades individuais e locais em um ator coletivo.

Este ponto é essencial e voltaremos a ele. Deste modo, Guizot pôde relatar a história da sociedade servindo-se das mesmas modalidades e dos mesmos esquemas de explicação utilizados para a narração da história dos indivíduos: com a classe social, ele dispunha de um ator da história com intenções e estratégias. Ele emprestava-lhe, inclusive, sentimentos: as classes "detestaram-se", afirmava ele após o trecho citado mais acima. Ele falava de suas "paixões". Deste modo, a história tornava-se a história da luta das classes entre si: "Em vez de tornar-se um princípio de imobilidade, a luta foi uma causa de progresso", "Daí, surgiu, talvez, o princípio mais enérgico e fecundo de desenvolvimento da civilização europeia." A luta de classes "constitui o próprio fato e permeia a história moderna".

Percebe-se o compromisso estabelecido pela história social – assim, compreendida – entre o acontecimento e a estrutura. O ator coletivo escapa às historietas desprovidas de significação e situa-se, de saída, em um nível de generalidade e de estabilidade que diz respeito à sociedade inteira. O conjunto das classes sociais compõe um todo conflitante, interdependente. Todavia, os atores coletivos elaboram uma história: a composição da classe, sua posição na sociedade e no Estado, as próprias estruturas dessa sociedade e desse Estado transformam-se sob a ação das classes em luta. A noção de classe é, assim, constitutiva de uma história preocupada em pensar a sociedade como tal. Mas não foi forjada por Guizot. De fato, Tocqueville chegou a escrever: "Antes de mais nada, pertencemos à nossa classe, mesmo antes de reivindicarmos nossa opinião"; e, em outro trecho, ele afirmava que as classes "devem ser o único objeto de estudo para o historiador" (*apud* LEFEBVRE, 1978, p. 135).

## Labrousse: o fundamento econômico das classes sociais

### Um exemplo: a crise da economia francesa no final do Antigo Regime

Para o segundo exemplo, sirvo-me da Introdução da tese de Labrousse. Texto denso, escrito em um estilo deslumbrante e que, à maneira de um resumo, apresenta uma visão panorâmica de seu procedimento.

O primeiro interesse dessa análise é que, antes de Braudel, Labrousse havia encaixado três temporalidades de ritmos desiguais. Um movimento longo estendeu-se por todo o século XVIII: os preços subiram; o aumento da produção agrícola foi lento porque a alta dos preços "só pode exercer influência sobre o empresário se ele consegue vender e dispõe de um excedente negociável". Esse era o caso dos grandes e pequenos viticultores, mas a tecnologia da época não permitiu que, salvo para uma minoria de grandes proprietários, os produtores de trigo e os criadores de gado se encontrassem na mesma situação. Assim, "exceto o vinhedo, a conjuntura favorável cria melhores condições apenas para uma minoria de produtores, aliás, os únicos que recebem incentivos para estender ou intensificar a produção".

Entretanto, essa minoria de grandes proprietários detinha uma grande superfície de terrenos, arrendados a agricultores que, por sua vez, tiraram partido da alta de preços porque o aluguel permaneceu estável durante o período do arrendamento. A alta dos preços beneficiou, também, maciçamente os proprietários não produtores: seja os burgueses, em cada renovação do arrendamento; seja os senhores que, anualmente, tinham direito a certa quantidade de gêneros. "Diferentemente da renda burguesa, a dos senhores não é defasada em relação ao lucro." Os açambarcadores conseguiam lucros enormes por ocasião dos picos importantes da alta de preços. Por último, a madeira bateu todos os recordes e a floresta, elemento importante do latifúndio, nunca chegou a ser arrendada: "A renda fundiária aristocrática não transige, aqui, com o lucro do camponês".

"Contudo, diferentemente do lucro, a renda acumulada não retornará, na maior parte das vezes, à terra." Ela era investida na cidade, em novas construções, consumos ostensivos e em uma criadagem numerosa, assim como na indústria. Havia redistribuição urbana da renda rural: "Criados, operários da construção, artistas, operários das manufaturas, empresários de toda a espécie, afluem às cidades; o comércio local beneficia-se amplamente de tal afluxo e fortalece-se com a multidão de recém-chegados."

Os assalariados das cidades e das zonas rurais lucraram, igualmente, à sua maneira, com esse movimento econômico, mesmo sem disporem de um produto para vender: "De fato, eles ganharam a vida". A crise da subsistência

> [...] diminui a taxa de mortalidade dos diaristas, operários, meeiros e produtores agrícolas em terrenos parcelados. Consequência: um proletariado, ou algo semelhante, sem empregador provoca um excesso de mão de obra no mercado de trabalho [...] Reconhecido seu direito à vida, o assalariado pagará essa indulgência com trabalhos forçados remunerados por um preço vil.

O segundo movimento foi mais curto: pouco mais de uma década. Ele começou por volta de 1778, com a queda dos preços. A situação do agricultor tornou-se, então, difícil tanto mais que se verificou uma queda do lucro; além disso, o valor dos arrendamentos continuou subindo porque, no momento de sua renovação, os candidatos eram numerosos. "A progressão demográfica [...] levou ao crescimento da família camponesa: os pais de família, em companhia de toda a parentela, esperam à porta da fazenda". Para os agricultores, a única maneira de garantir seu lucro consistirá em diminuir os salários dos trabalhadores. Inversamente, os proprietários estavam plenamente satisfeitos: "O valor do arrendamento sobe e de forma brutal! Além de apresentar-se como poderoso setor social protegido, o capitalismo fundiário toma a ofensiva, avança desenfreadamente e, no lado oposto, o lucro dos camponeses recua". Observar-se-á, de passagem, a personalização indireta desse "ator" da história que, para Labrousse, é o capitalismo fundiário: ele "toma a ofensiva", ação que pressupõe um sujeito ativo. A indústria do luxo tirou partido da situação, mas a retração do mercado rural prejudicou, globalmente, o comércio e a indústria; por sua vez, a redução das despesas com a mão de obra acarretou o desemprego que, na época, foi "a grande chaga do proletariado das zonas rurais e das cidades".

A crise cíclica de 1789 – terceiro movimento –, inscrita em um período bastante curto, começou com a safra ruim de 1788. Interrompo, aqui, este exemplo porque a análise de Labrousse é, também, mais curta e menos importante e menos inovadora, em sua própria opinião. Ao concluir sua introdução geral, ele formulava esta questão: revolução provocada pela miséria ou pela prosperidade? Ele decidiu em favor da primeira interpretação porque, em seu entender, o processo intentado contra o regime monárquico extraiu sua energia do descontentamento.

Um gravíssimo erro de atribuição causal leva a considerar a crise política como resultante da crise econômica. Os acontecimentos revolucionários [...] surgem, portanto, em grande parte, da queda do lucro e do salário, das dificuldades enfrentadas pelo industrial, pelo artesão, pelo granjeiro e pelo proprietário de produção agrícola, assim como da situação aflitiva do operário e do diarista. Uma conjuntura desfavorável reúne, em uma oposição comum, a burguesia e o proletariado. A Revolução aparece perfeitamente, neste aspecto [...] como consequência da miséria.

## Economia, sociedade, política

Se analisarmos a argumentação de Labrousse a partir do resumo que acaba de ser apresentado, constatamos, em primeiro lugar, uma construção bastante elaborada dos grupos sociais. Labrousse utilizava grandes agregados, como "proletariado" ou "burguesia", mas ele preferia categorias mais delimitadas: fazendeiros, proprietários que se dedicam, ou não, à produção agrícola, assalariados das cidades, etc.

Na realidade, ele estabeleceu uma distinção entre tipos de rendas e não tanto entre grupos sociais,[140] situando-se na exata junção do econômico

---

[140] Ver a análise de Jean-Yves Grenier e Bernard Lepetit, 1989.

com o social, no ponto preciso em que a evolução dos preços e da quantidade de mercadorias produzidas assume a forma concreta de recursos para os indivíduos. Ele constituiu, portanto, grupos sociais a partir de suas maneiras – a um só tempo, diversas e desiguais – de se inserir na economia; daí, a distinção, por exemplo, entre aristocracia e burguesia, ou seja, entre a renda dos senhores (direito de receber, anualmente, certa quantidade de gêneros) e a renda fundiária (quantias pagas pelos rendeiros).

Essa maneira de proceder implicava uma importante diferença em relação a Guizot. Neste ponto, a psicologia não desempenhou qualquer papel; além disso, os aspectos jurídicos ou institucionais só intervieram na medida em que regulamentam a destinação das rendas. Os grupos sociais foram determinados por sua posição objetiva no campo econômico; sua satisfação ou seu descontentamento não correspondiam a estados de espírito, nem eram reações a qualquer agressão, mas a tradução direta de uma renda em alta ou em baixa. Ou, mais exatamente, a satisfação e o descontentamento não têm qualquer espessura, qualquer realidade própria, nem são objeto de uma construção social ou cultural: trata-se da simples tradução de uma melhoria ou deterioração da situação material dos interessados. Por ser uma evidência, para Labrousse, que a alta das rendas acarretava a satisfação, enquanto sua queda trazia o descontentamento, ele eximiu-se de demonstrar essa assertiva e nem mesmo teve consciência de aceitá-la e de que ela constituía o pressuposto de sua análise. O postulado parece ser óbvio ainda que seu exame aprofundado pudesse nos reservar algumas surpresas; de qualquer modo, ele garante a passagem automática do movimento das rendas – portanto, do econômico – para a movimentação social.

Ainda será necessário que, para reagirem à melhoria ou à deterioração das condições de vida, os contemporâneos estejam conscientes de sua situação. Como perceberam a evolução de seus recursos? Entre as múltiplas oscilações de preços, a qual valor teriam atribuído mais importância? Como passar da construção estatística retrospectiva do historiador para a realidade vivida pelos contemporâneos? Neste ponto, poderia ter sido empreendida uma análise cultural sobre a percepção dos movimentos econômicos pelos contemporâneos. Tratava-se de uma análise difícil por falta de fontes em relação à arraia-miúda. Labrousse evitou tal empreendimento, postulando que a realidade, ou seja, o que foi percebido pelos contemporâneos, correspondeu à média variável dos preços, a qual eliminava os acidentes conjunturais; apesar de ser, evidentemente, indemonstrável, esse postulado era indispensável ao paradigma labroussiano. Descartada no que se refere ao vínculo entre evolução dos preços e satisfação ou descontentamento, a psicologia encontrou-se em situação semelhante no nível da própria percepção da oscilação dos preços.[141]

Tal postura devia-se ao fato de que, desde a partida, ou seja, da escolha das fontes, o indivíduo foi, também, descartado; neste ponto, igualmente, Labrousse tinha uma concepção de classe – partindo de dados abstratos, coletivos, construídos – diferente de Guizot que, por seu turno, a construía pela agregação de indivíduos concretos. Como é observado com razão por K. Pomian, as fontes de Labrousse eram as listas semanais dos preços, ou seja, séries levantadas nos mercados, portanto, médias, e não o preço concreto pago por determinado comprador ou exigido por determinado agricultor ou cobrador do dízimo que, no entender de H. Hauser, era "o verdadeiro preço" (POMIAN, 1984, p. 77-78).[142] À semelhança dos suicídios de Durkheim, os preços de Labrousse são fatos sociais construídos para possibilitar-lhe, precisamente, a comparação entre os diversos grupos.

Permanecemos, entretanto, no âmbito da história por duas razões. Em primeiro lugar, o questionamento diacrônico continua sendo essencial: o trabalho sobre o tempo é, aqui, fundamental. Em relação ao tempo, Labrousse diferia profundamente de Guizot. Por um lado, ele obedecia a uma periodização econômica e não política. Por outro, tratava-se de um tempo cíclico com vários ritmos: o dos ciclos econômicos encaixados uns nos outros. Além disso, já não era exatamente o tempo do progresso, o da chegada de uma "civilização moderna". Ele não obedecia a uma finalidade externa ao trabalho do historiador: essa temporalidade nada era além de uma organização elaborada *a posteriori* pelos resultados da pesquisa.

Em segundo lugar, essa história continuava explicando os acontecimentos, mas o acontecimento havia mudado de *status*: tornou-se conjuntural. Já não era a ação de determinada personagem, nem o enfrentamento de determinado grupo social, à semelhança do procedimento

---

[141] J.-Y. Grenier e B. Lepetit (1989) enfatizaram esse ponto que, aliás, diz respeito a toda a escola labroussiana. Em sua tese, G. Dupeux calcula uma média variável dos preços, durante períodos de nove anos, justificando sua escolha (por que não sete ou cinco anos?) por ter constatado que eles correspondiam à duração média das flutuações cíclicas. Nada a objetar. Ele prossegue afirmando que o preço cobrado pelos contemporâneos é a média variável dos nove anos precedentes; em seguida, sublinha que, em relação aos preços reais, os valores cobrados estão defasados em nove anos. Como é admirável descobrir, no termo da pesquisa, os postulados formulados à partida! No entanto, em que se baseia a afirmação de que os preços cobrados correspondem à média dos nove anos precedentes? Ver DUPEUX (1962).

[142] No artigo já citado, J.-Y. Grenier e B. Lepetit insistem, igualmente, sobre este ponto: a construção estatística das séries de preços é fundamental no paradigma labroussiano, e encontrou sérias dificuldades para ser aceita pelos historiadores em atividade antes de 1940.

de Guizot que se situava na junção do social com o político. Por sua vez, para Labrousse, o acontecimento tornou-se o acidente que rompia com a continuidade linear das curvas, por exemplo, o pico de alta dos preços em decorrência de uma safra ruim, a reviravolta pela qual uma baixa era seguida por uma alta, ou inversamente. A conjuntura recuperava, de algum modo, a dimensão *événementielle* da história, depois de ter excluído suas dimensões individual e psicológica.

Percebe-se como, nesta história, todos os aspectos estão associados em um duplo sentido. Em primeiro lugar, do ponto de vista do procedimento do historiador, o questionamento é coerente com as fontes privilegiadas e com seu método de tratamento. A explicação baseia-se em uma comparação à potência 2: comparação dos acontecimentos da mesma série entre eles, ao longo das curvas que constroem sua evolução; em seguida, comparação das curvas entre si. Labrousse procedia à comparação entre comparações. O método não era novo: o grande mestre desse procedimento foi F. Simiand, apesar de ter sido utilizado bem antes dele no século XIX por outras pessoas, tais como É. Levasseur. No entanto, sua exímia aplicação por Labrousse acabou fazendo escola. A comparação das curvas, além de plenamente histórica porque a curva é uma evolução no tempo, era plenamente científica porque, perfeitamente objetiva, ela se prestava diretamente ao método comparativo. Por último, é claro que a temporalidade da história labroussiana era totalmente coerente com seu projeto.

No entanto, a coerência encontrava-se, igualmente, na integração dos diversos aspectos da realidade social, cuja história é feita por Labrousse. Apesar de ser, antes de mais nada, uma história econômica e social, ela integrava o político como um efeito, direto ou indireto, do social, como a obra desses atores coletivos animados que constituem os diversos grupos sociais (agricultores, assalariados, pessoas que vivem dos rendimentos de seu capital, etc.). As condutas desses atores viam sua intencionalidade fundada objetivamente em dados que resultavam naturalmente das oscilações econômicas. O político encaixava-se, assim, diretamente no social que, por sua vez, se encaixava no econômico. O resultado era, naturalmente mediante algumas simplificações, uma explicação coerente e global.

Compreende-se, então, o fascínio exercido pelo paradigma labroussiano sobre algumas gerações de estudantes: ele permitia satisfazer, simultaneamente, três exigências intelectuais. Em primeiro lugar, uma exigência de síntese: ele situava a explicação em um nível de generalidade que, por sua vez, instilava o sentimento de dominar o conjunto da evolução social. Em segundo lugar, uma exigência de explicação causal: ele apresentava o desenrolar da história como o resultado inelutável de forças profundas em ação, através de mediações evidentes. De algum modo, ele descrevia a força das coisas, a ação irresistível de grandes movimentos objetivos. Por último, uma exigência científica: ele baseava-se em procedimentos consistentes de administração de provas, eliminando a possibilidade de recusa por dúvida. Tratava-se de uma síntese plenamente explicativa e plenamente científica.

Assim, toda a historiografia francesa do segundo terço do século XX foi dominada pela história social entendida dessa maneira. Com diferenças naturais que se devem tanto à personalidade de seus autores, quanto a seus temas, as teses de P. Goubert, P. Chaunu, F. Braudel, P. Vilar, E. Le Roy Ladurie, G. Dupeux, P. Vigier, A. Daumard, R. Baehrel, R. Trempé, M. Perrot, G. Désert, A. Corbin e muito outros inscrevem-se nesta perspectiva de uma síntese entre o econômico, o social e o político ou o religioso.[143] Todas elas recorrem a séries quantificadas, traduzidas por curvas e gráficos, para objetivar os fatos que elas inventam e escorar seus argumentos. A "nova" história dava seus primeiros passos, enquanto a escola dos *Annales* supervalorizava a quantificação ao apostar nos novos recursos do computador.[144]

# O declínio do paradigma labroussiano

## Paradigma labroussiano e marxismo

O apogeu do paradigma labroussiano coincidiu com um contexto histórico que lhe forneceu toda a sua pertinência[145]: em primeiro lugar, a

[143] Se o leitor vier a perguntar-se sobre a minha posição, relativamente a essa coorte prestigiosa, eu direi que minha tese, *Les Anciens Combattants et la Société française, 1914-1939*, tinha como projeto o estudo de um grupo social que não era uma classe já que permeava o conjunto das classes sociais e se definia por critérios diferentes dos econômicos. Para reconhecer os méritos de Labrousse, não é necessário ter sido seu aluno...

[144] Ver, em particular, sobre esse estado de espírito, dois textos de E. Le Roy Ladurie, em *Le Territoire de l'historien*, I: "La révolution quantitative et les historiens français: bilan d'une génération (1932-1968)", p. 15-22 (artigo publicado em *Le Monde* de 25 de janeiro de 1969); e "Du quantitatif en histoire: la VIe section de l'École pratique des hautes études", p. 23-37 (conferência proferida em Toronto, em dezembro de 1967).

[145] Ao fazer a história do paradigma labroussiano, minha argumentação serve-se de um modelo histórico de explicação do qual seria possível encontrar inúmeros exemplos em qualquer livro de história. A afirmação de que o apogeu desse tipo de história "coincide" com determinado contexto histórico é uma forma de explicá-lo por esse contexto. A noção de *Zusammenhang*, criticada por Simiand, aplica-se neste caso. Além de ser bem perceptível a consistência da explicação – que, sendo necessário, poderia ser escorada por argumentos factuais –, sente-se também sua fragilidade: o que são, afinal, essas "coincidências", esses vínculos afirmados sem terem sido analisados em suas modalidades? Assim, apesar de tudo, se faz história. Jack Hexter (1979, p. 61-145) explicou dessa maneira, com muito talento, o sucesso de Braudel; ver "Fernand Braudel and the Monde Braudellien" (*sic*).

crise da década de 30 que, aparentemente, tinha poupado a economia soviética; em seguida, a Guerra de 1940 que conferiu um considerável prestígio aos vencedores de Stalingrado; por último, a *Libération* que viu a classe operária francesa erigida em classe universal, portadora do futuro da nação, e "seu" Partido Comunista investido, entre os intelectuais, pelo crédito atribuído, de bom grado, ao socialismo "científico" e ao materialismo dialético.

O descrédito do paradigma labroussiano inscreveu-se em uma conjuntura dominada pelo desmoronamento do socialismo real nos países soviéticos. Ele foi acompanhado e precedido de uma crítica implacável do marxismo, tanto mais que este havia assumido, na França, em meados da década de 60, um aspecto dogmático e, ao mesmo tempo, messiânico: o modelo, na área filosófica, era Althusser; e, no domínio político, Mao Tsé-Tung. Ao mostrar que Tocqueville havia discernido, muito melhor que Marx, as grandes tendências históricas da evolução social, R. Aron não tinha sido verdadeiramente entendido (1968); no entanto, ele tinha razão e a elevação do nível de vida da população, em geral, nos países capitalistas acabou por desacreditar os profetas da pauperização, muito antes que estes fossem ridicularizados diante do desmoronamento econômico dos países do Leste Europeu.

Neste novo clima, tudo o que parecia ligado, com ou sem razão, ao marxismo tornou-se obsoleto e alguns intelectuais avançaram tão longe na denúncia dos mais insignificantes traços desse sistema, quanto seus predecessores de 1945-1950 – e, às vezes, eles próprios – haviam promovido exageradamente seu culto. O descrédito atingiu tal grau que levou a uma verdadeira execração dos conceitos que, eventualmente, tivessem estado associados ao marxismo. Ocorre que alguns historiadores – apesar de experientes, em princípio – cederam a essa corrente. Deste modo, a história se privou de conceitos, tais como "classe" e "luta de classes", que não são marxistas e haviam sido utilizados pelos historiadores de outrora, até mesmo, conservadores, a exemplo de Guizot.

---

**37. – Karl Marx: Não inventei as classes, nem a luta de classes**
No que me diz respeito, não me cabe o mérito de ter descoberto a existência das classes na sociedade moderna, nem a luta entre elas. Muito antes de mim, os historiadores burgueses haviam apresentado o desenvolvimento histórico dessa luta, enquanto os economistas burgueses tinham abordado a anatomia econômica dessas classes. O que fiz, de novo, consiste na seguinte demonstração: 1º a existência das classes está vinculada apenas a algumas lutas bem definidas, históricas,

> associadas ao desenvolvimento da produção; 2º a luta de classes conduz necessariamente à ditadura do proletariado; 3º essa mesma ditadura constitui somente o período de transição para a supressão de todas as classes e, por conseguinte, para uma sociedade sem classes. (Marx, carta enviada a Weydemeyer, 5 de março de 1852).

O abandono de conceitos, tais como "classe" e "luta de classes" – que, de acordo com a confissão do próprio Marx, pertenciam à história e economia "burguesas" –, ameaça tornar impossível qualquer história da sociedade. Como, de fato, pensar essa história se a concepção da sociedade deixar de fora a pluralidade de entidades coletivas que, apesar da eventual mudança de sua definição e configuração, são traduzidas bastante bem pela expressão "classe social"? Como alguém pode compreender as "classes sociais" se recusa a levar em consideração as realidades econômicas em que elas se baseiam, mesmo que tenha de utilizar mediações, certamente, menos evidentes que as mediações postuladas por Labrousse? A moda intelectual que, imbuída de certo terrorismo, impõe a crítica atual do marxismo poderia conduzir os historiadores a renunciar a qualquer exposição sintética sobre o conjunto de nossas sociedades.

No entanto, tornou-se também impossível utilizar, de forma ingênua, essas noções ou noções análogas (*burgueses*, *operários*, etc.); mesmo que não sejam marxistas por essência, elas comportam dois riscos importantes, estreitamente convergentes.

O primeiro consiste em coisificar, reificar as classes, transformá-las em realidades por si mesmas. Em Labrousse, assim como nos historiadores dos anos 1950-1960, não havia qualquer dúvida: os grupos sociais existiam e estavam à disposição para servir de categorias de análise.[146] Esse realismo ingênuo foi atacado tanto pelos questionamentos dos sociólogos, quanto dos estatísticos. Por terem dúvidas sobre a realidade da classe operária, os sociólogos começaram a falar de "nova" classe operária e de sua "segmentação";[147] a classe social mais evidente tornava-se problemática. Por sua vez, ao refletirem sobre a história de sua disciplina, os estatísticos fizeram a história das categorias socioprofissionais.[148] Daí em

---

[146] As discussões do Colóquio de 1965, sobre a codificação socioprofissional, revelam a profundidade desse realismo: verificada a existência de grupos, então, as classificações devem adaptar-se a eles. Ver L'*Histoire sociale, sources et méthodes.*

[147] Ver meu artigo "Qu'est-il arrivé à la sociologie du travail française?" (1995, p. 79-95).

[148] Ver A. Desrosières "Éléments pour l'histoire des nomenclatures socioprofessionnelles" (1987, t. I, p. 155-231). O Colóquio de Vaucresson (1976), sobre a história da estatística, no qual esse texto foi apresentado, marca uma data importante na evolução da história social.

diante, impôs-se a ideia de que as classificações não são dados da natureza social, mas os resultados de uma construção, por sua vez, social. Bourdieu e sua escola sublinharam com vigor que as classificações sociais resultaram de lutas históricas das quais elas haviam sido, antes de mais nada, o pretexto.[149] A noção de classe exige, portanto, uma reorganização e uma reconstrução; ela é aceitável ao termo de uma elaboração histórica, não como seu ponto de partida.

O reducionismo constitui o segundo perigo de um uso não crítico dessas noções. Em Labrousse, assim com em Guizot, a luta de classes era a força motriz não só da política, mas da mudança social. Ela respondia a motivações transparentes: os grupos sociais lutavam para melhorar suas condições de vida. No entanto, com Labrousse, ganha-se e perde-se em relação a Guizot: ganha-se uma consideração atenta das realidades econômicas, cujo valor explicativo é evidente, mas apenas mediante uma dupla redução, ou seja, do social ao econômico e do político ao social. Nessa concepção, não há lugar para os processos históricos pelos quais atores, individuais ou coletivos, suscitam uma tomada de consciência, a um só tempo fundada e enviesada, das realidades objetivas, além de contribuírem, deste modo, para constituir grupos conscientes de seus interesses e fronteiras variáveis a fim de separar seus aliados de seus adversários. Ao considerar que os diversos grupos sociais são naturais e evidentes, o realismo impede de ver o processo de sua construção histórica, ao torná-la quase automática. Com certeza, Labrousse não tinha consciência de que suas explicações baseavam-se no postulado de que o aumento da renda implica a satisfação, enquanto sua baixa acarreta o descontentamento dos grupos sociais em questão. Esse postulado – que lhe parecia evidente – é, sem dúvida, consistente e verossímil, mas sua análise atenta reservaria algumas surpresas: as coisas não são assim tão simples. No entanto, essa simplificação não criou obstáculos para a história social labroussiana já que ela permitia-lhe identificar o essencial, ou seja, os conflitos entre os diversos grupos que davam uma visão, ao mesmo tempo, sintética e dinâmica de uma sociedade.

O paradigma labroussiano poderia ter sido corrigido para atenuar seu realismo e seu reducionismo; em vez disso, foi abandonado. Tudo se passou como se o encanto tivesse sido quebrado e esse tipo de história pertencesse, daí em diante, ao passado.

---

[149] Um belo exemplo da construção histórica de uma categoria social, cf. BOLTANSKI (1982).

## Paradigma labroussiano e "nova" história

O paradigma labroussiano apresentava, de fato, os inconvenientes de suas vantagens. Sua força explicativa impunha uma dupla exigência que foi aceita pelos historiadores da época, mas é considerada excessiva por seus sucessores atuais.

Em primeiro lugar, inteiramente empenhada em analisar a força das coisas, essa história deixava pouco lugar à liberdade dos atores; assim, a intervenção dos homens na história era reduzida à insignificância. As inumeráveis ações dos homens comuns são contraditórias entre si e anulam-se sem terem produzido algo de importante.[150] Todo aquele que pretende "fazer história" é, na realidade, vítima de uma ilusão por ser impotente diante das forças profundas; aliás, elas é que decidem. O que acontece *devia* acontecer. Essa insistência sobre o caráter obrigatório e inelutável do que acontece no decorrer da história, esse ponto de vista, de algum modo, *fatalista* – em oposição a Aron e a Weber – não é peculiar de Labrousse, nem dos historiadores influenciados pelo marxismo, mas é recorrente em qualquer história social: o ponto de vista adotado por ela leva-a a valorizar as condições e ignorar as margens de intervenção dos atores. Sobre esse ponto, F. Dosse cita afirmações de Braudel que não suscitam o mínimo equívoco: "Você não consegue lutar contra a maré de equinócio... Não há nada a fazer diante do peso do passado, além de tomar consciência dele", "Assim, diante de um homem, fui sempre tentado a vê-lo confinado em um destino para a construção do qual ele pouco contribui" (DOSSE, 1987, p. 114).[151] Estamos no reino do determinismo e a liberdade dos atores é deixada nas margens destituídas de importância e de significação.

Contra essa história das estruturas sociais, uma nova história voltou a prestigiar uma análise mais concreta.

> Em suas categorias sociais, os homens não são como bolinhas de gude dentro de caixas e [...] aliás, a existência das 'caixas' depende inteiramente

---

[150] Este ponto de vista é formulado, em particular, por F. Engels, em uma carta de 1890 publicada em *Le Devenir social* (março de 1897): "A história faz-se de tal modo que o resultado final é sempre a consequência do conflito de muitas vontades individuais, cada uma das quais deve sua existência a uma infinidade de condições particulares; há, portanto, forças inumeráveis que se entrecruzam, um grupo ilimitado de forças opostas e paralelas, cuja resultante – o acontecimento histórico – pode ser considerado, por sua vez, como o produto de uma força que atua, enquanto um todo, inconscientemente e sem vontade. De fato, o desejo de cada um é contrariado por cada um dos outros; assim, o que acontece é indesejável para todos". Através de todos esses acasos, manifesta-se uma necessidade que, para Engels, é econômica.

[151] Primeira citação: intervenção de F. Braudel no canal TF1, em 22 de agosto de 1984. Segunda citação, em *La Méditerranée* (1976, t. 2, p. 220).

daquela que lhes é conferida pelos homens, em determinado contexto (os indígenas do passado e os historiadores do presente, no caso da disciplina histórica). (LEPETIT, 1995, p. 13)

A história social voltou-se, portanto, para níveis de análise menos amplos, em que a liberdade dos atores reencontra seu lugar; verificou-se uma mudança de escala. Este é o momento da *micro-storia* que, ao proceder ao cruzamento de uma pluralidade de fontes, em um quadro bastante limitado para poder ser perscrutado de forma mais sutil, analisa as práticas sociais, as identidades e as relações, além das trajetórias individuais ou familiares, com tudo o que elas incorporam de representações e de valores.

A reabilitação dos atores poderia ter beneficiado a história política. O paradigma labroussiano não permitia pensar a especificidade do político, nem – de forma mais geral – do cultural: seu reducionismo impedia-o de levar em consideração esse aspecto. Ao reduzir o político ao social e o social ao econômico, ele era incapaz de compreender que, por um lado, economias semelhantes pudessem ser adotadas por sociedades bastante diferentes e, por outro, sociedades semelhantes pudessem adaptar-se a regimes políticos diferentes. No entanto, mesmo que Labrousse, fazendo referência ao marxismo, tivesse aplicado, às vezes, com algum simplismo – em particular, relativamente ao século XIX –, o esquema que faz depender a crise social da crise econômica e a crise política da crise social, sem atribuir importância à influência dos atores, os historiadores de sua escola, até mesmo comunistas, conseguiram permanecer atentos às vicissitudes e especificidades do político; assim, em geral, evitaram infligir-lhe uma violência ideológica. Tendo sido enriquecida, e não tanto distorcida, pela história social labroussiana, a história política não chegou a tirar qualquer benefício de seu declínio.

Os historiadores atuais orientam-se para outros objetos. O paradigma labroussiano se distancia de nosso horizonte sem ter sido verdadeiramente substituído porque nossos contemporâneos já não se interessam pelas questões que ele permitia abordar. Essa evolução dos interesses históricos foi consideravelmente influenciada pela relação da história com as outras ciências sociais.

A escola dos *Annales* havia tirado partido da conjuntura científica das décadas de 30, 40 e 50 para transformar a história em ciência social englobante. A contestação veio não tanto da sociologia, mas sobretudo da etnologia com Lévi-Strauss. Diante desse desafio, Braudel reivindicou para a história o domínio da longa duração e das estruturas; por tratar-se de uma posição forte e dominante, as outras ciências sociais apareciam como ciências do tempo curto, do momento presente. No entanto, a história assenhoreou-se dos objetos dessas ciências para abordá-los à sua maneira; essa contradança acabou desencadeando a fragmentação da história.

Atualmente, é impossível fazer história social sem levar em consideração o universo das práticas sociais concretas e o das representações, criações simbólicas, rituais, costumes e atitudes diante da vida e do mundo, em suma, o universo do que se designou, durante algum tempo, como as "mentalidades", o das culturas e práticas culturais. Certamente, trata-se de realidades coletivas que poderiam ser construídas à maneira de um fato social, desde que tal iniciativa levasse a confrontá-las com outros conjuntos, em vista de uma construção mais ambiciosa. Esses universos perderiam aí seu sabor, sua cor, seu calor humano; além disso, seu funcionamento e sua organização interna correriam o risco de passar despercebidos. Eis por que, na nova história, a descrição antropológica prevalece em relação à explicação, assim como a análise dos funcionamentos em relação à busca e hierarquização das causas. As monografias mudam de *status*: já não se exige que elas sejam representativas, mas que analisem o cerne de um funcionamento social ou individual. Pelo próprio fato de se manterem à distância, elas revelam de algum modo, "em negativo", as normas implícitas de uma sociedade.

Uma visão mais pessimista e mais polêmica faz intervir as solicitações da mídia e o ar do tempo, de acordo com F. Dosse (1987). A história já não pretende fornecer uma explicação global das sociedades e, em vez de acontecimentos, empenha-se em estudar objetos dispersos ao sabor do estado de espírito de cada um, além de estruturas locais, dotadas de sua temporalidade própria, que permitem evadir-se de um presente enfadonho.[152] Assim, o procedimento da escola dos *Annales* e o paradigma labroussiano acabam levando à sua negação dialética.

---

**38. – François Dosse: O novo discurso histórico**
Qual é a situação, hoje em dia, da escola dos Annales? Uma abordagem superficial poderia levar a crer [...] na ausência de relações entre os poderes dominantes, a tecnocracia, a tecnocultura, por um lado, e, por outro, os historiadores atuais confinados em uma história imóvel e longínqua. Nada disso. O novo discurso histórico, como os antigos, adapta-se de forma semelhante ao poder e à ideologia vigente. No

---

[152] "Para mim, a história é, em parte, uma forma de me evadir do século XX; estamos vivendo em uma época bastante sinistra" (LADURIE, *apud* DOSSE, 1987, p. 250).

> nosso mundo moderno, o desejo de mudança está reduzido às margens, ao status de fantasia, de delírio quando a mudança é pensada como qualificativo [sic, em vez de qualitativo] e não mais como simples transformação quantitativa, reprodução do presente. Os Annales de nossos dias apresentam as fases de ruptura, de revoluções, como se tratasse de falsas manobras nas continuidades portadoras de uma evolução linear. Nesse discurso de historiador, a revolução tornou-se mitologia; além disso, aquele que tivesse o desejo de pensar a mudança nada encontrará que valha a pena nos múltiplos – e, no entanto, fecundos – trabalhos da escola dos Annales, como foi reconhecido, aliás, por Jacques Revel. O discurso dos Annales traduz a predominância da mídia, adapta-se a suas normas e apresenta uma história que é essencialmente cultural e etnográfica. Trata-se de uma descrição espetacular da cultura material em uma abordagem neoromântica em que loucos se encontram ao lado de bruxas, em que as margens e a periferia tomaram o lugar do centro, em que uma nova estética oferece o contraponto necessário à tecnocracia circundante e a decisões centralizadas que degradaram o litoral. Essa história integra as fantasias e os recalcamentos para realizar um consenso em torno de nossa modernidade; além disso, o historiador está incumbido da função de juntar todos esses transgressores para conduzi-los a um universo heterogêneo em que cada um ocupa seu lugar no mesmo conjunto social sem contradições. (DOSSE, 1987, p. 255)

A decepção relativamente aos paradigmas globais, marxista ou estruturalista, apropriado ao luto pela perda das grandes esperanças coletivas e ao individualismo do final do século XX, implica, também, a renúncia a elaborar um discurso sobre o conjunto da sociedade e sua evolução. Neste sentido, a história social não foi substituída: seu lugar – o da síntese – permanece vago.

## O declínio das entidades coletivas

Em várias oportunidades, na análise que acabamos de fazer relativamente à história social, desde Guizot a Labrousse, assinalamos o recurso à personificação das entidades coletivas. Como constrói fatos sociais coletivos, de alguma forma, abstratos, explicáveis segundo a ordem das regularidades constatadas, ela procura permanecer compreensível segundo a ordem dos móbiles e das motivações, aplicando as mesmas intenções, afeição e psicologia tanto aos atores coletivos, quanto aos indivíduos. Ela cria, de algum modo, indivíduos coletivos: a classe "pensa", "deseja", "detesta", "tem necessidade de", "sente". Para os linguistas, ela pertence ao conjunto dos seres animados que podem ser sujeitos de verbos de ação, de volição, etc. Aliás, a possibilidade de uma história social, entendida como história de atores coletivos, apoia-se na transferabilidade dos esquemas de explicação, aplicados aos indivíduos, para estes atores.

Vimos mais acima, na sequência de P. Ricœur, como essa transferência dos indivíduos para o grupo podia basear-se na consciência, entre eles, de um "nós" do qual reconhecem fazer parte; no entanto, isso só é válido para grupos e comunidades humanas. Independentemente de sua recusa ou de sua aprovação,[153] é forçoso constatar que a história social deu ainda maior incremento à personalização.

Em Labrousse, a ofensiva vinha do capitalismo. No entanto, para Febvre, o departamento de Franche-Comté já era, "do ponto de vista histórico, uma pessoa coletiva".[154] Em Braudel, as realidades geográficas foram constantemente personificadas: o deserto torna-se um hóspede, as montanhas se transformam em pessoas incômodas, com semblantes carregados e rebarbativos. Ele apaixonou-se pelo Mediterrâneo que é um personagem complexo, fora de série, tendo necessidade de acalmar sua fome. Pelo contrário, o homem é integrado à natureza pelo recurso a metáforas do reino vegetal ou animal: ele cresce como uma planta viva, enxameia como as abelhas quando a colmeia está lotada demais; os pobres são como lagartas ou besouros[155]. Talvez, a reação da nova história teria avançado menos no sentido do individualismo se a desumanização dos atores humanos tivesse sido menos relevante em seus predecessores. De qualquer modo, a personalização de atores, apesar de inanimados, é um dos procedimentos centrais de qualquer história social. Para encenar a representação das estruturas e fazer compreender sua intervenção no desenrolar da história, o historiador personaliza seus objetos.

Quando a personalização incide sobre coletivos humanos (grupo profissional, classe, nação), corre-se sempre o risco, apesar de limitado, de considerar as entidades em questão como "naturais", ao menosprezar o fato de que todas elas são construções humanas e o produto de uma história; à força de falar da burguesia ou da França, o pesquisador esquece de se questionar sobre a evolução de sua constituição como comunidades

---

[153] Alguns aprovam a personalização, enquanto ela é rejeitada por outros, na esteira de Huizinga, tais como P. Burke (1991, p. 235). Como minha perspectiva, aqui, não é normativa, evitarei entrar no debate do que deve ser feito nessa área; limito-me a constatar que os historiadores das estruturas servem-se da personalização metafórica.

[154] Prefácio de sua tese, *Philippe II et la Franche-Comté*, citado por O. Dumoulin (1994, p. 88).

[155] Para essa análise, consultei o estudo de P.-A. Rosenthal (1991, p. 109-126).

na própria representação de seus membros. A classe objetivada dissimu-la a classe subjetiva ou vivida, assim como os meios de sua tomada de consciência.

Quando a personalização diz respeito às realidades materiais – por exemplo, geográficas – ou sobre instituições ou rituais, políticas, práticas sociais (a festa, a escola, etc.), ela não é mais do que uma metáfora, ou seja, uma figura de estilo. Apesar de se tornar mais viva, será que a história é mais exata? Seignobos e a escola metódica condenavam absolutamente as metáforas "que ofuscavam sem esclarecer"; sua rejeição da história como literatura passava pela recusa dos procedimentos literários. O preço a pagar, por essa rejeição, refletiu-se em uma escrita, inevitavelmente, um tanto monótona.

Os historiadores que o contestaram em nome, a um só tempo, da ciência social objetiva e da vida – basta pensar nos textos de Febvre citados mais acima – resolveram o problema ao vivificarem as entidades sociais, mediante as metáforas. Febvre, Bloch, Labrousse, Braudel eram, na verdade, grandes escritores. Nem por isso, deixamos de abordar, aqui, um outro aspecto da história: além de ser constituída por fatos, questões, documentos, temporalidades, conceitualização, compreensão, busca das causas e exploração das estruturas, ela organiza-se como enredo e escreve-se com frases, compostas por palavras. Toda a história apresenta uma dimensão literária, ou linguística – digamos, retórica e associada à linguagem; resta-nos, agora, aprofundar essa vertente.

CAPÍTULO XI

# Criação de enredos[156] e narratividade

Reconhecer, de acordo com nossa demonstração, que a história inteira depende do raciocínio natural vai implicar determinadas consequências.

Por um lado, tal postura justifica nossa recusa de qualquer tipo de exclusão. Desde o começo, decidimos considerar como história todas as produções intelectuais reconhecidas, do ponto de vista histórico, sob esse termo; como temos pouco gosto pelos manifestos e, menos ainda, pelos requisitórios, escolhemos uma perspectiva analítica e não normativa. Essa posição está, agora, fundamentada do ponto de vista lógico. De fato, existe realmente um método crítico para estabelecer, a partir das fontes, respostas confiáveis para as perguntas formuladas pelos historiadores; aliás, esse método é aplicado por todo o mundo. Em compensação, não conseguimos identificar um método histórico, cuja observância viesse a garantir a história perfeita.

Por outro lado, essa constatação volta a chamar a atenção para a análise. Apesar de depender do raciocínio natural, a história não é a única disciplina nessa situação: a sociologia e a antropologia utilizam os mesmos conceitos tipos ideais e a mesma busca de causas e coerências. Melhor ainda, os jornalistas e os frequentadores de botequim praticam o mesmo tipo de argumentação. Onde está, portanto, a diferença? Ela existe, de fato, porque o livro de história é imediatamente reconhecível.

Pode-se formular, de outra maneira, tanto a constatação, quanto a questão. A constatação: apesar de suas diferenças, os métodos adotados podem levar à elaboração de grandes livros de história, obras repletas de sentido, que nos fornecem esclarecimentos e nos dão plena satisfação desde

---

[156] *Emplotment*, na literatura norte-americana.

o momento em que aceitamos seu tema. Haverá algo de mais heterogêneo, para citar publicações quase contemporâneas, que os últimos livros de
Jean-Baptiste Duroselle – *La Décadence: 1932-1939* e *L'Abîme: 1939-1945*
(Paris, Impr. nationale, 1979 e 1982, respectivamente) – e a obra, *Civilisation matérielle, Économie et Capitalisme XV*ᵉ*-XVIII*ᵉ (Paris, Armand Colin,
1979, 3 v.) de F. Braudel, ou seja, a história diplomática de curta duração
e uma história das estruturas durante três alentados séculos? E, no entanto,
essas obras possuem uma consistência semelhante. Se julgarmos a árvore
por seus frutos, temos de declarar que, apesar de suas grandes diferenças,
elas são válida e plenamente históricas; aliás, o leitor não se equivoca ao
reconhecê-las imediatamente como tais. Daí, a questão: o que existe de
comum para designá-las, de forma tão evidente, como históricas?

Para responder a essa questão, vamos mudar de perspectiva: deixa-
remos de acompanhar o historiador no decorrer de sua pesquisa para
verificarmos como ele constrói seus fatos e suas interpretações. Esse
procedimento analítico tinha o seu interesse, mas nos forneceu o que
dele podíamos esperar; de resto, e precisamente porque estamos em um
universo histórico em que os fatos são indissociáveis de seus contextos,
ele não permite compreender o cerne do que é fazer história.

## Do todo às partes

A história, efetivamente, não procede das partes até o todo: ela não se
constrói pela reunião dos elementos, chamados fatos, a serem explicados
em uma fase subsequente, a exemplo do pedreiro que constrói um muro
com tijolos; tampouco, ela articula explicações à semelhança das pérolas
enfiadas em um colar. Os fatos e as explicações nunca são dados ao historiador, isolados, separados, como se tratasse de átomos. A matéria histórica
nunca se apresenta como uma sequência de pedrinhas distintas, mas antes
como uma espécie de massa, de matéria heterogênea e, à partida, confusa. Nada de surpreendente se, ao fazer história, os especialistas da lógica
fracassam quando se limitam a articular logicamente causas e efeitos, em
sentido estrito: eles se questionam sobre a existência de uma relação de
causalidade entre coisas que não existem, pelo menos não como átomos
individualizáveis.

A questão de Weber a respeito do papel de Bismarck no desencadeamento da Guerra de 1866 nunca chegou a ser formulada, sob essa forma,
por um historiador; ela havia sido encontrada em diferentes gêneros de
apresentação, cursos e livros que incidiam, por exemplo, sobre "a unidade alemã" ou sobre "as relações internacionais" ou, ainda, sobre "a vida

política na Europa, no século XIX". Se existe pertinência na argumentação de Weber e de Aron sobre esse exemplo, ela deve-se ao fato de ter levado em consideração, em torno dos dois "fatos" inter-relacionados, a rede ramificada das hipóteses alternativas e das evoluções irreais que o historiador constrói para ponderar essa causa *entre* outras; de qualquer modo, como ocorre com todos os exemplos, este é, também, artificial.

A metáfora do artesanato encontra, aqui, seu sentido: diferentemente da indústria, em que as peças são padronizadas, o artesão nunca concebe uma peça independentemente de um conjunto.[157] Na sua mesa de trabalho, o historiador comporta-se como o marceneiro que nunca vai juntar dois pedaços quaisquer de madeira: ao construir um móvel, ele escolhe um pedaço com entalhes para as gavetas e um outro pedaço com pino para o forro. O todo orienta as partes. Para compreender o procedimento do historiador, vamos partir, daqui em diante, do todo para chegar às partes. O mesmo é dizer que vamos basear-nos em obras acabadas, considerá-las como textos completos e, em primeiro lugar, nos questionar sobre sua composição e, em seguida, sobre sua escrita.

## Narrativas, quadros, comentários

Verifiquemos a seção de história de uma livraria: a diversidade de livros aí justapostos é impressionante. Para colocar um pouco de ordem nesse conjunto heteróclito, partiremos de critérios externos, tais como os títulos ou os sumários, que permitem distinguir três tipos de obras: narrativas, quadros e comentários.

As narrativas têm a característica de descrever um percurso no tempo; seu plano, para não falar de seu título é, principalmente, cronológico. No mínimo, partem de um primeiro elemento para chegarem a um segundo elemento mais tardio e explicam como se fez a passagem do primeiro para o segundo; por outras palavras, é necessário e basta, para haver uma narrativa, que haja dois acontecimentos, ou situações, por ordem no tempo. Em nosso entender,[158] esses traços formais são suficientes para definir a narrativa.

De fato, ela pode abranger períodos de tempo bastante diferentes. A coleção "Trente journées qui ont fait la France"[159] tinha o objetivo de apresentar relatos limitados a um dia, mas a narrativa pode comportar

---

[157] Eis o que, no âmbito da história, mostra os limites do trabalho de equipe.

[158] Esta análise baseia-se, em grande parte, em P. Carrard (1992). No capítulo seguinte, veremos o que se pode dizer da oposição clássica entre narrativa e discurso.

[159] Literalmente, "Os trinta dias que fizeram a França". (N.T.).

períodos muito mais prolongados: um reinado, um século ou vários – às vezes, milênios –, a exemplo das histórias da França, desde as origens até nossos dias, publicadas com certa regularidade. A narrativa implica uma dimensão cronológica, mas adapta-se a qualquer cronologia.

Do mesmo modo, a narrativa pode referir-se a qualquer objeto histórico. Aqui, convém dissipar a confusão frequente entre narrativa e história *événementielle* ou política. Neste sentido, existe certo abuso em falar de "retorno à narrativa" (STONE, 1980): esta nunca desapareceu e o próprio Braudel que, naturalmente, identificava a história-narrativa com a história factual, votada por ele à execração pública, forjou a expressão "relato da conjuntura"[160] para designar as narrativas de seu agrado. À semelhança da história das práticas culturais ou das representações, a história econômica pode fazer apelo à narrativa, assim como a história política; em seu texto, *Le Désir de rivage*, por exemplo, A. Corbin (1988) analisa como uma representação do litoral tomou o lugar de uma representação anterior e a significação dessa mudança. Estamos, incontestavelmente, na ordem da narrativa. Inversamente, como veremos, o retorno de alguns historiadores a assuntos aparentemente *événementiels*, a exemplo de G. Duby com seu livro *Le Dimanche de Bouvines*, não é uma indicação de que eles se interessem pelo relato desses temas.

Por último, a narrativa não é necessariamente linear; haveria certo abuso em restringir o gênero aos textos que respeitam uma estrita ordem cronológica. Por um lado, esse respeito é, em geral, impossível, inclusive, na mais tradicional história *événementielle* e política. Imaginemos, por exemplo, um relato dos acontecimentos de 13 de maio de 1958[161]: se o narrador pretender ser claro, evitará o vaivém incessante de Paris para Argel e inversamente, mas, no interior de um quadro globalmente cronológico, delineará sucessivamente os episódios argelinos e os episódios parisienses concomitantes que se tornariam incompreensíveis se tivessem sido apresentados, em ordem cronológica, imbricados uns nos outros. Por outro lado, a narrativa adapta-se a múltiplos procedimentos literários que tornam a exposição mais viva e, às vezes, mais significativa.

---

[160] No original, "récitatif de la conjoncture"; assinale-se que o termo "récit" foi traduzido por "narrativa" e, eventualmente, "relato". (N.T.).

[161] Manifestação favorável à "Argélia Francesa" e contra os nacionalistas argelinos que, a partir de 1954, desencadearam uma guerra contra a França que ocupava seu território, desde 1830; os "Acordos de Évian", em março de 1962, puseram termo ao conflito e previam um plebiscito (1º de julho), cujo resultado sacramentou a independência da Argélia. (N.T.).

A narrativa presta-se à explicação das mudanças ("qual a razão dessa ocorrência?"), implicando naturalmente uma busca das causas e das intenções; no entanto, não é única forma de exposição histórica. Outros livros apresentam descrições situadas no tempo e no espaço; por convenção, vou designá-los como quadros.

O quadro é o modo de exposição histórica que identifica as coerências, o *Zusammenhang*, e responde à seguinte questão: "Como eram as coisas?" Ele está situado, naturalmente, no tempo que, às vezes, é bastante longo: a história imóvel permite a elaboração de quadros plurisseculares. Em vez de estar centrado na mudança, o quadro focaliza as particularidades de seu objeto e aquilo que garante sua unidade; liga, entre si, uma pluralidade de fatos contemporâneos e, assim, constrói uma totalidade, um conjunto em que as coisas "encontram-se em dependência recíproca", "conseguem harmonizar-se".

No mesmo plano da narrativa, o quadro não está associado, necessariamente, a um tipo de objeto histórico. Naturalmente, ele presta-se à apresentação de determinada sociedade ou de um grupo social preciso em determinado momento da história: por exemplo, o livro de M. Bloch, *La Société féodale*. No entanto, a história cultural exige, às vezes, quadros: a obra de L. Febvre, *Rabelais*, não é uma narrativa, ou seja, uma biografia do herói, desde seu nascimento até sua morte, mas um quadro da "utensilagem mental" do século XVI.

É possível elaborar quadros sobre acontecimentos e, até mesmo, dos mais ricos em eventos, como as batalhas. Tudo depende da questão privilegiada: no livro *Le Dimanche de Bouvines* (1973),[162] G. Duby faz a narração da batalha apenas na sua primeira parte. A segunda, e mais longa, serve-se desse combate como ponto de entrada para formular questões que escapam à narrativa: o que era a guerra, as batalhas, a paz no início do século XIII? Assim, a batalha é, de algum modo, "desnarrativizada";[163] o quadro prevalece em relação à narrativa.

O comentário é mais raro: ele aborda seu tema a partir das interpretações propostas pelos historiadores ou pelos contemporâneos. Trata-se

---

[162] Literalmente, *O Domingo de Bouvines: 27 de julho de 1214*. Nesse dia, na planície de Bouvines, o rei francês, Filipe Augusto enfrentou, a contragosto, e derrotou o conde de Flandres e o conde de Boulogne, apoiados pelo imperador germânico, Oton IV; essa vitória estabeleceu a superioridade da realeza sobre os vassalos e consolidou, definitivamente, a monarquia francesa. (N.T.).

[163] Este exemplo é importante por ter sido apresentado, precisamente, por L. Stone como prova de sua tese sobre o retorno à narrativa. Por sua vez, P. Carrard (1992, p. 64-65) tem toda a razão em sua análise.

de um ensaio sobre outros textos, considerados em seus contextos; neste caso, o exemplo poderia ser o livro de François Furet, *Penser la Révolution française*, ou o programa televisivo de M. Ferro, *Histoire parallèle*, que mostra episódios da guerra tal como haviam sido apresentados, na época, pelas atualidades cinematográficas dos diversos beligerantes. Por ser um gênero histórico ainda pouco frequente, não vamos aprofundar sua análise.

Naturalmente, as narrativas comportam quadros e, por sua vez, os quadros dispõem de relatos. No miolo de *Le Dimanche de Bouvines*, encontrar-se-á uma narração da batalha, assim como outras sequências de eventos. Do mesmo modo, no livro *La Société féodale*, um grande número de narrativas explicam como se processou a instalação dos principais elementos da estrutura: as técnicas militares da lança ou o ritual do juramento de fidelidade. Inversamente, as narrativas incorporam sequências descritivas e estruturais; algumas expõem, até mesmo, a evolução de estruturas ou de configurações coerentes, aspecto pelo qual devem começar sua descrição. De forma mais profunda, a explicação causal da narrativa faz apelo a regularidades que dependem de estruturas, ao passo que a descrição das estruturas recorre a personalizações que as transformam em atores de narrativas de um outro tipo; as duas categorias distinguem-se sem se excluírem.

Tal procedimento permite compreender a existência de formas mistas, mais complexas. A primeira dessas formas justapõe partes do quadro com partes da narrativa. A tese labroussiana começava, em geral, por uma ou duas partes dedicadas às estruturas geográficas, demográficas e econômicas: tratava-se de um quadro. Em seguida, ela procedia à análise da conjuntura econômica e, posteriormente, à vida política; neste caso, prevalece a narrativa.[164]

A segunda forma complexa é a narrativa por cenários sucessivos, por etapas.[165] Um bom exemplo é o livro de Philippe Ariès, *La Mort en Occident* (1975), que se articula em torno de quatro capítulos sucessivos, cada um dos quais é dedicado à morte em determinada época: "La mort apprivoisée" abrange um longo período, desde a Idade Média até o século XVIII; "La mort de soi" diz respeito à segunda metade da Idade Média; "La mort de toi" começa no século XVIII e dará lugar ao capítulo "La mort interdite". Trata-se exatamente de uma narrativa já que passamos de uma situação para outra; o plano é, aliás, cronológico. Contudo, esta

---

[164] O inverso é possível. Se considero minha própria tese (PROST, 1977), a primeira parte, intitulada "Histoire", é uma narrativa; e as duas partes subsequentes, intituladas "Sociologie" e "Mentalités e idéologies", respectivamente, são quadros.

[165] "Stage narratives", afirma P. Carrard.

narrativa não apresenta acontecimentos e seu ritmo é bastante lento: em cada configuração, as coerências são analisadas; assim, poderíamos dizer que Ariès apresenta uma sucessão de quatro quadros. No entanto, os traços adotados em cada época são pertinentes em relação às configurações precedentes e subsequentes, de tal modo que a análise global da mudança das atitudes, diante da morte, até nosso tempo, orienta e serve de estrutura para a descrição. Neste caso, os quadros são organizados por uma narrativa.

## A história como recorte de um enredo

Independentemente de ser uma narrativa, um quadro ou uma forma mista, a história é um texto acabado, um elemento recortado arbitrariamente no conjunto indefinido do continuum ilimitado da história. Qualquer empreendimento no domínio histórico define-se como algo de concluído.

A história, como dissemos mais acima, começa por uma questão. Não basta mostrar o enraizamento social, científico e pessoal das questões, nem compreender que, para tornar-se histórica, qualquer questão deve ser acompanhada por uma ideia – no mínimo, aproximada – dos documentos que permitirão dar-lhe uma resposta, assim como dos procedimentos a adotar para realizar tal objetivo; é ainda necessário distinguir entre as questões que levam à construção de fatos e aquelas que fazem apelo ao enredo.

De fato, há uma diferença entre questionar-se se, durante a guerra estranha,[166] houve sabotagem nas usinas e sobre a razão do desmoronamento da França em 1940. A primeira questão é imediatamente operatória: tenho uma ideia dos arquivos em que encontrarei a resposta[167] e o problema é puramente factual. Por sua vez, a segunda, muito mais ambiciosa, não é operatória como tal. Para abordá-la, será necessário proceder a uma elaboração complexa que permita a formulação de questões do primeiro tipo: definir os planos sucessivos da análise, assim como as questões subordinadas (a da sabotagem pode ser pertinente); definir um período (vamos recuar até que data?) e um território (que será feito das colônias francesas?). Todo esse trabalho de construção do objeto histórico – que, aliás, se encontra no cerne das discussões entre os orientadores de teses e as pessoas que estão no começo de suas pesquisas – é determinante. A obra histórica constitui-se, em primeiro lugar, pelo recorte de seu objeto.

---

[166] No original, "*la drôle de guerre*": esta expressão refere-se à calma reinante, na frente de batalha, durante o primeiro ano da Segunda Guerra Mundial. (N.T.).

[167] Ela é negativa. Ver CRÉMIEUX-BRILHAC, 1990.

De fato, tudo pode ser objeto de história: objetos materiais, grupos sociais, instituições, símbolos, técnicas, produções agrícolas ou industriais, intercâmbios, territórios, artes, etc. E, propositalmente, não acrescento outros itens: aliás, o mais insignificante catálogo de livraria ou o painel das defesas de tese são inventários mais surrealistas que o próprio Prévert. Assim, temos a alimentação, as doenças, o crescimento, a contracepção, a prostituição, a festa, a família sob suas múltiplas facetas, o folclore, a sociabilidade, a alfabetização, a descristianização, todos esses temas acompanhados sempre por especificações de tempo e de lugar; e, igualmente, os camponeses daqui e os burgueses d'além, as fortunas, as cidades, os operários, as greves, os campanários, a pesca à linha; e, ainda, as técnicas, as ciências, os livros, os jornais, as revistas e as inúmeras formas de arte. Estou pronto a desafiar quem quer que seja a imaginar um tema que não possa ser objeto de história.

Ora, o historiador é incapaz de fazer a história de tudo isso: tem de escolher. Trata-se de uma escolha, em parte, arbitrária porque tudo está incluído no continuum da história, sem que haja começo ou termo absolutos. Mas, escolha inelutável; caso contrário, deixa de haver história.

Esse confinamento e essa organização do texto histórico, em torno da questão que lhe serve de estrutura, são levados em consideração, em uma primeira abordagem, pelo conceito de enredo, pedido de empréstimo a P. Veyne e H. White; aliás, estes autores não lhe atribuem exatamente o mesmo sentido. Deixando de lado, por enquanto, a questão de sua validade em relação aos quadros, vamos utilizá-lo para mostrar como a perspectiva global do livro acabado é o princípio de construção e, ao mesmo tempo, de explicação da história.

## O enredo histórico

### O enredo como configuração

Para um historiador, a definição de um enredo consiste, antes de mais nada, em configurar seu tema; ele nunca o encontra já pronto, tem de construí-lo, modelá-lo por um ato inaugural e constitutivo que pode ser designado como a criação de enredo.

Tal criação começa pelo recorte do objeto, ou seja, a identificação de um início e de um fim. A escolha dos limites cronológicos não é a delimitação de um terreno que deveria ser lavrado, mas a definição da evolução que se pretende explicar e, portanto, da questão a que se deve responder. O recorte do enredo determina já o sentido da história: uma

CRIAÇÃO DE ENREDOS E NARRATIVIDADE

narrativa da Guerra de 1914 com início em 1871 e fim em 1933 não é a história da mesma Guerra se esse relato começar em 1914 para chegar ao termo com os tratados de 1919. Do mesmo modo, se alguém fizer a história do casamento, como instituição, na França do início do século XX até a década de 60 deverá formular a questão da passagem de um casamento sob o controle das famílias (mas, tal controle seria completo e generalizado? E como era feito?) para o casamento por amor; e, se avançar até a década de 90, a pesquisa tornar-se-á a história da crise de uma instituição. O recorte cronológico é, também, um expediente interpretativo: ao decidir a inserção da história da Revolução Francesa em um século mais amplo, de 1770 até 1880, F. Furet (1988) teve o objetivo de propor uma nova visão sobre esse acontecimento.

A criação de enredos incide, também, sobre as personagens e os cenários; implica a escolha dos atores e dos episódios. Qualquer história comporta, implicitamente, uma lista das personagens e uma sequência de cenários. Para citar ainda a Guerra de 1914, não será possível construir o mesmo enredo se for levada em consideração a retaguarda – as mulheres, os idosos, as crianças –, ou se o historiador se limita aos soldados; nem o enredo relativo aos generais corresponde ao dos simples soldados. E a história adquirirá um sentido, em parte, diferente se alguém decide visitar os hospitais e os cemitérios ou se limita às trincheiras e aos ministérios.

A criação de enredos determina, também, o plano em que o historiador se coloca: ele pode adotar um ângulo de visão, mais ou menos próximo, de seu enredo. De qualquer modo, terá de escolher a distância focal e o poder de definição de suas lentes; de fato, toda história pode ser narrada sempre com um número maior ou menor de detalhes. Ela pode ser re-relatada sempre de outro modo; é possível acrescentar-lhe sempre algum dado mais preciso, assim como ampliar ou reduzir o cenário e fazer apelo a atores suplementares. Neste sentido, "o texto narrativo é *intrinsecamente incompleto* já que todas as frases em forma de relato estão sujeitas à revisão por um historiador ulterior".[168] Ou, para retomar a metáfora geográfica de P. Veyne: não basta dizer que o historiador é incapaz de elaborar um mapa completo dos acontecimentos, contentando-se com o esboço de seus itinerários; convém acrescentar que ele escolhe a escala desse mapa.

A construção do enredo é o ato fundador pelo qual o historiador recorta um objeto particular na ilimitada trama de acontecimentos da

---

[168] Ver DANTO, resumido por RICŒUR (1983, v. I, p. 254).

história. No entanto, essa escolha implica ainda outro aspecto: ela constitui os fatos como tais.

O fato isolado só existe como objeto de estudo; ao mesmo tempo, ele é construído como fato particular, sob um aspecto particular. O acontecimento não é um lugar que se visita, mas encontra-se na encruzilhada de vários itinerários possíveis; por isso mesmo, pode ser abordado sob diversos aspectos que lhe conferem uma importância variável. O valor, significação e importância de um fato dependem do enredo de que ele é parte integrante. O exemplo citado por P. Veyne é a Guerra de 1914: se faço o recorte de uma história militar da guerra, a campanha de Verdun é certamente um acontecimento capital, mas está incluído na série de batalhas travadas na região de Marne, Champagne em 1915 e Somme, incluindo o episódio de *Chemin des Dames*, além de testemunhar os impasses de uma estratégia; nessa história, a gripe espanhola é uma peripécia marginal. Pelo contrário, em uma história demográfica da guerra, essa epidemia tornar-se-ia um fato importante; neste caso, seria formulada a questão de seus vínculos exatos com a guerra e, assim, a referência a Verdun limitar-se-ia a suas perdas que, globalmente, foram menores que as de Charleroi e da região de Marne. Em uma história social e política da guerra, a campanha de Verdun – cujos combates estenderam-se de fevereiro a dezembro de 1916 – ocuparia, em compensação, o primeiro plano: o valor simbólico associado, imediatamente, a essa cidade, cuja defesa na margem direita do rio Meuse foi imposta aos militares pelos políticos, a relevância dessa batalha na opinião pública, o sistema de transporte que conduziu para essa frente de combate, sucessivamente, todos os regimentos do exército francês de modo que foi a batalha travada pelo maior número de combatentes, conferem a este acontecimento uma importância decisiva. A seleção do fato, sua construção, os aspectos selecionados e o valor que lhes é atribuído, dependem do enredo escolhido. O acontecimento, afirma P. Ricœur, é uma variável do enredo.

A criação de enredos configura, portanto, a obra histórica e, inclusive, determina sua organização interna. Os elementos adotados são integrados em um cenário, através de uma série de episódios ou de sequências meticulosamente ordenados. A disposição cronológica é a mais simples, sem implicar qualquer tipo de imposição. Ela pode se complexificar pelo recurso ao *flashback* ou servir-se da pluralidade dos tempos e proceder a uma investigação sucessiva dos diversos aspectos reunidos por seu intermédio ou, ainda, utilizar uma panorâmica que apreende sucessivamente a diversidade de atores e cenários. Uma história da Guerra de 1914 pode muitíssimo bem, por exemplo, abordar sucessivamente os exércitos e a retaguarda, ponderar as forças de cada beligerante, as concepções estratégicas, o moral dos combatentes franceses e, em seguida, interessar-se pela economia da guerra, pelo reabastecimento, pelas famílias, pela cultura em tempo de guerra. Em determinado momento, ela deverá encontrar o ponto de conexão e mostrar a convergência ou os conflitos entre esses diversos elementos e relacioná-los com as peripécias da política interna, da diplomacia e do desfecho das batalhas. De qualquer modo, tal procedimento não deixa de ser um cenário e um enredo, entre outros possíveis.

## O enredo e a explicação em forma de relato

Na definição da obra histórica como enredo, a configuração implica a explicação. Neste ponto, devemos estabelecer a distinção entre narrativas e quadros.

No caso das narrativas, é claro que a história é um enredo no sentido literário do termo: o dos romances, peças de teatro e filmes. Neste aspecto, podemos acompanhar P. Veyne que, preocupado em rejeitar o cientificismo quantitativo, defende que a história é uma narrativa de acontecimentos verdadeiros.

---

**39. – Paul Veyne: A história é uma narrativa de acontecimentos verdadeiros**

A história é narrativa de acontecimentos: o resto é uma consequência disso. Por ser, de saída, uma narrativa, ela não leva a reviver as situações, aliás, o mesmo ocorre com o romance; a experiência vivida tal como surge das mãos do historiador não é a dos atores; trata-se de uma narração, o que permite eliminar falsos problemas. A exemplo do romance, a história procede a uma escolha, simplifica, organiza, resume um século em uma página e essa síntese da narrativa é tão espontânea quanto a de nossa memória quando evocamos os anos que acabamos de viver [...]

Um acontecimento se destaca em um fundo de uniformidade; é uma diferença, algo que não poderíamos conhecer a priori: a história é filha da memória. Os homens nascem, alimentam-se e morrem, mas somente a história pode nos informar a respeito de suas guerras e de seus impérios; eles são cruéis e banais, nem totalmente bons, nem totalmente malvados, mas a história nos dirá se, em determinada época, eles preferiram ter maior lucro durante um período mais dilatado a se aposentarem depois de terem feito fortuna e como percebiam e classificavam as cores. [...] A história é composta por fatos curiosos, suscita o interesse por seu modo de narrar, a exemplo do romance,

> mas distingue-se dele em um ponto essencial. Suponhamos que alguém me relata uma revolta e eu saiba que essa pessoa pretende desse modo fazer história e que essa revolta tenha ocorrido realmente; irei focalizá-la como se tivesse acontecido em determinado momento, em determinada população; vou considerar como heroína essa nação antiga que me era desconhecida, há um minuto, e ela tornar-se-á para mim o centro da narrativa ou, melhor ainda, seu suporte indispensável. Assim procede também qualquer leitor de romance. Salvo que, neste ponto, o romance é verdadeiro, dispensando-o de ser cativante: por sua vez, a história da revolta pode, eventualmente, ser enfadonha sem se desvalorizar. (VEYNE, 1971, p. 14-15 e 22)

A história faz um relato e, ao narrar, é que fornece a explicação. Voltemos ao exemplo do acidente de trânsito e da testemunha que, diante do policial, afirma o seguinte: "Vou explicar-lhe..." Como se procede na vida cotidiana quando se pretende "explicar"? Faz-se um relato. Afirmar que o relato é explicativo não passa de um pleonasmo. É possível proceder à dissociação entre a narrativa, por um lado, e, por outro, o aparato documental em que ela se baseia e as provas que apresenta; no entanto, é impossível isolar o vínculo explicativo que ela estabelece entre os acontecimentos e que a constitui precisamente como narrativa que é diferente de uma lista de fatos, inclusive, se apresentada em ordem cronológica. Narrar é explicar. "Existe coincidência entre explicar a razão da ocorrência de alguma coisa e descrever o que aconteceu. Uma narrativa incapaz de explicar não merece tal denominação; aquela que explica é que uma narrativa pura e simples" (RICOEUR, 1984, p. 264). Eis, aliás, o que aprendi de meus mestres: Guy-P. Palmade – que preparou um grande número de gerações de estudantes da ENS para a *agrégation* – não aceitava que eles estabelecessem uma separação entre a exposição dos fatos e sua explicação; ao fazer história, afirmava ele, a explicação deve surgir da própria exposição dos fatos.

Se a explicação se ajusta à narrativa é porque ela se encontra nos próprios fatos que, por sua vez, são apresentados por sua explicação. Eis o que afirma P. Veyne (1971, p. 45) com toda a clareza: "Os fatos têm uma organização natural que, ao escolher seu tema, o historiador encontra já pronta e é imutável: o esforço do trabalho histórico consiste justamente em encontrar essa organização."

Essa explicação em forma de relato mantém-se no plano do bom senso. Eis o que P. Veyne afirma de forma bem humorada:

CRIAÇÃO DE ENREDOS E NARRATIVIDADE

> [...] o rei declarou guerra e foi vencido; de fato, são coisas que acontecem. Levemos a explicação mais adiante: por amor à glória, o que é muito natural, o rei declarou guerra e foi vencido por causa da inferioridade numérica de seu exército; de fato, salvo exceção, é normal que pequenos batalhões sejam derrotados pelos grandes. A história nunca fica acima desse nível de explicação bastante simples; ela permanece, fundamentalmente, uma narrativa e o que se designa como explicação nada é além da maneira como a narrativa se organiza em um enredo compreensível. (1971, p. 111)

Neste trecho, encontramos o que já havíamos afirmado sobre a continuidade entre os esquemas explicativos utilizados na vida cotidiana e os da história, ou sobre o raciocínio natural. Entre a narrativa das ações que vivenciamos e a da história, a continuidade é evidente; do ponto de vista linguístico, por exemplo, essas duas narrativas se destacam pela importância que atribuem aos verbos de projeto e de ação.

No entanto, a narração distingue-se da narrativa contemporânea da ação por três características. Em primeiro lugar, o narrador não é o ator, nem o espectador imediato da ação; ele aparece depois da ocorrência e já conhece o desfecho. Em vez de descrever a ação como o cronista radiofônico comenta uma competição esportiva, ele faz seu relato porque está separado dela por um intervalo de tempo inscrito na própria trama dos enunciados. Ou seja, por exemplo, a frase em forma de relato: "Em 1717, nasceu o autor de *Le Neveu de Rameau*" (DANTO, 1965, p. 18). Três proposições temporais estão implicadas neste enunciado. Em primeiro lugar, menciona-se o ano de 1717, mas ainda não se sabe que, um dia, o recém-nascido escreverá um livro. Ao afirmar "o autor de...", o narrador certifica seu conhecimento da história ulterior e focaliza uma segunda posição temporal. No entanto, para saber que este livro é tão importante que a data de nascimento do autor merece ser mencionada, é necessário ter chegado bem depois de sua publicação: terceira posição temporal. A temporalidade dos enunciados narrativos acaba por separá-los nitidamente da descrição das ações.

Segunda característica: a narração implica o conhecimento prévio do desenrolar e do desfecho do enredo, cuja revelação não é feita progressivamente. Deste modo, ela fica atenta às diferenças entre os projetos e os resultados (explicação pelas causas e pelas intenções), ou entre a situação observada e aquela que é previsível a partir das regularidades (forças e limites das estruturas): o acontecido é, ou não, o que havia sido previsto ou era previsível. Para P. Veyne, a história é conhecimento do "específico", ou seja, não daquilo que ocorre apenas uma vez, do acontecimento ou do indivíduo em sua unicidade, mas daquilo que os torna inteligíveis e lhes fornece sentido e interesse para o historiador. Pelo fato mesmo de serem repetitivas, as crises decorrentes da irregular distribuição de trigo no Antigo Regime são significativas; outros falarão da história como conhecimento das diferenças. No entanto, P.Veyne tem razão ao fazer tal observação. Aliás, a expressão mais característica da atitude do historiador é precisamente afirmar: "Isso é interessante".

Daí resulta a terceira característica: a descrição em forma de relato é construída como uma argumentação. Pelo fato de que, diferentemente do ator, o narrador conhece as peripécias e o desfecho, prestando maior atenção aos efeitos designados pelos sociólogos como "perversos", ou seja, aos efeitos que não haviam sido desejados, nem mesmo previstos pelos atores – e a história está repleta de tais situações... –, ele conduz sua narrativa segundo um ritmo irregular, a exemplo do guia que leva turistas a visitar uma cidade. Em relação a determinado período, ele avança rapidamente e resume, em uma página, um século ou um ano – tudo depende da escala adotada – porque nada ocorre de interessante: tudo se desenrola como previsto... Em outras ocasiões, pelo contrário, ele explora os detalhes porque o acontecimento parece ser desconcertante e exige explicações ou, ainda, porque ele rejeita a interpretação fornecida ao episódio por um historiador precedente. Além de elipses, a narração comporta imagens fixas em grande plano.

Assim, a narrativa é constituída por unidades diferentes em ritmo e em escala; ela articula constatações de regularidades e sequências factuais, assim como elementos de prova de toda a espécie a serviço de uma argumentação. O narrador interrompe o fio da narrativa para fornecer explicações; pode, então, sublinhar as regularidades em que se apoia, recapitular as causas e as condições que acaba de analisar para hierarquizá-las, além de se dedicar a uma comparação diacrônica e evocar o direito chinês para esclarecer um aspecto do direito romano. Enquanto argumentação, a narração emprega todos os meios, com a condição de que a ajudem a alcançar seu objetivo.

Aqui, convém estabelecer a distinção entre o argumento e sua prova. A explicação histórica implica provas que não se confundem com os argumentos aos quais elas servem de suporte. Eis o que é ilustrado perfeitamente por alguns advogados que, ao prepararem a defesa de seus processos, criam uma pasta por argumento, a fim de arquivarem os elementos – artigos de lei, depoimentos de testemunhas, fatos materiais confirmados – que invocarão para consolidar seu argumento.

A distinção é importante: ela implica que a natureza da prova não determina logicamente a da explicação histórica. A quantificação e a estatística, por exemplo, constituem um dispositivo de prova mais consistente, mas que não modifica a natureza – histórica – da argumentação.

## A explicação em forma de relato e os quadros

O que acaba de ser afirmado acerca do enredo é também válido para as narrativas. Será possível aplicá-lo aos quadros? Será que se pode falar de enredo quando, em decorrência de uma questão, o autor delimita um campo de investigação, organiza seus centros de interesse e explica como existe "dependência recíproca" entre os diferentes elementos de seu objeto de estudo"?

Para mostrar que toda história comporta uma dimensão em forma de relato, P. Ricœur cita o exemplo de *La Méditerranée* "quase" imóvel de Braudel: na realidade, esse espaço não estava fora do tempo e sua transformação, apesar de imperceptível, acontecia de forma inexorável; ele era permeado por confrontos e mudanças. De fato, o livro apresenta três enredos imbricados em um enredo maior: assim, o enredo político não está confinado na terceira parte; nem um quase enredo da conjuntura, na segunda parte; tampouco, um quadro estático, na primeira parte. Por um lado, o mar interno – percorrido por navios fabricados com técnicas comprovadas, dotado de portos que acolhem as caravanas e os comboios de mercadorias – era um espaço trabalhado, esquadrinhado, investido por homens, de algum modo, um espaço vivo em que, incessantemente, "se passavam" coisas e, como tal, induzia a uma narração. Por outro lado, os três níveis do livro compõem, em sua imbricação, o grande enredo do declínio do Mediterrâneo como teatro privilegiado da história mundial: ele é o herói da história. Como desfecho, é evocado o confronto entre os dois grandes impérios – o otomano e o espanhol – que compartilhavam esse espaço, assim como a transferência dos centros econômicos e políticos para o Atlântico e para a Europa do Norte. Tal desenlace seria totalmente incompreensível sem a integração das três partes do livro entre si e no interior desse grande enredo.

A conclusão epistemológica está, então, fundamentada; como o objeto construído pelo historiador é dinâmico, existe um enredo – inclusive, cronológico – no próprio âmago da descrição de uma estrutura. A história se faz em forma de relato por incluir sempre mudanças.

Esse argumento deixa, no entanto, fora do enredo o que caracteriza o quadro como tal: seu aspecto sincrônico, o que designamos pelo termo

*Zusammenhang*. Correndo o risco de debilitar a noção de narratividade e reduzi-la às múltiplas temporalidades incluídas em seus próprios enunciados ("Em 1717, nasceu o autor de *Le Neveu de Rameau*"), pode-se falar de narratividade na explicação das estruturas: descrever uma coerência ou analisar uma estrutura supõe um enredo. No cinema, além dos filmes, os documentários constroem-se em torno de um enredo.

Dois argumentos militam nesse sentido. O primeiro refere-se ao fato de que a explicação diacrônica e a explicação sincrônica pertencem ao mesmo espaço do raciocínio natural. Para fazer compreender a explicação causal, havíamos citado o exemplo do acidente de trânsito; por sua vez, para explicar a estrutura concreta, em seu contexto, utilizarei o exemplo de uma família, digamos, numerosa, "explicada" ao amigo que vem passar alguns dias em seu seio. Para levá-lo a compreender "quem é quem", será necessário fazer a descrição dos tios, sobrinhos, aliados, estruturas de parentesco ou de aliança, assim como as múltiplas características de cada um deles: ofício, sucessos e desditas, etc. O objetivo consiste em permitir-lhe "situar-se" nessa rede familiar.

Uma descrição desse tipo procede a escolhas semelhantes ao que é adotado por uma narrativa. As questões formuladas são, certamente, diferentes, mas encontra-se o mesmo recorte, aqui, mais territorial ou setorial que cronológico, a mesma escolha de personagens – no sentido amplo – e de níveis de análise. Na apresentação de uma família, menospreza-se, em geral, os parentes que não serão encontrados pelo amigo ou com os quais já não são mantidas relações – por exemplo, a tia que está brigada com todo o mundo; no entanto, é possível também que ela seja mencionada para enfatizar melhor os vínculos mantidos com os primos. Do mesmo modo, ficaríamos decepcionados com um documentário geográfico que se limitasse a apresentar as localidades em ordem alfabética: exige-se um fio condutor mais inteligente, a identificação de um sentido que permita hierarquizar as sequências selecionadas e estruturar sua montagem. Em poucas palavras, um enredo.

O segundo argumento consiste em prolongar a análise de P. Ricœur que sublinha a dimensão em forma de relato, atuante em todo o quadro, como tal. À semelhança da narrativa, o quadro é sempre delimitado e estruturado por questões, entre as quais se encontra sempre aquela que se refere às mudanças no decorrer do tempo. Eis o que se pode ver perfeitamente na vida corrente: ao "explicar" aos netos como era sua aldeia antes da guerra, o avô faz menção a todas as mudanças ocorridas posteriormente;

seu quadro é construído a partir da diferença entre ontem e hoje. A atitude do historiador não é, absolutamente, diferente dessa postura. Leiam *Le Village immobile* (BOUCHARD, 1971): o autor desse livro não pretendeu fazer o inventário de determinado lugar, mas formulou a questão relativamente à permanência das estruturas sociais, culturais e religiosas, que tornaram essa aldeia do século XVIII tão diferente daquela que, atualmente, conserva o mesmo nome. No entanto, o historiador pode escolher pontos de comparação, datados do ponto de vista histórico, diferentes da referência implícita ao presente: um quadro da França nas vésperas da Revolução subentende esse acontecimento, mesmo sem mencioná-lo, porque persegue uma resposta para a dupla questão de suas causas e das mudanças resultantes dessa ocorrência. No entanto, sem ponto de comparação diacrônica, torna-se impossível proceder a uma análise sincrônica: esvai-se a especificidade da realidade, aspecto que suscita o interesse por seu estudo. Não há quadro histórico possível sem temporalidade: o enredo mínimo do quadro é a passagem do passado para o presente.

## O enredo como síntese

### A síntese discursiva

Neste estágio de nossa apresentação, verificou-se um deslocamento da oposição entre acontecimento e estrutura que deixaram de estar associados a duas ordens de fenômenos – por um lado, o político; e, por outro, o econômico e o social –, em que cada qual impusesse um modo de exposição. É o contrário: acontecimento é tudo o que acontece, tudo o que passa por mudanças, seja qual for a ordem de realidade. O acontecimento é construído pela narrativa como resposta à pergunta: "O que se passou?" Por sua vez, a estrutura é construída pelo quadro como resposta à pergunta: "Como eram as coisas?" Daí, resulta que o mesmo dado factual pode ser reconstruído pelo historiador como acontecimento ou como elemento de uma estrutura segundo o tipo de enredo escolhido: eis o que vimos perfeitamente no exemplo da Batalha de Bouvines.

Que o predomínio esteja na busca das sucessões diacrônicas ou das coerências sincrônicas, ou que narrativas e quadros se encontrem emaranhados, a história é configurada – ou seja, a um só tempo, definida, modelada e estruturada – por um enredo que comporta uma irredutível dimensão temporal. Em última instância, a narrativa precede, portanto, o quadro ou, se preferirmos, o acontecimento (no sentido do que muda e do qual se faz a narrativa) prevalece em relação à estrutura. Ou, para utilizar outras palavras, a estrutura, tal como os historiadores a aprendem, é sempre precária, provisória; é como que minada, a partir do interior, pelo acontecimento. O acontecimento encontra-se no cerne da estrutura, à semelhança do fermento na massa ou do verme na maçã – deixo cada qual escolher sua metáfora de acordo com seu pendor otimista ou pessimista.

Temos aí uma resposta para uma das questões formuladas no início deste capítulo: a questão relativa à diferença entre a história e algumas disciplinas, tais como a sociologia e a antropologia, que se servem, como ela, do raciocínio natural. Diz-se, frequentemente, que o caráter próprio da história consiste em formular a questão diacrônica, em se perguntar sobre a origem das realidades que são seu objeto de estudo. Isso é verdade, mas insuficiente. Evite-se associar a história com a narrativa e a sociologia com o quadro: o historiador deve construir, também, quadros, embora eles sejam diferentes daqueles elaborados pelo sociólogo; de fato, para ele, é impossível pensar uma estrutura, por mais sólida que seja, sem se questionar sobre o que, em um prazo mais ou menos longo, irá provocar sua mudança e sua transformação. A própria estabilidade de uma estrutura suscita questões: ela torna-se motivo de suspeita para o historiador que anda à procura das forças e dos atores que já se encontram em ação – às vezes, sem o saberem – no próprio âmago da estrutura para modificá-la. Por toda parte na história, o acontecimento está à espreita, para não dizer, em ação.

Esta análise leva a uma segunda conclusão. Enquanto configuração, o enredo permite compreender o modo como se articulam, na ação histórica terminada, os diferentes níveis de explicação. Até aqui, utilizamos várias noções: explicação em forma de relato, explicação pelas causas e intenções, explicação pelas regularidades e coerências, argumentação e configuração. Como se faz a articulação entre elas?

A resposta situa-se em dois planos. Em um primeiro nível, ela encontra-se na própria estrutura do texto escrito pelo historiador. Narrar é explicar; e a narrativa ainda é melhor quando fornece uma explicação mais esclarecedora. Essa explicação em forma de relato inclui, de maneira geral, a explicação pelas causas e intenções. Em vez de interromper sua narrativa ou seu quadro para falar das causas, condições, intenções, regularidades e correlações, o historiador incorpora tudo isso à sua própria narração. Ao descrever as forças dos beligerantes, nas vésperas da guerra, ele fica dispensado, em seguida, de formular explicitamente a questão de saber se o perdedor era realmente o lado mais fraco. A flexibilidade da narrativa permite-lhe precisamente fazer intervir, no momento oportuno, as forças profundas, as razões e as causas; o encadeamento do texto exprime as imbricações reais entre causas, condições, motivos e regularidades.

O mesmo ocorre com a argumentação que é incorporada à narrativa ou ao quadro. Em geral, ela supervisiona o plano; eis por que é apropriado julgar os livros de história por esse aspecto. Em vez de uma explicação, a argumentação é o desenvolvimento analítico, ponto por ponto, das razões que servem de justificativa à explicação.

No entanto, o texto do historiador não pode conservar inteiramente essa espécie de fluidez e evidência, essa aparência de naturalidade que permite integrar a explicação e sua argumentação à narrativa ou à descrição. Com certa regularidade, ele esbarra em imprevistos: acontecimentos (de toda a espécie) que provocam surpresa, novas interpretações que contradizem as opiniões manifestadas anteriormente por outros historiadores, uma explicação que exige maior esforço para se tornar compreensível. Interrompido, neste caso, para uma discussão, o texto retoma seu curso. Assim, vale afirmar que, por incluir sequências desprovidas de narração, a história não se faz, totalmente, em forma de relato.

Enquanto configuração, o enredo tem a possibilidade de garantir a coerência desse conjunto porque, sejam quais forem os comprovantes de seus argumentos, todos os elementos do texto dependem do raciocínio natural. O enredo garante, assim, o que P. Ricœur designa como "síntese do heterogêneo": ele "compreende", de acordo com sua afirmação, em uma totalidade inteligível, determinadas circunstâncias, objetivos, interações e resultados indesejáveis; sem que deixe de ser um único e mesmo enredo. Ele é a moldura que determina uma posição peculiar aos diversos elementos com os quais se tece o texto histórico.

Em um segundo nível, enquanto configuração geral do texto do historiador, o enredo fornece por si só uma explicação. No sentido amplo que acaba de ser exposto, além da trama, ele é sobretudo o que H. White designa como "a linha", o fio da história – *story-line* –, definindo o tipo de história em via de ser construída pelo historiador.

De fato, deve-se descartar a crença de que, à mesma questão – formulada em um âmbito factual, definido e estruturado de maneira aparentemente análoga –, dois historiadores venham a fornecer exatamente a mesma resposta: cada um constrói seu enredo e produz uma história original. Daí, o interesse em considerar, de forma mais atenta, as bases em que estão assentes os enredos. Como é que o historiador elabora seu enredo?

## Os pressupostos do enredo

Se examinarmos uma obra histórica consumada, veremos facilmente que ela tem uma personalidade, uma originalidade que a distingue das outras. É tão impossível confundir Guizot com Michelet, quanto James Hadley Chase com Agatha Christie. E, para a história, assim como para os romances policiais, trata-se, além de uma questão de estilo, da própria concepção ou, mais exatamente, do enredo.

Esta constatação obriga a se questionar sobre os pressupostos do enredo, ou seja, a base a partir da qual o historiador modela seu enredo. Esse tema foi abordado por H. White (1973) ao estudar quatro grandes historiadores e quatro filósofos do século XIX[169]: seu formalismo é sistemático demais para ser plenamente convincente, mas sua reflexão abre perspectivas esclarecedoras para a epistemologia da história.

Para formalizar as diferenças entre os tipos de história que os historiadores escrevem, H. White procura identificar estilos históricos. Uma primeira formalização opera-se com a passagem da cronologia para a história, no sentido de recorte cronológico por meio do qual determinados acontecimentos são considerados como origem e outros como termo. No entanto, a verdadeira história supõe uma explicação. Para H. White, a história combina, de fato, três modos de explicação: pelo enredo, pela argumentação e pela implicação ideológica. A combinação entre eles define os estilos históricos.

Em um primeiro nível, H. White distingue quatro tipos de criação de enredo: romanesco, satírico, cômico e trágico. No tipo romanesco, a história desenrola-se em torno de um herói que acaba por triunfar e fazer triunfar o bem sobre o mal. O tipo cômico caracteriza histórias que terminam bem: o final feliz reconcilia o homem o homem, com o mundo e com a sociedade. No tipo trágico, não há vitória de um herói, nem reconciliação geral. Isso não significa que o clima da narrativa seja necessariamente sombrio: aqui, o termo "trágico" é considerado em seu sentido literário; assim, o desfecho da história é anunciado desde o princípio e a história tem o objetivo de revelar a natureza das forças conflitantes. Neste sentido, vê-se perfeitamente como Tocqueville pode encarnar o tipo trágico, ao passo que Michelet serve de exemplo para o tipo romanesco. Por último, o tipo satírico mostra o homem escravo, e não senhor, do universo; o leitor fica frustrado porque a história e a explicação permanecem em suspenso.

Em um segundo nível, H. White distingue quatro tipos de argumentação formal ou de modelo explicativo geral: formalista, organicista, mecanicista e contextualista. A argumentação formalista insiste no caráter

---

[169] Eis os autores estudados: por um lado, Ranke, Michelet, Tocqueville e Burckardt; e, por outro, Hegel, Marx, Nietzsche e Croce.

único dos diferentes atores e no que os diferencia; ela privilegia a cor, o caráter vivo e diversificado do campo histórico. Michelet, assim como a história romântica em geral, está vinculado a esse tipo de modelo. A argumentação organicista é mais sintética e integradora, mostrando a reunião dos indivíduos para formarem conjuntos; a história torna-se a consolidação ou a cristalização de um conjunto previamente disperso; assim, ela está orientada para um objetivo. A argumentação mecanicista é mais redutora: os fatos são a manifestação de mecanismos, obedecem a causas, até mesmo, leis; os dados enfatizam tais regularidades. Marx encarna tipicamente esse tipo de argumentação; no entanto, H. White encontra esse tipo, igualmente, em Tocqueville, no qual os mecanismos são de natureza diferente e se referem, de preferência, aos próprios princípios das instituições. Por último, a argumentação contextualista procura relacionar cada elemento com todos os outros e mostrar sua interdependência; ela permanece atenta ao espírito de uma época.

No terceiro nível, convém levar em consideração os tipos de implicação ideológica, ou seja, as atitudes gerais dos historiadores em relação à sociedade, designadas por H. White com quatro termos que não são entendidos em um sentido diretamente político: anarquismo, conservadorismo, liberalismo e radicalismo (no sentido anglo-saxão). Os liberais pensam a adaptação dos indivíduos à sociedade no âmago de uma relação estrutural estável pela intermediação de instituições; eles estão voltados para o futuro, levando a utopia a um horizonte bastante longínquo para evitarem sua realização no presente; neste aspecto, Tocqueville é evidentemente a figura do liberalismo. Os conservadores pensam a evolução de acordo com a analogia do mundo natural; estão voltados, de preferência, para o passado e focalizam-se na elaboração progressiva da sociedade no presente. Os radicais e os anarquistas estão mais inclinados a aceitar ou pretender mudanças cataclísmicas; no entanto, os primeiros pensam a realização iminente da utopia, ao passo que os segundos veem sua concretização em um passado longínquo, embora ela possa realizar-se, de novo, em qualquer momento. Neste sentido, Michelet seria, para H. White, um anarquista: não por ter sonhado com uma desordem revolucionária, mas por estar convencido de que nenhuma sociedade vindoura é suscetível de realizar seu ideal.

O estilo histórico resulta da combinação entre os tipos de enredo, de argumentação e de implicação ideológica. Passemos por cima do formalismo dessas quadripartições cruzadas. Seria possível apurar ou, pelo contrário, simplificar a análise porque a distinção desses tipos não é de ordem lógica, mas factual: H. White formaliza as diferenças observadas empiricamente nas obras. De resto, ele não estabelece qualquer correspondência necessária entre as três tipologias: um tipo de enredo não está associado necessariamente a um tipo de argumentação; as combinações permanecem flexíveis e os tipos manifestam, sobretudo, tendências e não existem em estado puro. H. White observa também que, na profissão, os modos de argumentação formalista e contextualista são considerados, em geral, mais legítimos que os outros por estarem menos eivados de filosofia da história. Tal postura reposiciona, em uma tradição, a modelagem da obra histórica e remete à prática – científica e, ao mesmo tempo, social – dos historiadores. Todavia, o cerne da reflexão encontra-se alhures: ele mostra que, antes mesmo de ter definido seu enredo, o historiador já teria escolhido uma espécie de estratégia interpretativa, em função da qual vai proceder à sua construção.

### 40. – Hayden White: A prefiguração prévia

Antes de aplicar o aparato conceitual – que será utilizado para representar e explicar o campo histórico – aos dados desse campo, o historiador deve prefigurá-lo, ou seja, constituí-lo como objeto de percepção mental. Esse ato poético não pode distinguir-se do ato linguístico pelo qual o campo torna-se susceptível de ser interpretado como um domínio de tipo particular. Isso significa que determinado domínio não pode ser interpretado, antes de ser construído como um território habitado por figuras identificáveis. Por sua vez, essas figuras devem ser concebidas de tal modo que possam ser classificadas como ordens, classes, gêneros e espécies distintas de fenômenos [...]

Em suma, o problema do historiador consiste em construir um protocolo linguístico completo com suas diferentes dimensões – lexical, gramatical, sintática e semântica – por meio do qual irá caracterizar o campo e seus elementos em seus próprios termos (em vez dos termos com os quais são rotulados nos próprios documentos) e, assim, prepará-los para a explicação e para a representação que, posteriormente, serão propostas em sua narrativa[170] (narrative). Por sua vez, esse protocolo linguístico preconceitual será – em virtude de sua natureza essencialmente prefigurativa – caracterizável em função do modo topológico dominante pelo qual ele é interpretado [...]

A fim de ter uma ideia "do que, realmente, teria ocorrido" no passado, o historiador deve começar, assim, por prefigurar o conjunto dos acontecimentos relatados nos documentos como se tratasse de um objeto possível de conhecimento. Esse ato de prefiguração é poético

---

[170] No original, "*récit*". (N.T.).

> na medida exata em que é precognitivo e pré-crítico na economia da própria consciência do historiador. [...] Pelo ato poético que precede a análise formal do campo, o historiador cria seu objeto de estudo e, ao mesmo tempo, determina a modalidade das estratégias conceituais que utilizará para explicá-lo. (WHITE, 1973, p. 30)

O mérito dessa análise consiste em mostrar que o historiador formaliza seu enredo a partir de pressupostos, de condições prévias. Antes mesmo de ter recortado seu objeto e ter escolhido claramente um modo de apresentação, ele o pré-constrói por uma escolha raramente explicitada que diz respeito, ao mesmo tempo, a uma visão do mundo (a implicação ideológica), a um modo privilegiado de explicação e a um tipo de enredo. Neste sentido, pode-se falar de uma atividade *poética* do historiador, no sentido etimológico do termo: *criadora*. Para poder começar a escrever seu enredo, o historiador deve ter à disposição um universo no qual sua história seja possível e inteligível.

Essas análises abordam a história como um gênero literário: o que ela é também, com toda a certeza, mas não de forma exclusiva e total.

Considerada sob essa perspectiva, ela se equipara ao romance e à ficção. Eis o que P.Veyne afirma de forma explícita: a história é um romance. Mas, acrescenta: um romance verdadeiro. O problema está precisamente aí: como fica sua relação com a realidade e com a verdade, se ela é uma pura criação de enredos? Se nos limitarmos a essa análise, o esmorecimento da pretensão da história a afirmar a verdade, a veridicidade, torna-se inelutável, conduzindo necessariamente à conclusão de que não existe verdade definitiva em história porque não há história definitiva: "Só é possível fazer histórias parciais" (VEYNE, 1971, p. 41). Qualquer verdade é relativa a um enredo.

O fato de que a argumentação do enredo esteja baseada em provas, o fato de que a história utilize múltiplos dispositivos de demonstração, é insuficiente para superar esta dificuldade: as verdades permanecem parciais. Isso implica que elas não possam se acumular. Portanto, o historiador será obrigado a renunciar ao sonho – que continua acalentando, diga ele o que disser – de um saber aproximadamente cumulativo, do mesmo modo que os geógrafos ficam na expectativa de que a colagem dos mapas, de diversas regiões, reduzidos à mesma escala, venham a constituir um mapa mais abrangente.

Voltaremos a falar desse importante problema epistemológico. Mas, talvez, na própria escrita da história, possamos encontrar seu enraizamento na realidade e na verdade.

CAPÍTULO XII

# A história se escreve

Não é o enredo que faz a diferença entre um texto histórico e um texto jornalístico. Em compensação, basta abrir o livro para desfazer qualquer dúvida: de fato, a história erudita manifesta-se por sinais exteriores muito mais evidentes e, em particular, por seu aparato crítico e pelas notas de rodapé.

As notas na margem inferior da página são essenciais para a história: elas constituem o sinal tangível da argumentação. A prova só é aceitável se for verificável. A verdade no âmbito da história, conforme já afirmamos, é aquilo que é comprovado; no entanto, só é comprovado aquilo que possa ser verificado. O texto histórico serve-se, em profusão, de notas porque ele não recorre ao argumento de autoridade. O historiador não solicita, de modo algum, que lhe seja depositada uma confiança incondicional: contenta-se que alguém aceite acompanhá-lo no enredo construído por ele.

As "marcas de historicidade" (POMIAN, 1989) preenchem, no texto histórico, uma função específica: elas remetem o leitor para fora do texto, indicando-lhe documentos existentes, disponíveis em determinado lugar, que permitiram a reconstrução do passado. Elas constituem um programa de controle.

---

**41. – Krzysztof Pomian: A narração histórica**
Portanto, uma narração é considerada histórica quando comporta marcas de historicidade que confirmem a intenção do autor em deixar o leitor sair do texto, além de programarem as operações suscetíveis, supostamente, de verificar suas alegações ou reproduzir os atos cognitivos que teriam servido de base para suas afirmações.

> Em poucas palavras, uma narração é considerada histórica quando exibe a intenção de se submeter a um controle de sua adequação à realidade extratextual do passado, objeto de seu estudo. No entanto, convém que essa intenção tenha algum conteúdo; isso significa que as operações de controle devem ser, efetivamente, acessíveis ao leitor competente, a menos que a impossibilidade de executá-las resulte de acontecimentos ocorridos (por exemplo, destruição dos arquivos, perda, roubo ou outros acidentes da mesma natureza), depois da escrita dessa narração. (POMIAN, 1989, p. 121)

Daí, a dificuldade em sacrificar as notas de rodapé, conforme a imposição de um grande número de editores de coleções de história a fim de não desanimar os clientes: a obra histórica oferecida nas festas de Ano Novo, profusamente ilustrada, mas desprovida de seu aparato crítico, poderá ser ainda considerada como história? Para que a resposta seja positiva, convirá que seja possível supor sempre a existência, em algum lugar, no manuscrito do autor ou em suas notas, de um conjunto de notas; de alguma forma, será necessário que o aparato crítico mantenha uma existência, no mínimo, virtual. Eis o que, no decorrer da leitura, é perceptível quando o historiador cita exemplos precisos para comprovar suas afirmações ou discute uma fonte.

O aparato crítico é, entretanto, menos discriminante do que possa parecer à primeira vista: sua ausência ou sua presença – e sua amplitude – dependem, sobretudo, dos destinatários da obra e não de seu autor. Em vez de estabelecer uma diferença entre profissionais e amadores, tal constatação corresponde, afinal de contas, a dois mercados da edição. No entanto, um estudo mais criterioso não terá qualquer dificuldade em identificar – entre um texto de história e outros escritos – diferenças mais sutis e, ao mesmo tempo, mais profundas.[171]

## As características do texto histórico

### Um texto saturado

O texto do historiador aparece, em primeiro lugar, como um texto pleno. Essa é a consequência de sua própria construção, de sua criação de enredo. Ele possui sua coerência própria, sua estrutura, que constitui, por si só, uma argumentação e indica as teses que pretende demonstrar. O plano de um livro de história é, a um só tempo, o esboço de uma narração

---

[171] A primeira parte deste capítulo baseia-se, em particular, nas análises de Michel de Certeau (1975).

e o de uma argumentação: isso é o essencial. Em certo sentido, pode-se dizer que o próprio texto contenta-se em apresentar provas e dar conteúdo a esse esboço. Assim, ensina-se aos estudantes, com toda a razão, o hábito de começar sua leitura pela tábua das matérias.

Essa característica, porém, não é exclusiva da história. Em compensação, o trabalho do historiador aparece recheado de fatos e precisões: ele dá a justificativa de tudo o que afirma. Trata-se de um texto completo, saturado, em princípio, sem vazios nem lacunas. Contudo, tais imperfeições não deixam de existir, inclusive, são inevitáveis; no entanto, tornam-se imperceptíveis no que diz respeito aos ínfimos detalhes ou, então, o historiador consegue ocultá-las ou, ainda, decide assumi-las. Nessa circunstância, há duas maneiras de proceder: argumentar sua reduzida importância para seu intuito ou sublinhá-las como lacunas a superar através de pesquisas ulteriores, deplorando o fato de não ter realizado ainda essa tarefa por falta de fontes ou de tempo. Existem numerosos exemplos desse tipo de remorso de historiadores: aliás, ele faz parte dos mais frequentes lugares comuns da profissão e, em particular, surge quase sempre na conclusão das apresentações de defesa de tese, assim como na parte final dos prefácios.

O encerramento da exposição histórica em si mesma e a saturação do texto pleno opõem-se à abertura inerente à pesquisa; aliás, as notas de rodapé fazem lembrar a presença, a necessidade e a vigilância em relação a suas próprias carências, no próprio interior do texto acabado. O pesquisador vai resolvendo, sucessivamente, as lacunas, sempre insatisfeito e cada vez mais consciente de sua ignorância. Ele não pode encerrar um dossiê sem abrir um grande número de outros. Daí, a dificuldade de passar da pesquisa para a escrita e a insatisfação do historiador diante do livro acabado porque só ele conhece o número de artifícios adotados para colmatar aspectos deficientemente pesquisados quando, afinal, seu texto se limita, na melhor das hipóteses, a assinalá-los: o que diria o leitor se, em cada página, viesse a encontrar uma confissão de ignorância?

O encerramento do texto histórico é, igualmente, cronológico: o livro parte de uma data e – sejam quais forem os meandros ou recuos escolhidos pelo historiador para tornar seu enredo mais interessante – dirige-se, inexoravelmente, para outra. O livro acompanha o transcorrer do tempo; por sua vez, a pesquisa havia sido mais sinuosa, remontando o tempo que fora percorrido em todos os sentidos. Uma vez justificada a cronologia de seu tema – este aspecto deveria constar sempre de qualquer obra histórica –, o historiador escreve como se a origem e o desfecho se impusessem por si mesmos. A pesquisa vai considerá-los sempre como problemáticos e o pesquisador sabe que era possível referir-se a outras balizas, descartadas no decorrer de seu trabalho.

Por último, a delimitação do texto pelo enredo adotado contrasta com a abertura inerente à pesquisa. Na abordagem de um tema, o historiador sabe que teve de proceder a um recorte que será justificado por sua argumentação. No entanto, a investigação mostrou-lhe que seu objeto de estudo tinha alguma relação com numerosos assuntos conexos que, porventura, ele teria desejado abordar.

O mesmo é dizer que, entre a pesquisa histórica propriamente dita e a obra oriunda dessa operação, existem diferenças relevantes, embora a segunda comporte vestígios da primeira. Passar da pesquisa para a escrita é transpor um Rubicão... Isso é indispensável; de fato, o que seria a pesquisa sem livros? No entanto, deve ser descartada a ideia de uma continuidade linear entre a pesquisa e a escrita.

## Um texto objetivado e digno de crédito

O texto de história apresenta uma segunda característica que merece ser mencionada: a exclusão da personalidade do historiador. O *eu* é proscrito; no máximo, aparece, às vezes, no prefácio quando o autor – mesmo que se trate de Seignobos – explicita suas intenções.[172] Todavia, tendo iniciado a abordagem do assunto, o eu desaparece. Os enunciados apresentados pelo historiador como fatos (A é B) não deixam de ser assumidos por ele (H diz que A é B), mas ele ofusca-se, reaparecendo apenas em raras oportunidades: em trechos bem delimitados (início ou fim de capítulo, notas e discussões com outros historiadores); ou, então, sob formas atenuadas, pelo emprego de *nós* que associa autor e leitores ou por uma referência à corporação dos historiadores através de expressões mais impessoais, por exemplo, *a gente, diz-se*. Do mesmo modo, ele evita implicar-se em seu texto, tomar partido, indignar-se, manifestar suas emoções, inclusive, de apoio. Essas são, em geral, as convenções respeitadas: para evitá-las, parece ser necessário ter alcançado uma excepcional legitimidade institucional e midiática (CARRARD, 1992, p. 99). Em sua substância, a obra acabada limita-se a fornecer enunciados objetivados, ou seja, o discurso anônimo da História que, por sua vez, é feita de enunciados sem enunciação.

---

[172] Afirma-se, em geral, que a escola metódica, ao pretender a formulação de um saber objetivo, excluía qualquer referência à posição subjetiva do historiador. Isso não é exato. Até mesmo Seignobos experimentou a necessidade de prevenir o leitor de suas "preferências pessoais em favor de um regime liberal, laico, democrático e ocidental", ao escrever o prefácio – inteiramente na primeira pessoa – de seu primeiro grande compêndio: *Histoire politique de l'Europe contemporaine. Évolution des partis et des formes politiques – 1814-1896.*

Isso deve-se ao fato de que, em conformidade com sua reivindicação ou pretensão, ela foi escrita do ponto de vista da própria História (aqui, impõe-se a utilização de um H maiúsculo majestático). No próprio texto, vários sinais evocam tal postura. Em primeiro lugar, a frequência das dedicatórias a outros historiadores que situam o novo livro na longa coorte de uma profissão composta – a exemplo da Humanidade, segundo A. Comte – por um número maior de mortos que de vivos. De acordo com a modéstia, efetiva ou convencional, do historiador-artesão, ele não passa de um "compagnon" em atividade na imensa oficina da História.

Segundo sinal: as inumeráveis referências a outros historiadores. Além de pretender mostrar, desse modo, seu pertencimento à profissão, o autor do novo livro sublinha o fato de que, ao inserir-se em uma espécie de hipertexto coletivo, seu estudo vem completá-lo em determinados aspectos e contradizê-lo ou renová-lo em outros. Na maior parte das vezes, ele contenta-se em retomar, à sua maneira, esse discurso coletivo, sem chegar a renová-lo realmente, mas não deixa de invocar sua iniciativa. O trabalho do historiador não se limita a ser *um* texto, mas trata-se de um elemento integrado em um conjunto que o supera e o engloba; o novo livro participa do prestígio global da disciplina.

Assim, antes de ser um livro de Pedro ou de Paulo, a obra do historiador é um livro de História. Ao reivindicar a objetividade, ela chega, até certo ponto, a concretizá-la: trata-se de um saber que se enuncia ou, melhor ainda, se manifesta. De fato, ela tem necessidade de tempo e espaço para desenrolar seu enredo e sua argumentação; no lugar do ponto de vista, necessariamente discutível, de Pedro ou de Paulo, ela exprime a História.

O historiador não consulta seu leitor, até mesmo, supostamente culto; além de dispensar sua opinião, ele lhe torna impossível sua formulação em razão de sua relativa ignorância; às vezes, chega a utilizá-lo como testemunha para induzi-lo mais facilmente a acompanhar seu empreendimento. Evita qualquer tipo de relação polêmica, opondo seu *eu* de autor ao *vôces* dos leitores: tal atitude desvalorizaria seu texto.

Estamos descortinando a posição que o historiador pretende ocupar: ele se instala, com maior ou menor razão, no próprio lugar do saber objetivo constituído pela profissão e é daí que ele se exprime. A reivindicação dessa competência exibe-se, aliás, na quarta capa ou nas folhas de guarda, com os títulos oficiais do autor que se apresenta como historiador, além da indicação dos livros já publicados. Ela é particularmente significativa nos empreendimentos de vulgarização em que o risco de confusão obriga a sublinhar a legitimidade dos autores: assim, para cada artigo, a revista *L'Histoire* apresenta uma resenha biográfica sobre o autor, alguns comentários e uma bibliografia sumária. Para ser revestido de autoridade, o texto do historiador deverá ser qualificado não só pelo saber que ele reivindica, mas pela inscrição desse saber na grande obra da corporação erudita. Eis o que fundamenta uma relação didática do autor com os leitores, inclusive, na própria estrutura do texto: quem possui o saber, explica; por sua vez, quem não sabe, deve instruir-se! Por outras palavras, qualquer historiador é, em maior ou menor grau, um professor: ele trata sempre seus leitores, de maneira mais ou menos agressiva, como se fossem alunos.

Neste dispositivo, a nota de rodapé desempenha um duplo papel, para não dizer uma dupla representação. Por um lado, ela permite a verificação das afirmações do texto que, deste modo, escapa ao argumento de autoridade. É como se dissesse: "Não inventei o que afirmo; se conferirem as notas, vocês vão chegar às mesmas conclusões". Mas, por outro lado, ela é também indício visível de cientificidade e exposição do saber do autor, podendo funcionar, neste aspecto, como argumento de autoridade. Alguns historiadores chegam a manipular o aparato crítico como uma arma de dissuasão para intimidar o leitor, mostrando-lhe a amplitude de sua ignorância e, por conseguinte, inspirar-lhe respeito por um autor tão culto. Ocorre também que algumas notas supérfluas servem para antecipar as críticas dos colegas, ao manifestar-lhes certa deferência ou que o autor está ao corrente dos debates do momento. O recurso às notas inúteis poderia ser uma característica que se ajusta perfeitamente aos autores pouco seguros de sua competência, manifestando sua necessidade de consolidar uma posição de autoridade precariamente alicerçada, sem deixarem de considerá-la indispensável para a enunciação do texto histórico.

---

### 42. – Michel de Certeau: Um discurso didático

[o discurso] funciona como discurso didático, o que tem suas vantagens: assim, ele dissimula o lugar de onde se exprime (ofusca o eu do autor), apresenta-se sob a forma de uma linguagem referencial (é o "real" que se exprime ao leitor), narra em vez de argumentar (não se discute uma narrativa) e adapta-se à situação dos leitores (serve-se de sua linguagem, apesar de diferenciar-se deles pela utilização de outros modos, mais corretos, de se exprimir). Por ser semanticamente saturado (não há vazios na inteligibilidade), "apressado" (graças ao "máximo encurtamento possível do trajeto e da distância entre os núcleos funcionais da narração", Ph. Hamon) e conciso (uma rede de catáforas e anáforas garante incessantes chamadas do texto a ele mesmo como totalidade orientada), esse discurso não deixa a mínima escapatória. Sua estrutura interna serve-se de argúcias e produz um tipo de leitor: um destinatário citado, identificado e ensinado pelo próprio fato de estar colocado na situação da crônica diante de um saber. (CERTEAU, 1975, p. 113)

## Um texto manuseado

Terceira característica: o texto histórico desdobra-se em dois níveis distintos; apesar disso, ele não cessa de inter-relacioná-los.

O primeiro nível corresponde ao discurso do historiador: seu enredo e sua argumentação. Esse texto é contínuo, estruturado, está sob controle; exprime o desenrolar e a significação da história, estabelece os fatos, discute as explicações possíveis.

Entretanto, esse discurso é interrompido, constantemente, de forma mais ou menos breve, por notas e citações. Assim, no texto histórico, aparecem, episodicamente, fragmentos de outros textos extraídos, às vezes, de outros historiadores e, quase sempre, de documentos de época, crônicas ou testemunhos. Deste modo, o texto do historiador *compreende*, em um duplo sentido, material e interpretativo, a palavra de um ou vários outros interlocutores. No entanto, trata-se de uma palavra recortada, desmembrada, desconstruída e reconstruída pelo historiador que volta a utilizá-la no lugar de sua escolha em função das necessidades de seu tema. Assim, com toda a boa consciência, ele apropria-se do depoimento das testemunhas e das personagens de seu enredo, utilizando-o à sua maneira.

Michel de Certeau — aliás, a apresentação deste aspecto é baseada em sua análise — mostra perfeitamente como o uso da citação produz um duplo efeito. Em primeiro lugar, um efeito de verdade que serve de certificação ou confirmação: as afirmações do historiador não são extraídas de seu próprio acervo, mas já haviam sido proferidas, anteriormente, por suas testemunhas. As citações servem-lhe de escudo contra eventuais contestações e cumprem, também, uma função de representação: com as palavras do outro introduz-se no texto a realidade do tempo situado à distância. A citação, afirma M. de Certeau, produz um efeito de realidade.

Garantia da verdade e da realidade relativamente à afirmação do historiador, a citação confirma sua autoridade e seu saber. Ao escolher determinados fragmentos que lhe parecem ser mais importantes, ele decide considerá-los como tais. Seu conhecimento é mais bem fundamentado que o de suas testemunhas: por um lado, em relação à pertinência e à verdade de suas afirmações; e, por outro, ao que elas julgavam ser importante e nem sempre corresponde ao que, efetivamente, foi afirmado. O historiador assemelha-se a Agripina de Racine: "Entenderei olhares que, para vós, seriam silenciosos". Ele decodifica os subentendidos e os não ditos; em suma, mantém-se a certa distância para julgá-los. O saber do outro, confirmado pela citação, é um saber da verdade do outro.

---

### 43. – Michel de Certeau: A história como saber do outro

Considera-se historiográfico o discurso que "compreende" seu outro – a crônica, os arquivos, o movimento –, ou seja, aquilo que se organiza como texto manuseado, do qual uma metade, contínua, se apóia na outra, disseminada e, assim, se atribui o poder de exprimir o que a outra significa sem o saber. Pelas "citações", referências, notas e por todo o aparato de chamadas permanentes a uma linguagem primordial (designada por Michelet como "crônica"), ele se estabelece como saber do outro. Ele se constrói segundo uma problemática de processo, ou de citação, capaz não só de "fazer emergir" uma linguagem referencial que, neste caso, funciona como realidade, mas também de julgá-la como se tratasse de um saber. A convocação do material obedece, aliás, à jurisdição que, na encenação historiográfica, procede à sua avaliação. Assim, a estratificação do discurso não pode assumir a forma do "diálogo" ou da "colagem", mas conjuga o saber no singular, citando o plural dos documentos citados. Nessa representação, a decomposição do material (pela análise ou divisão) está sempre condicionada e limitada pela unicidade de uma recomposição textual. Assim, a linguagem citada tem a função de credenciar o discurso: como referencial, fornece-lhe um efeito de realidade; e por seu esfacelamento, ela remete discretamente a uma posição de autoridade. Sob esse viés, a estrutura desdobrada do discurso funciona à maneira de um maquinismo que, pela citação, garante a verossimilhança da narrativa e a validação do saber. Ela produz credibilidade. (CERTEAU, 1975, p. 111)

---

No entanto, como observa J. Rancière (1992, p. 108ss.), as duas narrativas imbricadas, a do historiador e a dos textos citados, definem uma posição de saber diante de uma dupla ignorância:

> Perante o leitor ou o aluno, saber do pesquisador que abriu o armário; e, perante os tagarelas inexperientes, saber do cientista que arrumou os textos no armário para dizer o que, na prosa desses tagarelas, se exprimia sem seu conhecimento. O jogo do oculto e do visível, pelo qual a ciência se manifesta como tal, instaura-se no espaço que separa essa dupla ignorância.

O simples uso dos nomes próprios, por si só, chama a atenção para esse duplo saber: enquanto o romance deve revelar, aos poucos, as características dos personagens – incógnitos para o leitor – cujos nomes próprios haviam sido citados desde o começo, a história recebe personagens já bem definidos, sobrecarregados com todos os saberes acumulados pela tradição e pela historiografia. Citar o nome de Filipe II, Robespierre, Napoleão ou, agora, Martin Guerre,[173] além de resumir uma biblioteca, é propor uma visão sintética pela qual a totalidade da existência dessas personalidades é reformulada a partir de seu papel histórico; ocorre que elas próprias teriam sido totalmente incapazes de elaborar esse atalho.

No entanto, até mesmo desconstruída e reconstruída, a citação continua sendo a palavra de outro. Tal concepção foi considerada por M. de Certeau (1975), inspirado por uma corrente crítica foucaldiana, como uma ameaça: essa palavra estrangeira e, às vezes, estranha, poderia fazer irrupção no texto do historiador e exprimir-se em seu lugar ou utilizar fórmulas que não lhe são próprias. Eis o preço a pagar pelos efeitos de realidade e de verdade que o historiador espera obter mediante a citação.

> Trata-se de uma técnica literária de processo e julgamento que assenta o discurso em uma posição de saber a partir da qual ele pode exprimir o outro. Entretanto, nesse discurso, alguma coisa de diferente retorna com a citação do outro: ela permanece ambivalente e mantém o perigo de uma estranheza que altera o saber do tradutor ou do comentarista. A citação é, para o discurso, a ameaça e o suspense de um lapso. A alteridade dominada (possuída) pelo discurso conserva, de forma latente, o poder de ser um espectro fantasmático, até mesmo, um possessor. (1975, p. 256)

O texto do outro pode ser visto, igualmente, como manifestação de amizade e como uma cumplicidade. Na medida em que o historiador se conforma a seu tema e não impõe uma interpretação arbitrária – trata-se de uma questão tanto de método, quanto de disposição pessoal –, a palavra do outro não é uma ameaça, mas uma vantagem e a probabilidade de uma confirmação.[174] No entanto, é verdade que esse contraponto incessante, no âmbito da história, entre a palavra de outro e a do historiador é a tra-

---

[173] Camponês francês do século XVI que abandonou a família; alguns anos depois, um impostor passou a viver com sua mulher e seu filho, mas foi desmascarado e condenado à morte após um processo, durante o qual o verdadeiro Martin Guerre voltou a aparecer. (N.T.).

[174] Citei, em profusão, "meus" ex-combatentes: em certos aspectos, penso ter conseguido (presunção do historiador!) uma percepção mais bem depurada em relação ao que foi sua experiência. Entretanto, tal percepção elaborou-se em companhia e graças a eles, no termo de uma longa familiaridade com seus textos de toda a espécie; assim, diante desse material, sinto não o risco de irrupção de uma palavra do

dução, inclusive, na escrita, da impossível dialética do mesmo e do outro. Percebe-se perfeitamente quando se passa do ponto de vista do leitor diante do texto acabado para o ponto de vista do autor diante do texto a ser escrito.

## Os problemas da escrita no âmbito da história

### O pensado e a experiência vivida

Acabamos de reconhecer o duplo efeito de realidade e de verdade que o historiador espera obter mediante a citação. Seu interesse é tanto maior na medida em que é difícil conciliar esses dois efeitos; na maior parte das vezes, eles mantêm uma tensão semelhante a de um texto que associa o pensado e a experiência vivida.

O texto do historiador é da ordem do conhecimento: trata-se de um saber que se desdobra e se expõe. Ele procura a razão do que se passou: dá explicações e apresenta argumentos. Recorre a conceitos, cujo processo de elaboração não é homogêneo, de qualquer modo, serve-se de noções. Trata-se de um texto relativamente abstrato; caso contrário, ele perderia qualquer pretensão a certa cientificidade. Por outro lado, ele procede a uma análise: estabelece distinções, divide em partes, descreve todos os pormenores para levar em consideração, em melhores condições, o que é a generalidade e a especificidade, além de exprimir em que aspecto e por que motivo o objeto de estudo difere de outros objetos semelhantes e, apesar disso, diferentes. Além de ser inevitável, a abstração é indispensável. A história se faz refletindo e, escrevê-la, é uma atividade intelectual.

Entretanto, no mesmo instante, o historiador procura levar o leitor a se representar o objeto de seu estudo. Para isso, faz apelo à sua imaginação e não somente à sua razão. Com toda a certeza, ninguém insistiu sobre essa necessidade pedagógica mais enfaticamente que o calculista e austero Seignobos. Sua obsessão estava focalizada nos homens que utilizavam palavras abstratas – tais como *povo, nação, Estado, costumes, classe social,* etc. – sem atribuir-lhes um sentido. Ora, dizia ele, no artigo "L'enseignement de l'histoire comme instrument d'éducation politique", esse risco é muito maior em história que em geografia, disciplina em que os alunos sabem do que estão falando: "Eles sabem o que é um rio, uma montanha ou uma falésia. Pelo contrário, em história, a maior parte não sabe absolutamente

---

outro que eu tivesse introduzido, de forma brutal, em uma interpretação arbitrária, mas, sobretudo, uma possibilidade de confirmação e de enriquecimento de meu estudo.

o que significa parlamento, constituição ou regime representativo" (1881, p. 117). Ele atribuía essa diferença ao caráter "psicológico ou social" dos fatos políticos; no entanto, equivocava-se em relação à geografia porque ela também serve-se de conceitos abstratos que podem tornar-se palavras esvaziadas de sentido. Como advertência permanente, conservei a lembrança da candidata ao baccalauréat que falava da indústria química na França. Na questão – "Mas, a indústria química produz o quê?" –, ela respondeu-me com toda a serenidade: "ferro"... No entanto, em relação à história, Seignobos (1906) tinha toda a razão: manusear palavras sem conteúdo é um sério risco.

Daí a importância de "se representar, pela imaginação, coisas que correriam o risco de permanecer em estado de palavras por não serem diretamente representáveis":

> O ponto de partida são as *imagens*: antes de qualquer outra operação, o aluno deve *se representar* os homens e as coisas; em primeiro lugar, seu aspecto exterior, ou seja, a aparência física, os traços do rosto, as atitudes, o traje das personagens e dos povos, a forma das habitações ou dos monumentos. Ele deverá imaginar, também, os fenômenos internos, os sentimentos, as crenças, as ideias (na medida em que já tem experiência para proceder a essa análise). Portanto, em primeiro lugar, é necessário fornecer-lhe representações. (1906, p. 15-18)

A essa necessidade pedagógica acrescenta-se uma razão lógica. De fato, a história serve-se de conceitos empíricos, generalizações e descrições resumidas; sua particularidade, como já vimos, consiste na impossibilidade de dissociá-los inteiramente dos contextos designados por eles. O aluno ou o leitor não podem, portanto, manuseá-los de maneira pertinente, sem um conhecimento de seu conteúdo concreto: compreendê-los é ser capaz de descrever as situações das quais eles são o resumo. Daí, à elaboração intelectual do texto histórico, deve-se acrescentar uma evocação mais expressiva da realidade que o leitor é convidado a se representar. Convém que, afirma J. Rancière, "as palavras sejam a verdadeira expressão da realidade".[175]

Portanto, a escrita da história inclui, simultaneamente, o pensado e a vivência porque ela é o pensamento de uma experiência vivida; por isso, ela deve ser considerada no plano epistemológico e não literário. "A questão das palavras no âmbito da história não tem a ver com o estilo dos

---

[175] RANCIÈRE (1994, p. 186), a propósito da escrita dos *Annales*.

historiadores, mas refere-se à própria realidade da história"; a questão do estilo diz respeito, em primeiro lugar, ao objeto do historiador e não ao próprio historiador. "A problemática da escrita tenta responder, também, à questão do que, em última instância, significa falar de um ser que faz história" ou, ainda, de um ser que fala.[176] Enquanto pretende levar, pela imaginação, a reapreender, recompreender, representar uma vivência do passado, ela procura fazê-la reviver. Eis por que, desde Michelet, a literatura historiográfica é permeada pelo tema recorrente da história como "ressurreição" do passado.

Essa ressurreição é, naturalmente, impossível: a história lê-se, mas não se vive; ela é pensamento, representação, e não emoção associada à imediatidade e ao imprevisto. De qualquer modo, convém que "as palavras sejam a verdadeira expressão da realidade". Inúmeros procedimentos contribuem para realizar tal operação; os mais frequentes consistem em despertar a imaginação do leitor através de pontos de referência, tais como o uso de pequenos detalhes aparentemente inúteis e o recurso à cor local. A evocação do passado – como se estivesse, de novo, presente – apoia-se também na utilização defasada dos tempos do verbo. Desde Benveniste, foi estabelecida a oposição entre o discurso que explica e a narrativa que relata; o primeiro utilizaria o presente e o futuro, enquanto a segunda empregaria o passado ou o imperfeito, a exemplo do texto de Guizot, citado mais acima (boxe 36). Mas, tal oposição tem a ver com uma tradição já obsoleta. J. Rancière mostra que o caráter próprio da narrativa histórica – em Michelet, assim como em Febvre, Bloch ou Braudel – consiste precisamente em ser escrita no presente, negando a diferença entre narrar e explicar. Trata-se de uma narrativa na forma do discurso.

---

**44. Jacques Rancière: Uma narrativa no sistema do discurso**
A revolução erudita da história manifesta-se, de fato, por uma revolução no sistema dos tempos da narrativa. [...] Sabe-se como este (Benveniste), em um texto que se tornou clássico, estabeleceu a oposição entre o sistema de discurso e o da narrativa, segundo dois critérios fundamentais: o uso dos tempos e o das pessoas. Marcado pelo compromisso pessoal de um locutor preocupado em convencer seu interlocutor, o discurso utiliza livremente todas as formas pessoais do verbo, ao contrário da narrativa, cuja pessoa predileta, a terceira, funciona de fato como uma ausência de pessoa. Do mesmo modo, com exceção do aoristo, ele utiliza todos os outros tempos do verbo

---

[176] Por outras vias e em um sentido um pouco diferente, estou de acordo com RANCIÈRE (1994, p. 184 e 199).

> e, sobretudo, o presente, o perfeito e o futuro que se referem ao momento do discurso. Inversamente, a enunciação histórica ordena-se em torno do aoristo, imperfeito e mais que perfeito, com exclusão do presente, perfeito e futuro. A distância temporal e a neutralização da pessoa conferem à narrativa sua objetividade não assumida à qual se opõe a presença afirmativa do discurso, seu poder de autoatestação. Segundo essa oposição, a história erudita pode definir-se como uma combinação em que a narração se encontra enquadrada pelo discurso que a comenta e a explica.
>
> Ora, a verdadeira tarefa da nova história consiste em desregular o funcionamento dessa oposição, construir uma narrativa no sistema do discurso. Até mesmo, na parte événementiel e de La Méditerranée, os tempos do discurso (o presente e o futuro) fazem uma ampla concorrência aos da narrativa; aliás, eles impõem sua dominação ao conferirem à "objetividade" da narrativa a garantia de certeza que lhe faltava para ser "algo mais que uma história". O acontecimento repentino, assim como o fato de longa duração, diz-se no presente, enquanto a relação de uma ação anterior com uma ação posterior exprime-se pela atribuição do futuro à segunda. (RANCIÈRE, 1992, p. 32-33)

Um bom exemplo desses procedimentos, analisado por J. Rancière (1992), é a morte de Filipe II, no final de *La Méditerranée*. Braudel pega, de algum modo, o leitor pela mão: "Entremos no escritório de Filipe II, sentemo-nos na sua poltrona..." (p. 25 ss.). A evocação de detalhes − tais como o escritório do rei, o uso do presente − têm o objetivo de ajudar o leitor a imaginar o cenário.

Seria possível citar outros exemplos; bastaria abrir um livro de história qualquer, em qualquer página. De fato, a história é também um gênero literário.

## Exprimir-se corretamente com palavras

Todos os autores de obras sobre a história têm dedicado algumas páginas à necessidade de escrever corretamente. Assim, Marrou, em seu livro, *De la connaissance historique*: "Para levar a bom termo sua tarefa, para desempenhar plenamente sua função, é necessário que o historiador seja também um grande escritor" (1954, p. 238). No entanto, o fato mais surpreendente é o de encontrar esse conselho nos textos de Langlois e Seignobos, cujo ensinamento era dirigido totalmente contra uma concepção demasiado "literária" da história; o próprio Seignobos aproveitava todas as oportunidades para sublinhar, em seus prefácios, o esforço despendido para escrever de maneira simples e clara. A conclusão do capítulo sobre

"L'exposition" de sua obra *Introduction aux études historiques* indica o seguinte preceito: "O historiador deve escrever *sempre* de maneira correta e com elegância, sem perder sua naturalidade" (LANGLOIS, 1992, p. 257). Afinal, a rejeição desses historiadores ascéticos visava a metáfora e a comparação que, para facilitar a compreensão, vão à procura de exemplos fora do domínio considerado e correm o risco de confundir o sentido; apesar disso, eles têm plena consciência de que a história se escreve e de que só existe boa história quando é escrita corretamente e com elegância.

O sentido e o gosto da escrita encontram-se, mais ou menos aparentes, em todos os historiadores: em Febvre ou Bloch, assim como em Renouvin ou Braudel, para evitar a menção de autores vivos. Um grande livro de história inclui sempre o prazer da linguagem e do estilo.

Esse é o caso, até mesmo, das obras de história quantitativa, tais como a de Labrousse. A rejeição do acontecimento, o recurso às curvas e aos gráficos, não é, de fato, a transformação da história em álgebra. Diferentemente da economia, cujos modelos excluíram os homens concretos, a história não se escreve com equações e símbolos matemáticos, mas com palavras na língua culta contemporânea. Neste caso, o historiador não pode escapar à literatura.

---

**45. Jacques Rancière: Saber qual literatura que se faz**

[...] a suspeita que pesa sobre a história chamada contemporânea levou-a, de maneira demasiado fácil, a agarrar-se às armas e insígnias da cientificidade, em vez de procurar esboçar a figura da historicidade própria à sua época. A oposição da ciência séria à literatura oferece-se, com toda a naturalidade, para transformar esse recuo em algo de vantajoso. A interdição apaziguadora da "literatura" procura conjurar simplesmente o seguinte: ao rejeitar ser reduzida unicamente à linguagem das cifras e dos gráficos, a história aceitou vincular o destino de suas demonstrações ao dos procedimentos pelos quais a linguagem comum produz e faz circular o sentido. Demonstrar, na linguagem comum, que os documentos e as curvas têm um sentido – e tal sentido – irá pressupor sempre uma escolha em relação aos poderes da língua e de seus encadeamentos. Qualquer texto, para efeito de amostra ou demonstração, opera forçosamente tal escolha e, nesse sentido, faz "literatura". Portanto, o problema não é o de saber se o historiador deve fazer, ou não, literatura, mas qual literatura ele faz. [...] (RANCIÈRE, 1992, p. 203)

---

De fato, o historiador deve representar e fazer compreender o passado: esse objetivo só pode ser alcançado com palavras. Ora, a manuseamento das palavras não é assim tão simples. O problema consiste em encontrar a palavra adequada. Mas o que é uma palavra adequada? Os linguistas costumam estabelecer a distinção entre *denotação* e *conotação*: a primeira é o que a palavra designa; por sua vez, a segunda é a aura do sentido que lhe está vinculada, a série harmônica que ressoa por seu intermédio. Por exemplo, um *poilu*[177] é um soldado da guerra de 1914. Mas, o termo conota a trincheira, onde ele ficava confinado, durante vários dias, sem se lavar, nem se barbear; portanto, piolhos e sujeira. Entre as correntes políticas de direita, na França, durante a época do *Front populaire*, a palavra *comunista* comportava conotações assustadoras. Ela estava sobrecarregada com todos os horrores atribuídos, de bom grado, aos revolucionários espanhóis – de preferência, anarquistas e não tanto comunistas – dinamitadores de carmelitas: tratava-se de um termo tingido de vermelho tanto pelo fogo, quanto pelo sangue. As conotações atuais do termo são diferentes: ele veicula as imagens das democracias populares, certamente, o *gulag*, assim como a falência econômica. A palavra adequada deve adequar-se não só a seu primeiro sentido, mas também a suas conotações.

Ela deve, sobretudo, ter o mesmo sentido tanto para o leitor, quanto para o autor. No entanto, as palavras estão impregnadas de uma cultura. Eis o que torna as traduções tão difíceis; e toda a leitura é, em parte, uma tradução porque a cultura do leitor só raramente é semelhante à do autor. Daí, a dificuldade do ensino e da vulgarização. Escrever história para um público de historiadores é relativamente fácil porque se pode supor no leitor a mesma cultura: no mínimo, é isso o que se presume e despende-se menos esforço na escrita. O que produz, às vezes, textos monótonos e enfadonhos, a exemplo do que ocorre com determinadas teses, cuja redação é deplorável. No entanto, ao dirigir-se a estudantes ou ao grande público, é indispensável elaborar um estudo prévio para evitar servir-se de conotações ou alusões que correm o risco de serem enigmáticas.

Desse ponto de vista, a escrita da história é apenas um caso particular dos problemas levantados pela escrita de qualquer texto, seja ele literário, jornalístico ou político. Certo dia, em uma entrevista, um primeiro ministro utilizou a palavra *stock* – termo pedido de empréstimo ao vocabulário da economia – para designar os professores na ativa por oposição ao *fluxo* dos que deveriam ser contratados. Nenhum dos revisores de seu texto havia percebido a insigne imperícia na utilização de um termo que veiculava conotações redutoras, associadas a seu uso nos inventários comerciais e à

---

[177] Literalmente, "peludo". (N.T.)

sua origem inglesa (o gado, as ações): um grande número de professores sentiram-se insultados.

No entanto, a escrita da história apresenta, além disso, dificuldades específicas, oriundas da distância que separa o passado do presente.

## Exprimir-se corretamente com palavras falsas

A história serve-se incessantemente da continuidade dos sentidos das palavras. Se faço referência a um *operário* do início do século XX ou a um *camponês* da Idade Média, sou compreendido pelo leitor contemporâneo porque ainda existem operários e camponeses na França (talvez, ainda durante algum tempo). O termo parece ter conservado, através das épocas, um sentido constante: o historiador exprime o passado com as palavras do presente.

Essa facilidade é enganadora. O sentido das palavras não deixa de sofrer alterações no decorrer do tempo. A alteração é, em geral, mais intensa para os períodos antigos; no entanto, é mais insidiosa para os períodos recentes. Para os períodos antigos, o leitor está precavido; ele duvida que o "camponês" da Idade Média tenha alguma coisa a ver com o produtor agrícola atual. No entanto, em relação ao operário do início do século, ele pode não suspeitar que esse termo designe um personagem completamente diferente de seu próximo – e, todavia, já distante – sucessor. Quando dizemos operário, vemos um metalúrgico com seu macacão, aliás, equivocadamente, porque a imagem começa a tornar-se obsoleta. O operário do início do século usa boné, camiseta e, frequentemente, um cinto de flanela;[178] ele trabalha com maior frequência na construção civil, nas minas ou nas fábricas de têxtil, e não na metalurgia ou siderurgia; ele vive em alojamentos abarrotados de gente, sem conforto, em comparação com os quais os HLM[179] modernos, tão criticados, são verdadeiros palácios; ele está imerso em uma cultura popular da qual as canções de A. Bruant (1851-1925), que utilizam a gíria, nos fornecem apenas uma imagem atenuada e, ao mesmo tempo, enviesada; ele conhece um desemprego sazonal que deixou de existir; em caso de doença, não tem direito a previdência e devia trabalhar até a velhice para sobreviver. Esse universo nada tem a ver com o do operário que, sem esses breves

---

[178] A exemplo do que ocorreu comigo ao reler o texto, o leitor atento já se deu conta de que, neste trecho, utilizo, espontaneamente, o presente...

[179] Sigla de *Habitations à loyer moderé*, ou seja, moradias em conjuntos habitacionais, atribuídas pelo poder público a famílias de baixa renda. (N.T.)

comentários, o leitor seria levado a imaginar. Acrescento que, atualmente, *operário* designa um operário sem qualificação, um OS,[180] ao passo que, no início do século XX, o termo designava, de preferência, um operário com qualificação profissional por oposição ao *journalier* ou ao *compagnon*.

É bem patente o dilema do historiador: ele utiliza os termos atuais e é facilmente compreendido, embora se trate de uma compreensão necessariamente enviesada, errônea; e acaba caindo no anacronismo, o "pecado capital" do historiador (L. Febvre). Ou, então, serve-se das palavras do passado, fala de plebeu e rendeiro, de oficiais e *sublimes*;[181] neste caso, corre o risco de não ser compreendido porque essas palavras estão destituídas de sentido para nossos contemporâneos. Quem sabe, atualmente, o que era um *sublime* no tempo de Denis Poulot (1870)?

★

Neste momento, estou utilizando a solução natural: independentemente de se servir das palavras do passado ou de hoje, o historiador não escapa à necessidade de um comentário. A diferença entre os sentidos dos termos no passado e no presente deve ser superada por uma descrição do sentido concreto do termo no passado ou por uma explicação de sua diferença em relação ao sentido no presente. Ao lado, à margem de sua narrativa, o historiador faz correr, assim, de forma intermitente, um texto paralelo, um *metatexto*, que fornece o sentido dos termos, seja por uma nota de rodapé, seja por uma descrição integrada no próprio texto ou, ainda, por um inciso no momento da primeira aparição do termo. No entanto, a dificuldade é simplesmente duplicada porque, por sua vez, esse metatexto escreve-se com palavras que suscitam problemas semelhantes; ora, é impossível passar demasiado tempo ou servir-se de várias páginas para o registro do vocabulário histórico.

O tempo que passa reduplica, assim, a dificuldade de qualquer texto que procure exprimir o outro: deverá exprimi-lo com suas palavras ou com as palavras do outro? O problema do mesmo e do outro – que se encontrava no âmago da compreensão histórica – levanta-se, de novo, de maneira bastante lógica quando se trata de escrever.

Valerá a pena insistir? O problema não tem solução teórica; é logicamente insolúvel. No entanto, o historiador deve procurar resolvê-lo

---

[180] Sigla de *Ouvrier spécialisé*, literalmente, "operário especializado"; na realidade, e de acordo com o texto, trata-se de um operário sem qualificação, por exemplo, servente de pedreiro. (N.T.).

[181] Elite operária parisiense do século XIX. (N.T.).

no exercício cotidiano de seu ofício, por meio de sucessivas tomadas de posição, nem sempre bem-sucedidas, nas páginas de suas obras e nas aulas. Existem histórias laboriosas que exibem os vestígios de tais dificuldades como se fossem ferimentos em carne viva; outras, de uma forma mais hábil, chegam quase a fazê-las esquecer se, ao virar uma página, a necessidade de explicitar o sentido de um termo não viesse lembrar a diferença em relação ao outro e a distância em relação ao passado. A cultura literária, a prática e o gosto pela escrita constituem, aqui, preciosas ajudas. A história não pode deixar de lado um trabalho que é de natureza literária com as especificidades de um gênero particular. Eis por que escrever história será sempre uma arte e uma tarefa laboriosa; além, talvez, de um prazer.

CONCLUSÃO

# Verdade e
# função social da história

Todo aquele que decide escrever sobre a história pode ser incluído em duas posturas valorizantes.

A primeira é a do inovador: defender que se deve fazer história como se tem feito, habitualmente, deixará indiferente todo o mundo, mesmo que isso seja verdade. Pretender que se deve fazê-la de outro modo e empenhar-se em tal empreendimento pode tornar-se um acontecimento e chamar a atenção para si, mesmo que isso não seja razoável. Permito-me fazer tal afirmação com toda a serenidade já que, por considerar-me não menos inovador que outros autores, adotei aqui, como já vimos, uma postura diferente: minha tese preferida é a de que todas as histórias são boas com a condição de se basearem em um método. Ainda é possível escrever grande quantidade de boa música em *ut* maior.

A segunda postura valorizante é a do desmistificador: adotá-la implica colocar de lado a experiência, a inteligência e a lucidez, ao passo que os contraditores são considerados, antecipadamente, ingênuos e retardados. A opinião pública segue com maior facilidade um crítico pedante que um simples de espírito respaldado em convicções bem fundamentadas. Portanto, o cético hipercrítico esnoba das ilusões em que estão imersos os autores menos inteligentes ou menos bem informados; por seu turno, ele não dá ouvido a invencionices, nem faz parte desses simplórios que ainda acreditam que, na história, existe alguma verdade. Pelo contrário, empenha-se em demonstrar, com virtuosidade, que ela não é uma ciência, mas apenas um texto mais ou menos interessante.

A postura desmistificadora decorre, em particular, de duas correntes intelectuais da década de 70. A primeira inspirou-se em Michel Foucault e foi fortalecida pelo espírito de Maio de 68: por toda parte, ela detecta dispositivos de poder em ação e, portanto, analisa o discurso dos historiadores como uma tentativa de estabelecer sua autoridade, uma espécie de golpe de força pelo qual eles acabariam impondo sua visão do mundo aos leitores.

Essa corrente foi consolidada pelo *linguistic turn* norte-americano que lhe forneceu alguns argumentos. Ao aplicar os métodos da crítica literária – renovada pela psicanálise, pela linguística e pela semiótica – às obras de história, esses estudos colocavam de lado a tentativa, propriamente histórica, de trabalho sobre as fontes e de construção das explicações, para se limitarem a considerar os textos em si mesmos. Deste modo, deixa de existir a relação do texto com a realidade que ele pretende dar a conhecer e, concomitantemente, a fronteira entre a história e a ficção. O historiador alega ter consultado arquivos? Pretende conhecer e dar a conhecer uma realidade exterior ao texto e que mantém sua consistência? Trata-se de procedimentos retóricos para ganhar a confiança do leitor. Convém precaver-se contra eles: todo o seu interesse não será exatamente levar-nos a acreditar nisso? Em suma, por um deslocamento mediante o qual a crítica das fontes é substituída pela crítica das categorias e dos modelos de escrita, assim como a questão do assunto abordado pela questão de quem o aborda, impõe-se a conclusão de que, na história, nada existe além dos textos – e, ainda, outros textos e sempre mais textos –, mas sem qualquer referência a um contexto exterior. A história é ficção baseada em interpretações subjetivas, incessantemente, revisitadas e revisadas; ela é literatura. "Em vez de construírem um saber que possa ser utilizado por outras pessoas", os historiadores "limitam-se a engendrar um discurso sobre o passado". A história fica reduzida a uma opinião do autor.

## História e verdade

### Os efeitos do desencanto

Essa epistemologia desmistificadora induz os historiadores a admitir a dupla impossibilidade em relação a uma história total e a uma história verdadeira. Tal postura implica, inevitavelmente, efeitos sobre os próprios historiadores e sobre seu público.

A aceitação da impossibilidade de elaborar uma história total acarreta o abandono das grandes sínteses. As iniciativas editoriais com esse objetivo – tais como as *Histoires de la France rurale, de la France urbaine, de la vie privée*, ou a grande *Histoire de la France* em vários volumes temáticos, lançadas pela editora Le Seuil, assim como a *Histoire des femmes* publicada pela editora Plon, além de muitas outras edições, a começar pelos sete volumes monumentais de *Lieux de mémoire*, sob a direção de P. Nora, publicados pela editora Gallimard – são obras coletivas que justapõem contribuições individuais, às vezes, divergentes. A audácia de Braudel na elaboração de seus três volumes – *Civilisation matérielle, Économie et Capitalisme XV<sup>e</sup>-XVIII<sup>e</sup>* (1979) –, a de Marc Bloch ao esboçar, em algumas centenas de páginas, *Les Caractères originaux de l'histoire rurale française* (1931), assim como a de Seignobos em sua obra *Histoire sincère de la nation française* (1933), fazem parte de um passado sem volta.

De fato, e mesmo levando em consideração sua descrença relativamente às grandes interpretações de conjunto, os historiadores mantêm a preocupação das verificações, o culto pela exatidão e por uma informação exaustiva. Não aderem às críticas devastadoras que reduzem a história a um ponto de vista do autor; e ao rejeitarem o relativismo absoluto, continuam a acreditar na veracidade de seus escritos que, efetivamente, se limitam a refletir verdades parciais e provisórias. Além de parecer ilusória ou impossível, a síntese – por implicar a crença em um sentido possível de uma totalidade – torna-se perigosa.

Daí, resulta um confinamento em assuntos que combinam história das representações com micro-história. Trata-se de "utilizar outro procedimento para decifrar as sociedades, ao introduzir-se no emaranhado das relações e das tensões que as constituem, partindo de um ponto de entrada particular (um acontecimento, obscuro ou capital; a narrativa de uma vida; uma rede de práticas específicas), e ao considerar que todas as práticas ou estruturas são produzidas, forçosamente, pelas representações, contraditórias e em confronto, pelas quais os indivíduos e os grupos conferem sentido a seu mundo".

Encaminhados neste sentido, os historiadores transformam-se em ourives ou relojoeiros. Eles produzem pequenas joias, textos burilados que refletem seu saber e sua habilidade, a amplitude de sua erudição, sua cultura teórica e sua engenhosidade metodológica, mas a partir de assuntos insignificantes que eles dominam de uma forma admirável ou a partir de temas sem importância para os contemporâneos. Ou, ainda, "eles deleitam-se ludicamente com a experimentação sistemática das hipóteses e das interpretações que são 'revisitadas' ilimitadamente".

Ao ler seus textos, os colegas nada podem fazer além de elogiar esses exercícios de virtuosidade e, assim, a corporação poderia tornar-se um clube de homenagens mútuas em que cada qual teria prazer em apreciar essas pequenas obras-primas de artesanato. Mas, e depois? *And then, what?* Para onde nos conduz uma história que aplica tesouros de erudição e de talento na abordagem de objetos insignificantes? Ou, mais exatamente, que têm sentido e interesse apenas para os historiadores de determinada área?

A questão da função social de uma história que renunciou a dizer algo sobre nossos problemas atuais aparece claramente se nos interrogamos a respeito do que pode ser transmitido no ensino dessa produção histórica desiludida. O fato é que a história escolar continua a basear-se em sínteses elaboradas há 25 anos atrás: o que significa uma renovação da história que não a leva em consideração? A questão será rejeitada, sem dúvida, por algumas pessoas: afinal de contas, a história não tem o objetivo primordial de ser ensinada nas escolas; a pesquisa, quando não está subordinada a determinado objetivo, exerce um controle total sobre a escolha de seus temas; aliás, ao livrar-se dessa função social e política de que tem sido refém, ela irá recuperar sua liberdade.

Parece-me que esse ponto de vista está, em parte, defasado da realidade e eu não gostaria que os historiadores imitassem os eclesiásticos das décadas de 60 e 70 que, para transformarem a comunhão solene em uma cerimônia puramente religiosa, rechaçaram as tradições sociais e folclóricas que a acompanhavam – tais como os vestidos de "noivinhas" e os banquetes familiares – e, assim, conseguiram realmente esvaziar as igrejas.

O desencanto cético corre o risco de produzir outros efeitos devastadores. À força de repetir, por toda parte nas gazetas, que não há verdade na história, mas somente interpretações subjetivas e relativas, o público vai acabar acreditando nesse postulado. Então, por que motivo prestaria atenção ao que afirmam os historiadores? A força e a importância social da história devem-se ao fato de que ela se apoia em verdades comprovadas e detém um saber a respeito da sociedade sobre si mesma. Essa posição já se encontra ameaçada não só pelo abandono de assuntos relevantes por parte da coletividade que remunera os historiadores, mas também pela atitude destes ao limitarem seu estudo ao que suscita interesse dentro da corporação; se, além disso, os historiadores perderam a esperança de descobrir a verdade, como poderão justificar o ensino obrigatório de sua disciplina?

De fato, nenhum historiador chega a esse ponto; atrás da postura em voga do ceticismo desiludido, todos estão convencidos da pertinência de suas análises, todos acreditam na verdade de seus textos. Limito-me a mencionar a crítica das fontes e o estabelecimento dos fatos, pedestal de qualquer história: nenhum historiador aceitará que se possa dizer que Guernica foi incendiada pelos republicanos espanhóis ou que as câmeras de gás não existiram. E chamo a atenção, também, para as interpretações: para fazer uma ideia a esse respeito, basta ver os debates suscitados pela história da Revolução Francesa.

É claro que não há acordo entre os historiadores; assim, cada um defende, com argumentos, que a própria interpretação é a mais adequada; e nenhum afirma que todas as interpretações possuem o mesmo valor. Segundo os semióticos, a história seria uma das modalidades da ficção; e, para retomar uma sentença de Barthes – escolhida por H. White como epígrafe de um de seus livros –, "o fato tem apenas uma existência linguística".

Portanto, em vez de se formar em torno de teses hipercríticas, até mesmo, niilistas, o consenso efetivo da corporação estabelece-se a meio caminho entre a certeza cientificista do início do século XX e o relativismo que, atualmente, convém exibir. A história afirma o que é verdadeiro; no entanto, suas verdades não são absolutas. Como compreender essa contradição constitutiva da disciplina?

## Objetividade, verdade, prova

As verdades da história são relativas e parciais por duas razões fundamentais e concordantes.

Por um lado, os objetos da história são considerados sempre em contextos; assim, ao apresentar seu objeto, o historiador refere-se sempre a tais contextos. As regularidades da história só podem ser enunciadas com a seguinte condição: "em igualdade de circunstâncias". Ora, as coisas nunca são iguais, mas apenas semelhantes ou aparentadas. Já apresentamos uma argumentação minuciosa sobre esse ponto, a propósito dos conceitos tipos ideais da história e, ao mesmo tempo, do que designamos, na esteira de J.-Cl. Passeron, por raciocínio natural.

Por outro lado, os objetos da história são construídos sempre a partir de um ponto de vista que é, em si mesmo, histórico. Já analisamos esse aspecto a propósito do enraizamento – científico, social e pessoal – das questões do historiador, assim como da criação dos enredos e da escrita. Eis por que a história, ao reivindicar e procurar a objetividade, jamais poderá alcançá-la. De fato, a objetividade implica uma oposição entre sujeito cognoscente e objeto conhecido que caracteriza as ciências em que o observador não está implicado pessoalmente em sua investigação; no sentido estrito, a objetividade é impossível tanto na história, quanto na sociologia ou na antropologia.

Em vez de objetividade, conviria falar de distanciamento e de imparcialidade. A comparação entre historiador e juiz é, neste aspecto, esclarecedora. O juiz não pode ser totalmente objetivo: na sua apreciação sobre um crime passional, verifica-se a interferência inevitável de seus sentimentos pessoais. No entanto, o procedimento é contraditório: os pontos de vista da acusação e da defesa são defendidos em pé de igualdade; além disso, para os cronistas, o juiz é imparcial quando utiliza o mesmo peso para as duas partes, formula questões sem opiniões preconcebidas e se limita aos fatos. Assim, deveria ser o procedimento do historiador para evitar as perspectivas unilaterais.

A imparcialidade (em vez da objetividade) do historiador resulta de uma dupla atitude, moral e intelectual. Em primeiro lugar, moral: de Seignobos a Marrou, em todas as obras a respeito de história, seus autores elaboraram uma apresentação ética, insistindo sobre o fato de que o historiador tem necessidade de levar em consideração a posição de todos os atores, mostrar honestidade intelectual, deixar de lado suas próprias opiniões e impedir a manifestação de suas paixões; para isso, em primeiro lugar, devem esforçar-se em elucidar e superar suas implicâncias pessoais. Apesar de seu cunho moralista, esses conselhos são realmente úteis; existe, ainda, um número exagerado de historiadores que, incentivados por suas paixões, cometem erros que acabam por desaboná-los.

No entanto, o apelo à honestidade e ao rigor é também de ordem intelectual. Trata-se, antes de mais nada, de escolha de uma postura intelectual, e não moral ou política. Se pretende ser imparcial, o historiador deve resistir à tentação pela qual a história deixaria de estar a serviço de si mesma. Em vez de ditar a conduta ou censurar, ele procura compreender. Quando se critica a história por pretender ser uma ciência, esquece-se muitas vezes que essa reivindicação serviu, historicamente, para romper o vínculo que a transformava em uma mestra da vida, uma coletânea de bons exemplos. É costume ridicularizar as ilusões do historiador alemão, Leopoldo Ranke (1795-1886) que pretendia descrever "como as coisas haviam acontecido realmente"; no entanto, a afirmação mantém-se atual se for considerada em seu contexto:

> Atribuiu-se à história a missão de julgar o passado e instruir o mundo contemporâneo para estar a serviço da posteridade: esta nossa tentativa não aspira a uma tarefa tão elevada, mas procura somente mostrar como as coisas realmente aconteceram.

No entanto, em história, a questão do regime de verdade transborda, amplamente, a da imparcialidade do pesquisador e da isenção da pesquisa. Trata-se, também, de uma questão de método: a verdade, na história, é o comprovado. Que métodos permitem a administração das provas?

VERDADE E FUNÇÃO SOCIAL DA HISTÓRIA

Mesmo que seja destituída de um método específico, a história não deixa de utilizar recursos fidedignos. No meu entender, um método é um conjunto definido de procedimentos mentais que, mediante sua aplicação, permitem que os pesquisadores, ao formularem a mesma questão às mesmas fontes, cheguem necessariamente às mesmas conclusões. Neste sentido, a história serve-se efetivamente de métodos que podem ser classificados em dois grupos: para resumir, irei designá-los por investigação e sistematização. Além disso, baseiam-se em dois tipos de provas: a factual e a sistemática.

A investigação – no sentido em que se fala de investigações de um juiz de instrução ou de um jornalista – é o método utilizado para estabelecer os fatos, os encadeamentos, as causas e as responsabilidades. O próprio senso comum reconhece que a investigação conduz à descoberta de verdades; caso contrário, a justiça seria impraticável. Na busca da verdade, o juiz procede como o historiador: identifica uma série de fatos que vão do móbil e do indício até a prova formal. A impressão digital e a codificação genética fornecem, às vezes, provas que poderiam ser consideradas "científicas". Testemunhas independentes e fidedignas confirmam que, na hora do crime, o indiciado estava jogando *bridge* com elas, em um lugar público: a prova é de natureza diferente e baseia-se em testemunhos, mas a inocência não deixa de ser comprovada de forma consistente.

Em vez de residir na investigação, a diferença entre juiz e historiador encontra-se na sentença. No termo do inquérito, o juiz deve tomar uma decisão; neste caso, a dúvida favorece o acusado. Por sua vez, o historiador usufrui de maior liberdade: pode suspender o julgamento e arvorar a balança das presunções e dúvidas porque o conhecimento escapa às condicionantes da ação. No entanto, em hipótese alguma, fica dispensado de apresentar suas provas. Neste sentido, a história deve ser factual. A língua inglesa dispõe, aqui, de um termo que não existe em francês: a história deve basear-se em *evidences* extraídas dos dados (*data*). Em francês, os fatos são, ao mesmo tempo, dados e provas: estabelecer os fatos é extrair dos dados o que vai servir como *evidence* na argumentação.

A prova factual não é necessariamente direta e pode ser procurada nos detalhes, aparentemente, desprezíveis. Eis o que Carlo Ginzburg designa por "paradigma indiciário", ao fazer referência, entre outros autores, a Sherlock Holmes. Neste ponto, a atribuição de quadros a um autor fornece um bom exemplo: o detalhe das orelhas ou dos dedos é, às vezes, mais convincente que uma assinatura. No entanto, o historiador, assim como o juiz, alimenta seu dossiê com provas, extraídas de indícios materiais (impressões digitais, marcas de sangue, etc.), de testemunhos, de documentos e chega a conclusões que, habitualmente, são aceitas como exatas. A investigação conduzida metodicamente constitui um regime de verdade que, apesar de não ser próprio da história, é aceito comumente e utilizado, sem reservas, por ela.

Por sua vez, a sistematização intervém sempre que o historiador enuncia verdades que incidem sobre um conjunto de realidades: indivíduos, objetos, costumes, representações, etc. Existe uma profusão de livros de história que tiram conclusões desse tipo: por exemplo, afirmam que, em 1940, os franceses apoiavam maciçamente o marechal Pétain; ou que os ex-combatentes do período entre as duas guerras eram pacifistas; ou que os homens do século XVI não podiam ser descrentes, ou, ainda, que a despesa com o pão representava uma soma superior à metade do orçamento familiar dos operários, no período da Monarquia de Julho. O que permite fazer tais afirmações? Onde estão as provas?

As sistematizações não são próprias da história e podem ser encontradas, igualmente, na sociologia e na antropologia; entretanto, nem todos os métodos de validação garantem o mesmo rigor.

O mais frágil consiste em fornecer exemplos para comprovar a sistematização; pode-se designá-lo por "exemplificação". Por se basear no número e na variedade dos exemplos propostos, sua validade é, portanto, desigual em si mesma: às vezes, a quantidade de exemplos encontrados pelo historiador não atinge o número desejado. Para comprovar que os franceses apoiavam maciçamente o marechal Pétain, o historiador apresentará citações de indivíduos bastante diversificados, fazendo parte de todas as correntes políticas, relatórios de presidentes de departamento e artigos de jornais. Se for sistemática, a busca de exemplos fará sobressair, em negativo, áreas de recusa (os comunistas) e mostrará as diferentes motivações; em vez de permitir avaliar a amplitude e o grau de adesão, ela fornecerá uma correta avaliação ou ponderação do conjunto. A exatidão das conclusões extraídas de uma exemplificação depende do caráter sistemático deste procedimento; seria conveniente explicitá-lo e justificá-lo.

Por sua vez, o método mais consistente baseia-se na construção de indicadores quantificáveis e na validação estatística; neste caso, ficamos mais perto da ciência popperiana – sem alcançá-la – segundo a qual a hipótese deve ser refutável. A qualidade das conclusões obtidas depende, no entanto, da construção dos indicadores utilizados e da validade dos dados que permitem construí-los; mas, com a condição de lembrar-se continuamente que as quantificações abrangem realidades concretas, em seus contextos, este procedimento fornece provas dificilmente contestáveis.

Entre esses dois extremos, existe uma verdadeira panóplia de métodos possíveis, elaborados pelos historiadores em função de suas fontes e de suas problemáticas; o importante é aplicar um método, como será demonstrado através de um exemplo.

Suponhamos uma pesquisa sobre as representações que, em determinada época, um grupo social se faz de si mesmo, a partir da leitura de jornais de corporações profissionais; assim, as conclusões do autor seriam baseadas em citações. Percebe-se, aqui, os limites da exemplificação: é duvidoso que outro pesquisador, ao ler os mesmos jornais, chegue às mesmas conclusões. Para isso, a exemplificação deveria ser sistemática e o autor deveria explicitar o protocolo adotado na busca de seus exemplos; deste modo, o procedimento seria mais rigoroso. Esse rigor seria ainda maior se fosse definido o método com precisão e houvesse recurso à análise de conteúdo ou a uma das formas de análise linguística; assim, qualquer pesquisador ao aplicar tal método ao mesmo corpus de textos deveria obter os mesmos resultados. O regime de verdade das conclusões seria muito mais consistente.

Escolhi este exemplo por ter sido objeto de uma discussão. Um historiador objetou que bastaria mudar de método para chegar a outros resultados. Se não é uma tirada espirituosa, trata-se de uma confissão de incapacidade que derruba definitivamente a pretensão da história em exprimir a verdade. De fato, nem todos os métodos têm o mesmo valor. Para ser válido, o método deve ser duplamente pertinente: em relação tanto às questões formuladas, quanto às fontes utilizadas. No exemplo proposto, os resultados teriam sido, provavelmente, mais convincentes se, em vez dessa análise de conteúdo, tivesse sido aplicado um método pedido de empréstimo à linguística. No entanto, o importante é adotar um método, ou seja, defini-lo e justificar essa escolha. Caso contrário, o historiador está condenado a produzir um texto literário, acompanhado de exemplos, cujo valor probante é reduzido.

A questão dos métodos de administração da prova é, portanto, central para a história. Renunciar a tal formulação, caso por caso, pesquisa por pesquisa, é renunciar a estabelecer verdades. Em meu entender, seria preferível que os historiadores refletissem nas diversas maneiras de aprimorar seus métodos, consolidar seu arcabouço, fortalecer seu rigor, em vez de repetir indulgentemente que a história não é uma ciência. Ela é transformada em literatura quando, além de se abster de uma reflexão sobre a metodologia mais adequada, alguém simplesmente deixa de adotar um método. O historiador deve assumir plenamente as exigências metodológicas de sua pretensão relativa a um regime próprio de verdade.

Com efeito, de duas, uma: ou todos os métodos são válidos e a história não passa de interpretações, pontos de vista subjetivos; ou, então, em história, existem verdades que dependem do rigor dos métodos adotados. No primeiro caso, a história desempenha uma função social análoga à do ensaio ou do romance; mas, globalmente, este distingue-se pela profundidade de seu sentido. No segundo caso, o historiador pode arvorar a legítima pretensão de deter um saber verificado. A questão de sua função social se formula, então, em outros termos.

## Uma função social ambígua

### História, nação, civismo

Por um paradoxo aparente, a história do século XIX que, supostamente, tinha conseguido livrar-se da moral e da política, desempenhou uma função eminentemente política: na França, assim como na Alemanha ou nos EUA, para não falar da Boêmia ou da Hungria, ela era o cadinho das identidades nacionais.

Essa situação implicava uma escolha em dois planos: como moldura privilegiada da história, a nação ou o povo sem levar em consideração suas diversidades internas; e, como problema, a construção dessas comunidades imaginadas. Daí, a importância atribuída à construção do Estado, na afirmação tanto de sua autoridade interna, quanto de sua potência – ou de sua independência – em relação ao exterior.

É perfeitamente perceptível, hoje em dia, a dimensão nacional dessa tradição histórica e seu vínculo com o ensino fundamental e médio. A figura de Lavisse encarna, por si só, esses "professores primários" da nação. No entanto, conviria evitar insistir nesse aspecto: os historiadores do final do século XIX e da primeira parte do século XX tiveram plena consciência do risco de desvio nacionalista. Sobre esse ponto, Seignobos, por exemplo, posicionava-se em contradição direta com a história de Bainville: em relação à historiografia, a influência da *Action française*[182] se exercia sobre a história para o grande público – que, na época, conheceu um retumbante sucesso – e não sobre a história universitária.

Apesar disso, esta última desempenhava, evidentemente, a função social de fornecer à nação seu repertório de lendas e sua identidade, sem ter

---

[182] Movimento reacionário monarquista da direita radical, ultranacionalista e anti-semita – cujo espírito impregnou a obra do historiador J. Bainville (1879-1936) – que surgiu por ocasião do Affaire Dreyfus (1894-1906) e se desenvolveu a partir de 1905 em torno de Charles Maurras. (N.T.).

consciência disso porque, em geral, mantinha sua neutralidade, evitando qualquer julgamento. Para ela, a atitude "científica" manifestava-se no tratamento dos fatos e das explicações, através da aplicação de seus princípios de imparcialidade; e nem se deu conta de que a definição dos assuntos nunca é neutra. A fragilidade da reflexão historiográfica e o menosprezo dos historiadores pela história de sua disciplina acompanhavam a cegueira de toda a sociedade francesa relativamente à função social efetiva da história.

Eis o que se observa perfeitamente no livro de Maurice Halbwachs, *Les Cadres sociaux de la mémoire* (1925): segundo o historiador, este livro destinava-se a abordar o papel da história na construção da memória social. Ora, não é isso o que ocorre: a questão permanece informulada. No entanto, isso deve-se, também, à ausência de memória no plano nacional: de acordo com Halbwachs, a sociedade considera as famílias, as religiões e as classes sociais, mas não as nações. Daí, a ausência da história: sua função efetiva consiste em formar as molduras sociais de uma memória nacional que Halbwachs descartou de seu estudo, sem mesmo ter debatido essa exclusão.

A tradição da história universitária na França caracterizava-se por uma segunda dimensão, muito mais profunda, e que determinava a escolha de seus assuntos. Os historiadores fixavam-se o objetivo de fazer compreender o funcionamento político e social de uma nação ou de um povo: como se tornam possíveis as evoluções? E como acabam sendo inelutáveis? Como se faz a constituição das forças sociais e políticas? Como é que as decisões são tomadas e por qual motivo?

Esse projeto era cívico e republicano. Se, pelo repertório nacional de lendas, assim como pela saga dos reis da França e pela epopeia revolucionária e imperial, a história era fator de coesão, ela visava simultaneamente uma função crítica. O saber é uma arma e a história – ao explicar o modo como se foi constituindo a nação – fornecia aos cidadãos os meios para que eles próprios formassem sua opinião sobre a evolução política e social no decorrer do tempo. Ela prodigalizava aos franceses os instrumentos intelectuais necessários para adotarem uma posição independente e motivada no domínio político e social; neste aspecto, inspirava-se no senso da liberdade, o que justificava seu ensino nas escolas.

O melhor formulador dessa ambição foi Seignobos. Para ele, o aluno deveria ser "capaz de tomar parte na vida social", aceitar as mudanças necessárias e contribuir para essa evolução, mantendo a ordem pública. Para isso, era necessário levá-lo a compreender a sociedade em que teria de viver. Eis a contribuição própriamente dita do ensino da história; daí, sua maior capacidade, em relação a qualquer outra disciplina, para formar os cidadãos.

## 46. – Charles Seignobos: Por que se deve ensinar história?

A história estuda acontecimentos humanos em que estão envolvidos homens que vivem em sociedade. Como o estudo das sociedades poderá ser um instrumento de educação política? Eis uma primeira questão. – A história estuda a sucessão do tempo, de maneira a levar a perceber os estados sucessivos das sociedades e, por conseguinte, suas transformações. Como o estudo das transformações das sociedades pode servir à educação política? Essa é a segunda questão. – A história estuda fatos do passado, sendo impossível observá-los diretamente; ela procede a seu estudo pela aplicação de um método indireto que lhe é próprio, ou seja, o método crítico. Como o exercício regular deste método poderá ser aplicado à educação política? Eis a terceira questão. [...]

A história é uma oportunidade de mostrar um grande número de fatos sociais; ela permite fornecer conhecimentos precisos relativamente à sociedade. [...]

A aquisição das noções fundamentais da política e o hábito de se servir com precisão do vocabulário político tornam o aluno muito mais apto para compreender uma sociedade, ou seja, perceber as relações que unem os homens que a formam: a divisão em classes, a organização do governo, a contratação do pessoal, a distribuição das tarefas, o mecanismo das funções. [...]

Por ter conhecido um grande número de transformações e, até mesmo, de revoluções, no passado, o homem instruído pela história já não fica estarrecido diante de um desses acontecimentos no presente. Ele estudou várias sociedades que sofreram mudanças profundas, consideradas pelas pessoas competentes como mortais; afinal, elas subsistem em boas condições.

Eis o que é suficiente para vencer seu medo da mudança e do conservadorismo obstinado à maneira dos tóris ingleses.

O homem instruído pela história aprendeu também que as transformações não atingem, de forma semelhante, os diferentes setores de um regime social e político. [...] Ele aprendeu que a organização social e o direito privado são mais estáveis e se modificam mais lentamente que o regime do governo central. Quando vier a tomar parte na vida pública, ele saberá o que pode ser mudado rapidamente e o que exige mais tempo para ser modificado. [...] o estudo das transformações nos livra de dois sentimentos inversos, mas igualmente perigosos para a atividade. O primeiro é a impressão de que o indivíduo é impotente para movimentar essa enorme massa de homens que formam uma sociedade: trata-se de um sentimento de impotência que conduz ao desânimo e à inação. O outro é a impressão de que a massa humana

> evolui por si só e que o progresso é inevitável: daí, se tira a conclusão de que o indivíduo não tem necessidade de ligar para isso; o resultado é o quietismo social e a inação.
>
> Pelo contrário, o homem instruído pela história sabe que a sociedade pode ser transformada pela opinião pública, a qual não se modificará por si só e que um indivíduo é impotente para modificá-la. No entanto, ele sabe que vários homens, operando conjuntamente no mesmo sentido, podem modificar essa opinião. Tal conhecimento fornece-lhe o sentimento de seu poder, a consciência de seu dever e a regra de sua atividade a qual consiste em contribuir para a transformação da sociedade no sentido que lhe parece ser mais vantajoso. Ela ensina-lhe o procedimento mais eficaz que consiste em estar em harmonia com outros homens animados das mesmas intenções a fim de trabalharem de comum acordo para transformar a opinião pública. (Seignobos, 1907, *passim*)

O projeto de uma propedêutica do civismo republicano pela história implicava a escolha de determinados assuntos, em vez de outros. Ele reconhecia, sem exclusividade, prioridade à história contemporânea e à história política; na realidade, privilegiava os temas que explicavam como os homens fizeram história, além dos assuntos que diziam respeito à ação dos indivíduos, grupos, instituições, em situações sociais transformadas por eles. A história tanto da Idade Média, quanto da Antiguidade podia, igualmente, contribuir para formar cidadãos, fazendo sobressair, pela comparação, a originalidade do presente e, sobretudo, criando o hábito de aplicar, em contextos variados, o modo de argumentar pelo qual se compreende como funciona uma sociedade. A história não se limita ao passado próximo porque sua argumentação é transponível de uma para outra época.

Paradoxalmente, essa função social não foi afetada pela influência crescente da história dos *Annales*, antes da fragmentação da década de 70. De fato, em vez de contradizer, a história labroussiana ou braudeliana acabou por enriquecer a ambição cívica de Lavisse ou Seignobos: para formar cidadãos conscientes, era útil explicar a realidade das forças profundas, em particular, econômicas, que presidem a evolução social. As simpatias políticas de numerosos historiadores dessa geração, depredadores do que haviam apreciado anteriormente, contribuem para explicar a persistência dessa função cívica da história.

O panorama é diferente quando a história se concentra em assuntos mais restritos com a ambição de descrever funcionamentos mais subjetivos, representações mais pessoais ou, se forem sociais, que não exerçam uma influência direta sobre a evolução macrossocial. A história assume, então, a função de responder a outro tipo de curiosidades, cuja única relação com nosso presente é o fato de corresponderem às expectativas de nossos contemporâneos. Pierre Nora enfatizou essa reviravolta resultante, em meados da década de 70, de uma dupla evolução da história e da sociedade: de uma história que perde suas certezas e se questiona sobre sua própria história; e de uma sociedade instigada pelo crescimento rápido e, bruscamente, cortada de suas raízes. Assim, inverteu-se a relação de ambas com o passado.

## História, identidade, memória

A história tradicional tinha sido construída a partir da continuidade: "A verdadeira percepção do passado consistia em considerar que ele não era verdadeiramente passado." Ele continuava atuante no presente e eis por que era importante elucidá-lo: a história iluminava naturalmente o presente. Já apresentamos, de forma bastante aprofundada, este ponto de vista que mantém certa validade, particularmente, em história contemporânea.

Essa relação do presente com o passado foi quebrada. "O passado nos é dado como radicalmente diferente; ele é esse mundo do qual estamos separados para sempre." A história constrói-se a partir da consciência apurada, entre os historiadores, de um corte radical e dos obstáculos a superar para eliminá-lo. Por sua vez, a sociedade solicita-lhes que voltem a capturar esses objetos perdidos, de preferência, em sua autenticidade vivida e não em sua estruturação lógica; eles recebem a missão de fazer ressoar, de novo, a voz dos atores e mostrar a paisagem com suas cores e seu exotismo. O sucesso obtido pelo livro *Montaillou* (1975) sublinha, de maneira emblemática, esse encontro entre a demanda atual de história e uma nova maneira de escrevê-la. O itinerário de seu autor, começando pelo afresco macrossocial até chegar à monografia, recapitula o percurso de um grande número de colegas.

Deste modo, a relação da história com a memória é invertida: a história que, por conveniência, será designada como "tradicional", ou seja, aquela que se fazia antes da reviravolta memorial da década de 70, assenhoreava-se da memória nacional e republicana francesa para estruturá-la e enraizá-la em uma continuidade de longa duração. Em compensação, a história atual é, de preferência, colocada a serviço da memória, como é perfeitamente traduzido pela imposição aos historiadores do "dever" de memória, o qual, no presente, define sua função social.

Ora, existe oposição, em todos os aspectos, entre história e memória; eis o que P. Nora expôs de forma magistral.

## 47. – Pierre Nora: Memória e história

A memória é a vida, assumida sempre por grupos vivos e, neste aspecto, ela está em evolução permanente, aberta à dialética da lembrança e da amnésia, inconsciente de suas sucessivas deformações, vulnerável a todas as utilizações e manipulações, suscetível de longas latências e de revitalizações repentinas. Por sua vez, a história é a reconstrução sempre problemática e incompleta do que deixou de ser. A memória é um fenômeno sempre atual, um vínculo vivido no presente eterno, enquanto a história é uma representação do passado. Por ser afetiva e pré-lógica, a memória adapta-se apenas a detalhes que a fortaleçam; ela alimenta-se de lembranças imprecisas, emaranhadas, globais ou flutuantes, particulares ou simbólicas, sensível a todas as transferências, anteparos, censuras ou projeções. A história, enquanto operação intelectual e laicizante, faz apelo à análise e à crítica textual. A memória instala a lembrança no sagrado, ao passo que a história procura desalojá-la daí, ela prosaiza sem cessar. A memória brota de um grupo, cuja união é garantida por ela, o que equivale a afirmar, na esteira de Halbwachs, que o número de memórias tem a ver com o número de grupos; por natureza, ela é múltipla e disseminada, coletiva, plural e individualizada. Pelo contrário, a história pertence a todos e a ninguém, o que lhe confere vocação para o universal. A memória enraíza-se no concreto, no espaço, no gesto, na imagem e no objeto; por sua vez, a história vincula-se apenas às continuidades temporais, às evoluções e às relações entre as coisas. A memória é um absoluto, enquanto a história conhece apenas o relativo.

No seu cerne, a história é solapada por um criticismo destruidor da memória espontânea. A memória é sempre suspeita para a história, cuja verdadeira missão consiste em destruí-la e recalcá-la. A história é deslegitimação do passado vivido[...] (NORA, 1984, p. XIX-XX)

Fazer história era libertar-se da memória, ordenar suas lembranças, reposicioná-las em encadeamentos e regularidades, explicá-las e compreendê-las, transformar uma vivência afetiva e emocional em algo de pensado. Como vimos no exemplo das lembranças da guerra: a memória está nos buracos abertos pelos obuses, nas fortificações cujas casamatas eram sacudidas pelos bombardeios; por sua vez, a história encontra-se nos museus pedagógicos, memorial ou historial, em que o visitante, pela impossibilidade de experimentar as emoções dos ex-combatentes, contenta-se em adquirir informações sobre a batalha.

Portanto, além de libertar o cidadão ao entregar-lhe as chaves da compreensão do presente, a história tradicional livrava-o da tutela das lembranças; a história era a libertação do passado. O homem, escrevia Marrou, liberta-se do passado – cujo peso, imerso na obscuridade, ele carrega – não pelo esquecimento, "mas pelo esforço despendido para reencontrá-lo e assumi-lo, com plena consciência, a fim de integrá-lo"; neste sentido, "a história aparece como uma pedagogia, ou seja, o terreno de exercício e o instrumento de nossa liberdade" (1954, p. 274). Esse era, também, o pensamento de L. Febvre.

---

**48. – Lucien Febvre: História, esquecimento, vida e morte**
Um instinto nos diz que esquecer é indispensável para os grupos e para as sociedades que desejam viver. Ser capaz de viver. Não se deixar esmagar por esse amontoado formidável, por esse acúmulo desumano de fatos herdados; nem por essa pressão irresistível dos mortos que esmagam os vivos – desbastando, debaixo de seu peso, a tênue camada do presente até exauri-lo de toda a força de resistência.

A história [responde a essa necessidade de esquecer. Ela] é um meio de organizar o passado para impedi-lo de pesar demais sobre os ombros dos homens. A história que, certamente, [...] não se resigna a ignorar, mas esforça-se em aumentar cada vez mais o acervo dos fatos "históricos" à disposição de nossas civilizações para que estas possam escrever a história: apesar disso, não existe aí contradição. De fato, em vez de apresentar aos homens uma coletânea de fatos isolados, a história empenha-se em organizá-los. Ela fornece-lhes uma explicação e, para isso, vai transformá-los em séries às quais não presta, de modo algum, a mesma atenção. Com efeito, independentemente de sua vontade, a coleta sistemática dos fatos do passado faz-se em função das necessidades presentes; em seguida, ela os classifica e agrupa. Seu questionamento da morte faz-se em função da vida. (Febvre, 1953, p. 437)

---

Nossa sociedade já não tem medo de ser submergida pelo passado, mas de perdê-lo. Ela tem sido instigada por um imenso movimento de comemorações: um bom exemplo é o milênio dos capetos. À partida, a comemoração da subida ao trono de Hugo Capeto (ano de 987), uma data que o comitê do CNRS competente não julgava digna de consideração: um personagem sem identidade garantida ("Capet" data do século XVI) e um acontecimento sem peso real. Na chegada, constatou-se um sucesso prodigioso com inúmeras manifestações descentralizadas, a presença do presidente da República e do conde de Paris na missa da coroação em Amiens, além da publicação de quatro biografias. Qual não teria sido o comentário de Maurras! Do mesmo modo, dois anos depois, ficamos impressionados pelo número e pela importância das manifestações locais dedicadas à celebração do bicentenário da Revolução Francesa. Por toda a França, foram organizadas múltiplas comemorações: o principal acontecimento no plano nacional foi celebrado, antes de mais nada, como fundador de identidades locais.

A "comemorativite" atual exige dos historiadores uma contribuição, ao mesmo tempo, de especialista e de legitimação, além de ser acompanhada por um interesse sem precedentes pela salvaguarda do patrimônio. Lançado em 1980, sem grandes pretensões, o "Ano do Patrimônio" obteve um imenso sucesso, renovado anualmente por uma jornada específica: em todas as regiões, multiplicam-se os museus dedicados aos mais diversos temas; em cada semana, ou quase, um prefeito solicita ao ministério dos ex-Combatentes a criação de um museu sobre determinada batalha, sobre os prisioneiros, sobre as armas, etc. São conservadas velhas viaturas, velhas garrafas e velhos utensílios; ninguém ousa jogar fora esse tipo de objetos.

Destruir, então, nem se fala. A lei de 1913 sobre os monumentos "históricos" visava os edifícios que apresentassem um interesse nacional, monumental ou simbólico: as catedrais, os castelos do vale do rio Loire e as mansões renascentistas. Atualmente, verificou-se uma prodigiosa extensão do procedimento: além da bancada de mármore do "Café du Croissant" no qual Jaurès foi assassinado, essa classificação é atribuída às creches do século XIX, etc. Basta que a opinião pública dê importância simbólica a um lugar para que ele seja preservado: assim, foi "salva" a fachada do "Hôtel du Nord", situado no *quai de Jemmapes* em Paris, como lembrança do filme de Marcel Carné; ora, esta fita foi rodada em estúdio. E são necessárias longas explicações para obter a autorização de derrubar, com a condição de substituí-las, árvores decrépitas que ameaçam causar algum prejuízo. Uma palavra de ordem percorre, assim, nossa sociedade: "Deixe em paz meu passado...".

Portanto, somos invadidos, submersos por um patrimônio proliferante que deixou de ser constitutivo de uma identidade comum e se fragmenta em uma infinidade de identidades locais, profissionais e categoriais; além disso, cada uma delas exige ser respeitada e comemorada. A história nacional cedeu o lugar a um mosaico de memórias particulares, a

> [...] um álbum de família descoberto, há trinta anos, com ternura e piedosamente enriquecido com todos os achados do sótão, imenso repertório de datas, imagens, textos, figuras, enredos, palavras e, até mesmo, valores [...], cujo poder – outrora, mítico – transformou-se em mitologia familiar[...] (NORA, 1992, p. 1010)

O inventário ou a coleção, que conservam religiosamente os vestígios do passado, sem identificar necessariamente seu sentido, adquirem uma legitimidade ainda mais consistente. Atualmente, as três "figuras dominantes de nosso universo cultural" são as seguintes: o museu, a enciclopédia e o guia (RANCIÈRE, 1994, p. 200).

Assim, a difusão de um gosto e de uma demanda de história, cuja temática abrange numerosos e diversos aspectos, é confirmada pela multiplicação dos genealogistas. A busca das raízes, que lança nossos contemporâneos no culto nostálgico do passado, começa a diluir a fronteira entre os historiadores profissionais e seus leitores; neste caso, por um efeito indireto justificado, chegou o momento de formular a questão da identidade dos historiadores profissionais.

Apesar de ter utilizado outra terminologia, Carl Becker já havia formulado tal questão, em 1931, em sua mensagem ao Congresso da *American Historical Association*. Seu ponto de partida era uma definição minimalista da história como se tratasse de "memória do que se fez e se disse", constatando que *Mr. Everyman*, ou seja, Todo-o-Mundo, fazia história sem o saber: ao acordar, lembra-se do que fez e disse na véspera, assim como visualiza o que tem para fazer durante o dia. Para confirmar determinada lembrança, ele consulta seus arquivos – a agenda – e, por exemplo, constata que deve pagar o carvão e dirige-se ao depósito. Na ocasião, o comerciante não dispunha do tipo de mercadoria solicitada, tendo enviado a encomenda para um colega – operação confirmada ao conferir suas anotações; assim, Todo-o-Mundo entra em contato com o fornecedor e paga a fatura. Ao voltar para casa, ele encontra a nota de entrega e, sem surpresa, constata que a mercadoria havia sido fornecida realmente pelo segundo comerciante. Todo-o-Mundo, observava Becker, acabava de executar todos os procedimentos do historiador: ele estabeleceu os fatos a partir de documentos conservados em arquivos. Afinal de contas, ele adota esse procedimento – histórico, sem o saber – para tudo o que, na vida corrente, une o passado ao presente e ao que tem para fazer no futuro. E do mesmo modo que, além de pão, ele inclui outros alimentos em seu cardápio, assim também sua atividade totalmente pragmática, como historiador, serve-lhe para ampliar seu presente e conferir sentido à sua experiência.

Neste caso, onde está – se questionava Becker – a diferença em relação ao historiador profissional? Ela não é fundamental. Certamente, o historiador tem a função de ampliar e valorizar o presente da sociedade. No entanto, a história não é uma ciência; os fatos não falam por si mesmos, de acordo com a crença dos historiadores do século XIX, fascinados pela ciência, tal como Fustel de Coulanges, citado por Becker.

> **49. – Carl Becker: A fala do historiador é a de Todo-o-Mundo**
> Cinquenta anos mais tarde, podemos ver claramente que a história não falava através de Fustel, mas exatamente o contrário. Vemos menos claramente, talvez, que Fustel usava a fala, amplificada, [...] de Todo-o-Mundo; ao manifestarem sua admiração, os estudantes aplaudiam [...] não a história, nem Fustel, mas um conjunto colorido de acontecimentos selecionados que haviam sido formalizados por esse historiador, de um modo tanto mais hábil na medida em que ele não tinha consciência de fazê-lo, para estar a serviço das necessidades afetivas de Todo-o-Mundo, ou seja, a satisfação afetiva tão essencial aos franceses desse tempo ao descobrirem que a origem das instituições francesas não era germânica. [...] Todo-o-Mundo é mais forte que nós e, mais cedo ou mais tarde, teremos de adaptar nosso saber a suas necessidades; caso contrário, ele deixar-nos-á entregues a nossas próprias tarefas e, talvez, cultivar essa espécie de árida arrogância profissional que brota do solo delicado da pesquisa erudita.(BECKER, 1932, p. 234)

Em vez de repetir o passado, concluía ele, nossa função consiste em corrigi-lo e racionalizá-lo para o uso corrente de Todo-o-Mundo.

A mensagem de Carl Becker contém duas prescrições, anteriormente, conjugadas e, hoje em dia, contraditórias. Deixo de lado a crítica do cientificismo que havia provocado grande impressão na época e insisto sobre a função social e a concepção da história.

Becker recomenda aos colegas que fiquem à escuta de Todo-o-Mundo e façam uma história que lhe seja útil. Eis uma constatação de fato, assim como um conselho: afinal de contas, o historiador faz o tipo de história que lhe é solicitado pela sociedade; caso contrário, esta se afasta dele. Ora, nossos contemporâneos exigem uma história memorial, identitária, uma história que lhes sirva de diversão relativamente ao presente e que suscite sua ternura ou sua indignação. Se o historiador não responder a essa demanda, ele ficará confinado em um gueto acadêmico.

Por outro lado, a história é para Becker um instrumento para o presente:

> Ao nos prepararmos para o que vem ao nosso encontro temos de nos lembrar de determinados acontecimentos do passado, assim como antecipar (observem que não digo predizer) o futuro. [...] A lembrança do passado e a antecipação dos acontecimentos futuros avançam lado a lado, se dão as mãos[...] (1932, p. 227)

Ora, a demanda atual transforma, inversamente, a história em um lugar da memória: ela é fuga do presente e medo do futuro.

Parece-me que, neste aspecto, se trata de um desafio não só para a história, mas para a sociedade. O culto do passado responde à incerteza do futuro e à ausência de projeto coletivo. A derrocada das grandes ideologias – que, no plano político, constitui um progresso inegável da lucidez – deixa nossos contemporâneos sem referências. Daí, o recuo de uma tradição historiográfica em que Seignobos e Braudel convergiam no que se refere à relação com o presente. Inversamente, não há projeto coletivo possível sem educação histórica dos atores e sem análise histórica dos problemas. Nossa sociedade mais focalizada na memória pensa que, sem história, ela perderia sua identidade; no entanto, a postura mais apropriada consistiria em dizer que uma sociedade sem história é incapaz de projeto.

O desafio que, daqui em diante, os historiadores devem enfrentar é o de transformar a demanda de memória de seus contemporâneos em história. O questionamento da morte deve ser feito em função da vida, eis o que L. Febvre afirmava de forma vigorosa. O dever de memória é valorizado incessantemente: mas, recordar um acontecimento é totalmente inócuo e não contribui para reproduzi-lo, se ele não for explicado. Convém fazer compreender como e por que motivo as coisas acontecem. É possível descobrir, então, complexidades incompatíveis com o maniqueísmo purificador da comemoração; e, sobretudo, o procedimento adotado se baseia na argumentação, em vez dos sentimentos e, menos ainda, dos bons sentimentos. A memória encontra sua autojustificação na ética e por ser politicamente correta, além de se energizar através dos sentimentos que ela mobiliza; por sua vez, a história exige razões e provas.

É verdade que sou um racionalista impenitente – um professor universitário pode deixar de sê-lo? Assim, penso que a adesão à história constitui um progresso: é preferível que a humanidade se oriente em função de razões, e não de sentimentos. Eis por que a história não deve estar a serviço da memória; ela deve aceitar, certamente, a demanda da memória com a condição de transformá-la em história. Se quisermos ser os atores responsáveis de nosso próprio futuro, teremos de acatar, antes de mais nada, um dever de história.

# Referências

ACTON, L. *A Lecture on the Study of History*, Delivered at Cambridge, June 11, 1895. Londres: Macmillan, 1895.

AGULHON, M. (1976). Les transformations du monde paysan. In: DUBY, G.; WALLON, A. (Org.). *Histoire de la France Rural*, t. III. Paris: Ed. du Seuil, 1976.

AMALVI, C. *Les Héros de l'Histoire de France. Recherche iconographique sur le panthéon scolaire de la Troisième République*. Paris: Éd. Phot'œil, 1979.

ANGVIK, M.; VON BORRIER, B. (Éd.). *Youth and History. A Comparative European Survey on Historical Consciousness and Political Attitudes among Adolescents*. Hamburgo: Körber-Stiftung, 1997.

APPLEBY, J.; HUNT, L.; JACOB, M. *Telling the Truth about History*. Nova York; Londres: W. W. Norton, 1994.

ARIÈS, P. *Essais sur l'histoire de la mort en Occident du Moyen Âge à nos jours*. Paris: Éd. du Seuil, 1975.

ARIÈS, P. *Le Temps de l'histoire*. Paris: Éd. du Seuil, 1986.

ARMATTE, M. Invention et intervention statistiques. Une conférence exemplaire de Karl Person. *Politix*, n. 25, 1994.

ARON, R. *Dimensions de la conscience historique*. Paris: Plon, 1961.

ARON, R. *Dix-huit Leçons sur la société industrielle*. Paris: Gallimard, 1968.

ARON, R. *Introduction à la philosophie de l'histoire. Essai sur les limites de l'objectivité historique*. Paris: Gallimard, 1938.

ARON, R. *La Philosophie critique de l'histoire. Essai sur une théorie allemande de l'histoire*. Paris: Vrin, 1969. (1. ed. 1938).

ARON, R. *Leçons sur l'histoire*. Texto estabelecido, apresentado e anotado por Sylvie Mesure. Paris: Éd. de Fallois, 1989.

AZÉMA, J.-P.; WINOCK, M. *Naissance et Mort. La Troisième Republique*. Paris: Calmann-Lévy, 1970.

BAILYN, B. *On the Teaching and Writing of History*. Hanover: University Press of New England/Dartmouth College, 1994.

BARBAS, J.-C. *Philippe Pétain, Discours aux Français*. Paris: Albin Michel, 1989.

BARRAL, P. *Les Agrariens français de Méline à Pisani*. Paris: Presses de la FNSP, 1968.

BARTHES, R. *Le discours de l'histoire. Social Science Information*, v.VI, n. 4, 1967.

BARTHES, R. *Michelet par lui-même*. Paris: Éd. du Seuil, 1954.

BECKER, C. Everyman his Own Historian. *American Historical Review*, v. XXXVII, Jan. 1932.

BÉDARIDA, F. L'histoire de la Résistance et l''affaire Jean Moulin'. *Les Cahiers de l'IHTP*, n. 27 (Jean Moulin et la Résistance en 1943), jun. 1994.

BÉDARIDA, F. (Dir.). *L'Histoire et le Métier d'historien en France, 1945-1995*. Paris: Éd. de la MSH, 1995.

BERR, H. *La Synthèse en histoire, son rapport avec la synthèse générale*. Paris: Albin Michel, 1953. (1. ed. 1911).

BERSTEIN, S.; MILZA, P. (Org.). *Dictionnaire historique des fascismes et du nazisme*. Bruxelas: Complexe, 1992.

BESSON, J.-L. (Dir.). La cité des chiffres, ou l'illusion des statistiques. In: *Autrement*, série "Sciences en société", Paris, n. 5, set. 1992.

BLOCH, M. *Apologie pour l'histoire ou métier d'historien*. Paris: Aramnd Colin, 1960.

BLOCH, M. *L'Étrange défaite*. Paris: Albin Michel, 1957.

BLOCH, M. *La Société féodale*. Paris: Albin Michel, t. 1, La Formation des liens de dépendance, 1939; t. 2, Les Classes et le Gouvernement des hommes, 1940.

BLOCH, M.; FEBVRE, L. *Correspondance. I. 1928-1933*. Editada por Bertrand Muller. Paris: Fayard, 1994.

BOLTANSKI, L. *Les Cadres, la formation d'un groupe social*. Paris: Éd. de Minuit, 1982.

BOLTANSKI, L.; THÉVENOT, L. *De la justification. Les économies de la grandeur*. Paris: Gallimard, 1991.

BOLTANSKI, L.; THÉVENOT, L. *Les Économies de la grandeur*. Paris: PUF, 1987.

BOUCHARD, G. *Le Village immobile. Sennely en Sologne au XVIII$^e$ siècle*. Paris: Plon, 1971.

BOUDON, R. L'intellectuel et ses publics: les singularités françaises. In: REYNAUD, J.-D.; GRAFMEYER, Y.s (Dir.). *Français, qui êtes-vous?* Paris: La Documentation française, 1981.

BOURDÉ, G.; MARTIN, H. *Les Écoles historiques*. Paris: Éd. du Seuil, 1983.

BOURDIEU, P. *Ce que parler veut dire*. Paris: Fayard, 1982.

BOURDIEU, P. *Escritos de educação*. Petrópolis: Vozes, 1998

BOURDIEU, P. La cause de la science. Comment l'histoire sociale des sciences sociales peut servir le progrès de ces sciences. *Actes de la recherche en sciences sociales*, n. 106-107, mar. 1995.

BOURDIEU, P. Sur les rapports entre la sociologie et l'histoire en Allemagne et en France. Entrevista concedida a Lutz Raphaël. *Actes de la recherche en sciences sociales*, n. 106-107, mar. 1995.

BOURGON, J. Problèmes de périodisation en histoire chinoise. In: DUMOULIN, O.; VALERY, R. (Éd.). *Périodes: la construction du temps historique, Actes du V$^e$ colloque*

REFERÊNCIAS

*d'Histoire au present.* Paris: Editions de l'Ecole des Hautes Etudes en Sciences Sociales et Histoire au présent, 1991.

BOUTRY, P. Assurances et errances de la raison historienne. In: BOUTIER, J.; JULIA, D. (Orgs.). jan. 1995.

BOUTIER, J.; JULIA, D. (Orgs.). Passés recomposés. Champs et chantiers de l'histoire. *Autrement*, Paris, série "Mutations", n. 150-151, jan. 1995.

BOUVIER, J.; FURET, F.; GILLET, M. *Le Mouvement du profit en France au XIX^e siècle.* Paris; La Haye: Mouton, 1965.

BRADLEY, F.-H. *Les Présupposés de l'histoire critique.* Paris: Les Belles-Lettres, 1965.

BRAUDEL, F. *Écrits sur l'histoire.* Paris: Flammarion, 1969.

BRAUDEL, F. Histoire et sciences sociales. La longue durée. *Annales ESC*, out./dez. 1958, p. 725-752; 1982.

BRAUDEL, F. *La Méditerranée et le monde méditerranéen à l'époque de Philippe II.* Paris: Armand Colin, 1976. 2 v. (1. ed. 1949).

BRUTER, A. Enseignement de la représentation et représentation de l'enseignement: Lavisse et la pédagogie de l'histoire. *Histoire de l'éducation*, n. 65, jan. 1995.

BURGUIÈRE, A. Histoire d'une histoire: la naissance des Annales. *Annales ESC*, nov./dez. 1979, p. 1347-1359.

BURGUIÈRE, A. (Ed.). *Dictionnaire des sciences historiques.* Paris: PUF, 1986.

BURKE, P. (Ed.). *New Perspectives on Historical Writing.* Cambridge: Polity Press, 1991.

BURRIN, P. Autorité. In: ORY, P. (Szerk.). *Nouvelle histoire des idées politiques.* Paris: Hachette, 1987.

CARBONNELL, C.-O. Histoire et Historiens. *Une mutation idéologique des historiens français – 1865-1885.* Toulouse: Privat, 1976.

CARBONNELL, C.-O.; LIVET, G. *Au berceau des Annales. Actes du colloque de Strasbourg (11-13 octobre 1979).* Toulouse: Presses de l'IEP, 1983.

CARR, E. H. *Qu'est-ce que l'histoire?* Paris: La Découverte, 1988. (1. ed. em inglês, 1961).

CARRARD, P. *Poetics of the New History. French Historical Discours from Braudel to Chartier.* Baltimore-Londres: The John Hopkins University Press, 1992.

CENTS ANS D'ENSEIGNEMENT DE L'HISTOIRE (1881-1981). Colóquio, Paris, 13-14 de novembro de 1981, número especial fora de série de *Revue d'histoire moderne et contemporaine*, 1984.

CERTEAU, M. *L'Écriture de l'histoire.* Paris: Gallimard, 1975.

CERTEAU, M. L'opération historique. In: LE GOFF, J.; NORA, P. (Dir.). *Faire de l'histoire, I. Nouveaux Problèmes.* Paris: Gallimard: 1981.

CHARLE, C. *Naissance des "intellectuels", 1880-1900.* Paris: Éd. de Minuit, 1990.

CHARLE, C. (Dir.). *Histoire sociale, histoire globale.* Paris: Éd. de la MSH, 1993.

CHARLE, C. *La République des universitaires, 1870-1940.* Paris: Éd. du Seuil, 1994.

CHARLE, C. *Les Elites de la République, 1880-1900.* Paris: Fayard, 1987.

CHARTIER, R. *Au bord de la falaise. L'histoire entre certitudes et inquiétude.* Paris: Albin Michel, 1998.

CHARTIER, R. *Cultural History. Between Practices and Representations*. Ithaca: Cornell University Press, 1988.

CHARTIER, R. Histoire intellectuelle et histoire des mentalités. Trajectoires et questions. *Revue de synthèse*, n. 111-112, 1983.

CHARTIER, R. L'Histoire ou le récit véridique. In: *Philosophie et Histoire*. Paris: Centre Pompidou, 1987.

CHARTIER, R. Le monde comme representation. *Annales ESC*, nov./dez. 1989.

CHAUNU, P. *Histoire quantitative, histoire sérielle*. Paris: Armand Colin, 1978 (1. ed. 1968).

CHAUNU, P. *Histoire science sociale, la durée, l'espace et l'homme à l'époque moderne*. Paris: SEDES, 1974.

CHAUNU, P. *Séville et l'Atlantique entre 1504 et 1650*. Paris: SEVPEN, 1959-1960.

CHERVEL, A. *Histoire de l'agrégation*. Paris: Kimé, 1992.

CITRON, S. *Le Mythe national. L'histoire de France en question*. Paris: Éd. Ouvrières, 1987.

CLARK, T. N. *Prophets and Patrons. The French University and the Emergence of the Social Sciences*. Cambridge: Harvard University Press, 1973.

COLLINGWOOD, R. G. *An Autobiography*. Oxford: Oxford University Press, 1939.

COLLINGWOOD, R. G. *The Historical Imagination*. An Inaugural Lecture Delivered before the University of Oxford on 28 october 1935. Oxford: Clarendon Press, 1935.

COLLINGWOOD, R. G. *The Idea of History*. Oxford: Clarendon Press, 1946.

COLLINGWOOD, R. G. *The Philosophy of History*. Londres: Historical Association Leaflet, n. 70, 1930.

CORBIN, A. Le vertige des foisonnements. Esquisse panoramique d'une histoire sans nom. *Revue d'histoire moderne et contemporaine*, jan./mar. 1992.

CORBIN, A. *Le Territoire du vide. L'Occident et le désir du rivage 1750-1840*. Paris: Aubier, 1988.

COURNOT, A. A. *Considérations sur la marche des idées et des événements dans les temps modernes*. Paris: Vrin, 1973. (1. ed. 1872).

COURNOT, A. A. *Essai sur les fondements de nos connaissances et sur les caractères de la critique philosophique*. Paris: Vrin, 1975. (1. ed. 1851).

COUTAU-BÉGARIE, H. *Le Phénomène nouvelle histoire. Grandeur et décadence de l'école des Annales*. 2. ed., inteiramente refundida. Paris: Economica, 1989. (1. ed. 1983).

CRÉMIEUX-BRILHAC, J.-L. *Les Français de l'an quarante*. Paris: Gallimard, 1990.

CROUZET, François. Essai de construction d'un indice annuel de la production industrielle française au XIX$^e$ siècle. *Annales ESC*, jan./fev. 1970.

DANCE, E. H. *Conselho da Europa. L'Éducation en Europe. La place de l'histoire dans les établissements secondaires*. Paris: Armand Colin-Bourrelier, 1969.

DANCEL, B. *Enseigner l'histoire à l'école primaire de la IIIe République*. Paris: PUF, 1996.

DANTO, A. C. *Analytical Philosophy of History*. Cambridge: Cambridge University Press, 1965.

DAUMARD, A. (Dir.). *Les Fortunes françaises au XIX$^e$ siècle*. Paris; La Haye: Mouton, 1973.

DELACROIX, C.; DOSSE, F.; GARCIA, P. *Les Courants historiques en France. XIX<sup>e</sup> - XX<sup>e</sup> siècle.* Paris: Armand Colin, 1999.

DÉSERT, G. *Les Paysans du Calvados, 1815-1895.* Lille, Serviço de reprodução de teses, 1975. 3 v., mimeo.

DESROSIÈRES, A. *La Politique des grands nombres. Histoire de la raison statistique.* Paris: La Découverte, 1993.

DESROSIÈRES, A. Éléments pour l'histoire des nomenclatures socioprofessionnelles. *Pour une histoire de la statistique*, t. I, p. 155-231, INSEE & Econômica, 1987.

DIGEON, C. *La crise allemande de la pensée française.* Paris: PUF, 1959.

DILTHEY, W. *Critique de la raison historique. Introduction aux sciences de l'esprit.* Paris: Éd. du Cerf, 1992.

DILTHEY, W. *L'Édification du monde historique dans les sciences de l'esprit.* Paris: Éd. du Cerf, 1988.

DOSSE, F. *L'Histoire.* Paris: Armand Colin, 2000.

DOSSE, F. *L'Histoire en miettes. Des "Annales" à la "nouvelle histoire".* Paris: La Découverte, 1987.

DOSSE, F. *L'Empire du sens. L'humanisation des sciences humaines.* Paris: La Découverte, 1995.

DUBIEF, H. *Les cadres réglementaires dans l'enseignement secondaire.* Colloque Cent Ans d'enseignement de l'histoire, s.d.

DUBY, G. *L'Histoire continue.* Paris: Odile Jacob, 1991.

DUBY, G. *Le Dimanche de Bouvines: 27 juillet 1214.* Paris: Gallimard, 1973.

DUMOULIN, J.; MOISI, D. (Ed.). *L'Historien entre l'ethnologue et le futurologue.* Atas do Colóquio Internacional de Veneza, 2-8 abr. 1971. Paris; La Haye: Mouton, 1972.

DUMOULIN, O. Comment on inventa les positivistes. In: *L'Histoire entre épistémologie et demande social.* Toulouse, Versailles: Instituts Universitaires de Formation des Maîtres de Créteil, 1994.

DUMOULIN, O. La guerre des deux périodes. In: DUMOULIN, O.; VALERY, R. (Éd.). *Périodes: la construction du temps historique, Actes du Ve colloque d'Histoire au Présent.* Paris: Editions de l'Ecole des Hautes Etudes en Sciences Sociales et Histoire au présent, 1991.

DUMOULIN, O. *Marc Bloch.* Paris: Presses de Sciences Po, 2000.

DUMOULIN, O. *Profession historien 1919-1939, un métier en crise.* Tese apresentada na École des hautes études en sciences sociales (EHESS), sob a orientação de A. Burguière, 1983.

DUPEUX, G. *Aspects de l'histoire sociale et politique du Loir-et-Cher 1848-1914.* Paris: Impr. nationale, 1962.

DURKHEIM, É. *Les Règles de la méthode sociologique.* Paris: PUF, 1950. (1. ed. 1895).

DURKHEIM, É. *Le Suicide. Étude de sociologie.* Paris: PUF, 1985. (1. ed. 1897).

ÉCRIRE L'HISTOIRE DU TEMPS PRÉSENT. *Hommage à François Bédarida.* Paris: CNRS-Éditions, 1993.

EHRARD, J.; PALMADE, G. *L'Histoire.* Paris: Armand Colin, 1964.

FARGE, A. *Des lieux pour l'histoire*. Paris: Éd. du Seuil, 1997.

FARGE, A. *Le Goût de l'archive*. Paris: Éd. du Seuil, 1989.

FEBVRE, L. *Combats pour l'histoire*. Paris: Armand Colin, 1953.

FEBVRE, L. Entre l'histoire à thèse et l'histoire-manuel. Deux esquisses récentes d'histoire de France. *Revue de Synthèse*, v.V, 1933.

FEBVRE, L. *Le Problème de l'incroyance au XVIe siècle: la religion de Rabelais*. Paris: Albin Michel, 1942.

FEBVRE, L. Une histoire politique de la Russie moderne. Histoire-tableau ou synthèse historique. *Revue de Synthèse*,VII, 1934.

FEBVRE, L.Vers une autre histoire. (1949). In: *Combats pour l'histoire*. Paris: Armand Colin, 1953.

FOGEL, R. *Railroads and American Economic Growth: Essays in Econometric History*. Baltimore: The Johns Hopkins Press, 1964.

FOUCAULT, M. *L'Archéologie du savoir*. Paris: Gallimard, 1969.

FRANK, R. Enjeux épistémologiques de l'enseignement de l'histoire du temps présent – L'histoire entre épistémologie et demande sociale. In: BALDNER, J.-M. *et al*. *L'histoire, entre épistémologie et demande sociale*. Toulouse, Versailles: IUFM Créteil, 1994.

FREDERICQ, P. L'enseignement supérieur de l'histoire à Paris, notes et impressions de voyage. *Revue internationale de l'enseignement*, 15 jul. 1883.

FREYSSINET-DOMINJON, J. *Les Manuels d'histoire de l'école libre, 1882-1959*. Paris: Armand Colin-Presses de la FNSP, 1969.

FRIEDLANDER, S. *Histoire et Psychanalyse. Essai sur les possibilités et les limites de la psycho-histoire*. Paris: Éd. du Seuil, 1975.

FURET, F. *De l'histoire récit à l'histoire problème*. Paris: Diogène, 1975.

FURET, F. *L'Atelier de l'histoire*. Paris: Flammarion, 1982.

FURET, F. *La Gauche et la Révolution au milieu du XIX siècle*. Paris: Hachette, 1986.

FURET, F. *La Révolution: de Turgot à Jules Ferry (1770-1880)*. Paris: Hachette, 1988.

FURET, F. *Penser la Révolution française*. Paris: Gallimard, 1978.

FURET, F.; OZOUF, J. *Lire et Écrire, l'alphabétisation des Français de Calvin à Jules Ferry*. Paris: Éd. de Minuit, 1977, t. I.

GADAMER, H.-G. *Le Problème de la conscience historique*. Paris: Éd. du Seuil, 1996.

GAUCHET, M. (Ed.). *Philosophie des sciences historiques*. Lille: PUL, 1988.

GAUTIER, N.; ROUGE, J.-F. (Dir.). Passion du passé, "les fabricants" d'histoire, leurs rêves et leurs batailles. *Autrement*, Paris, n. 88, mar. 1987.

GÉRARD, A. À l'origine du combat des Annales: positivisme historique et système universitaire. In: CARBONELL, C.-O.; LIVET, G. (Dir.). *Au berceau des Annales. Le millieu strasbourgeois. L'histoire en France au début de XX$^e$ siècle*. Toulouse: Presses de l'IEP, 1993. p. 89-104.

GERBOD, P. La place de l'histoire dans l'enseignement secondaire de 1802 à 1880. *L'Information historique*, 1965.

GINZBURG, C. *Mythes, emblèmes, traces. Morphologie et histoire*. Paris: Flammarion, 1989.

GIRAULT, R. *L'Histoire et la géographie en question*. Relatório encomendado pelo ministro da Educação Nacional. Paris: Ministère de l'Éducation nationale, Serviço de informação, 1983.

GLÉNISSON, J. *L'historiographie française contemporaine: tendances et réalisations. La Recherche historique en France de 1940 à 1965*. Paris: Éditions du Centre national de la recherche scientifique, 1967. p. IX LXIV.

GRAND-CHAVIN, S. *Le Développement de "L'Histoire": rencontre entre l'édition, l'Université et le journalisme*. Dissertação de Diplôme d'Etudes Approfondies (DEA) sob a direção de Ph. Levillain, Paris: IEP, 1994.

GRATALOUP, C. Les régions du temps. Périodes. La construction du temps historique. *Actes du colloque d'Histoire au présent, EHESS et Histoire au présent*, 1991.

GRENIER, J.-Y.; LEPETIT, B. L'expérience historique. À propos de C. E. Labrousse. *Annales ESC*, nov./dez. 1989.

GUÉNÉE, B. *Histoire et culture historique dans l'Occident médiéval*. Paris: Aubier, 1980.

GUERRES mondiales et conflits contemporains, Paris: PUF, jul. 1992.

GUIZOT, F. *Cours d'histoire moderne, Histoire générale de la civilisation en Europe*. Paris: Pichon et Didier, 1828.

HALBWACHS, M. *Les cadres sociaux de la mémoire*. Paris: PUF, 1952. (1. ed. 1925).

HALPHEN, L. *Introduction à l'histoire*. Paris: PUF, 1946.

HARTOG, F. *Le XIX$^e$ siècle et l'histoire. Le cas Fustel de Coulanges*. Paris: PUF, 1988.

HEXTER, J. H. *On Historians, Reappraisals of Some of the Makers pf Modern History*. Cambridge: Harvard University Press, 1979.

HEXTER, J. H. Fernand Braudel and the Monde Braudellien (sic). In: *On Historians, Reappraisals of Some of the Makers pf Modern History*. Cambridge: Harvard University Press, 1979.

HFINK, C. *Marc Bloch*: A Life in History. Cambridge: Cambridge University Press, 1989.

HISTOIRE ENTRE ÉPISTÉMOLOGIE ET DEMANDE SOCIALE (L'). Atas da Universidade de Verão de Blois, set. 1993. Créteil: Institut universitaire de formation des maîtres, 1994.

HISTOIRE ET SES MÉTHODES (L'). Atas do Colóquio de Amsterdã, novembro de 1980. Lille: PUL, 1981.

HISTOIRE/GÉOGRAPHIE, 1. L'arrangement. Espaces Temps, *Les Cahiers*, Paris, n. 66-67, 1998.

HISTOIRE SOCIALE, SOURCES ET MÉTHODES (L'). Colóquio da École normale supérieure de Saint-Cloud, 15-16 maio 1965. Paris: PUF, 1967.

HOURS, J. *Valeur de l'histoire*. Paris: PUF, 1971. (1. ed. 1953).

HUNT, L. French History in the Last Twenty Years: The Rise and Fall of the Annales Paradigm. *Journal of Contemporary History*, v. 21, 1986.

INSEE [Institut national de la statistique et des études économiques]. *Pour une histoire de la statistique*, tomo 1: *Contributions*; tomo 2: Matériaux. Paris: Economica, 1987.

JAUBERT, A. *Le Commissariat aux Archives. Les photos que falsifient l'histoire*. Paris: Bernard Barrault, 1986.

JEANNENEY, J.-N. *Le Passé dans le prétoire. L'historien, le juge et le journaliste*. Paris: Éd. du Seuil, 1998.

JOUTARD, P. Une passion française: l'histoire. In: BURGUIÈRE, A.; REVEL, J. (Dir.). *Histoire de la France. Les formes de la culture*. Paris: Éd. du Seuil, 1993.

JULLIARD, J. La politique. In: LE GOFF, J.; NORA, P. *Faire de l'histoire*, v. II. Nouvelles Approches. Paris: Gallimard, 1974.

KARADY, V. Durkheim, les sciences sociales et l'Université: bilan d'un demi-siècle. *Revue française de sociologie*, número especial "Durkheim", abr./jun. 1976.

KARADY, V. Stratégies de réussite et modes de faire-valoir de la sociologie chez les durkheimiens. *Revue française de sociologie*, número especial "Les Durkheimiens", jan./ mar/ 1979.

KEYLOR, W. R. *Academy and Community. The Foundation of the French Historical Profession*. Cambridge: Harvard University Press, 1975.

KEYLOR, W. R. *Jacques Bainville and the Renaissance of Royalist History in Twentieth-Century France*. Baton Rouge: Louisiana State University Press, 1975.

KOGON, E.; LANGBEIN, H.; RÜCKERL, A. *Les Chambres à gaz, secret d'État*. Paris: Éd. de Minuit, 1984. (reed. col. "Points Histoire", 1987).

KOSELLECK, R. Die Gleichzeitigkeit des Ungleichzeitigen. In: POMIAN, K. *L'ordre du temps*. Paris: Gallimard, 1984.

KOSELLECK, R. *Le Futur passé. Contribution à la sémantique des temps historiques*. Paris: EHESS, 1990. (1. ed. em alemão, 1979).

KOSELLECK, R. *L'Expérience de l'histoire*. Paris: Gallimard/Éd. du Seuil, 1997.

LABROUSSE, C.-E. Introduction générale. In: *La Crise de l'économie française à la fin de l'Ancien Régime et au début de la Révolution*. I. Aperçus généraux, Sources, Méthode, Objectifs, la crise de la viticulture. Paris: PUF, 1944.

LACAPRA, D.; KAPLAN, S. (Ed.). *Modern European Intellectual History. Reappraisals and New Perspectives*. Ithaca; Londres: Cornell University Press, 1982.

LACOMBE, P. *De l'histoire considérée comme science*. Paris: Hachette, 1894.

LANGLOIS, C.-V.; SEIGNOBOS, C. *Introduction aux études historiques*. Paris: Hachette, 1897. Reedição com Prefácio de Madeleine Reberioux. Paris: Kimé, 1992.

LANGLOIS, C. Les effets retour de l'édition sur la recherche. In: BOUTIER, J.; JULIA, D. (Orgs.) jan. 1995.

LAUTIER, N. *À la rencontre de l'histoire*. Lille: Presses universitaires du Sptentrion, 1997.

LAUTIER, N. *Enseigner l'histoire au lycée*. Paris: Armand Colin, 1997.

LEDUC, J.; MARCOS-ALVAREZ, V.; LE PELLEC, J. *Construire l'histoire*. Toulouse: Bertrand-Lacoste/CRDP Midi-Pyrénées, 1994.

LEFEBVRE, G. *Réflexions sur l'histoire*. Paris: Maspero, 1978.

LE GOFF, J. *Histoire et Mémoire*. Paris: Gallimard, 1977.

LE GOFF, J. Une maladie scientifique. *La Lettre SHS*, n. 32, dez.1993.

LE GOFF, J.; CHARTIER, R.; REVEL, J.(Ed.). *La Nouvelle Histoire*. Paris: Retz, 1978.

LE GOFF, J.; NORA, P. (Dir.). *Faire de l'histoire*, I. *Nouveaux Problèmes*, II. *Nouvelles Approches*, III. *Nouveaux Objets*. Paris: Gallimard, 1974.

LÉON, P. *Géographie de la fortune et Structures sociales à Lyon au XIX$^e$ siècle*. Lyon: Université de Lyon-II, 1974.

LEPETIT, B. (Dir.). *Les Formes de l'expérience. Une autre histoire sociale*. Paris: Albin Michel, 1995.

LE ROY LADURIE, E. *Du quantitatif en histoire: la VI$^e$ section de l'École pratique des hautes études*. Conferência proferida em Toronto, dez. 1967.

LE ROY LADURIE, E. La révolution quantitative et les historiens français: bilan d'une génération (1932-1968). *Le Monde*, 25 jan. 1969, p. 15-22.

LE ROY LADURIE, E. *Le Territoire de l'historien,* tomo I. Paris: Gallimard, 1977. Tomo II, 1978. (1. ed. 1973).

LEVI, P. *Apêndice in Si c'est un homme*. Paris: Julliard, 1995.

LÉVI-STRAUSS, C. *La Penseé sauvage*. Paris: Plon, 1990.

LIPP, C. Histoire sociale et Alltagsgeschichte. *Actes de la recherche en sciences sociales,* n. 106-107, mar. 1995.

LIRE BRAUDEL (obra coletiva). Paris: La Découverte, 1988.

LUC, J.-N. Une réforme difficile: un siècle d'histoire à l'école élémentaire (1887-1985). *Historiens et Géographes*, n. 306, set./out. 1985.

MABILLON, J. *Brèves Réflexions sur quelques règles de l'histoire*. Paris: P.O.L., 1990.

MAINGUENEAU, D. *Les Livres d'école de la République 1870-1914. Discours et idéologie*. Paris: Le Sycomore, 1979.

MANN, H.-D. *Lucien Febvre. La pensée vivante d'un historien*. Paris: Armand Colin, 1971.

MANTOUX, P. Histoire et sociologie. *Revue de synthèse historique*, 1903.

MARCILHACY, C. *Le Diocèse d'Orléans sous l'épiscopat de Mgr Dupanloup*, 1849-1878. Paris: Plon, 1963.

MARIN, L. *Le récit est un piège*. Paris: Éd. de Minuit, 1978.

MARROU, H.-I. *De la connaissance historique*. Paris: Éd. du Seuil, 1954 (reed. 1975).

MAZON, B. *Aux origines de l'EHESS. École des hautes études en sciences sociales, le rôle du mécénat américain (1920-1960)*. Paris: Éd. du Cerf, 1988.

MEUVRET, J. Les crises de subsistances et la démographie de l'Ancien Régime. *Population*, n. 4, 1946.

MEUVRET, J. Les mouvements des prix de 1661 à 1715 et leurs répercussions. *Journal de la société de statistique de Paris*, 1944.

MEYER, Edouard. *Zur Théorie und Methodik der Geschichte*. Halle, 1902.

MICHELET, J. Prefácio de Histoire de France. In: EHRARD, J.; PALMADE, G. *L'Histoire*. Paris: Armand Colin, 1869.

MILIOUKOV, P.; SEIGNOBOS, C.; EISENMANN, L. *Histoire de Russie*. Paris: E. Leroux, 1932.

MILO, D. S. ... et la Révolution "créa" le siècle. In: MILO, D. S.; BOUREAU, A. *Alter histoire. Essais d'histoire expérimentale*. Paris: Les Belles Lettres, 1991.

MILO, D. S. *Trahir le temps (histoire)*. Paris: Les Belles Lettres, 1991.

MILO, D. S.; BOUREAU, A. *Alter histoire. Essais d'histoire expérimentale*. Paris: Les Belles Lettres, 1991.

MINISTÈRE DE L'ÉDUCATION NATIONALE, *Colloque national sur l'histoire et son enseignement*, 19-20-21 janvier 1984, Montpellier. Paris: CNDP, 1984.

MOMIGLIANO, A. *Problèmes d'historiographie ancienne et moderne*. Paris: Gallimard, 1983.

MONIOT, H. (Ed.). *Didactique de l'histoire*. Paris: Nathan, 1993.

MONIOT, H. (Ed.). *Enseigner l'histoire. Des manuels à la mémoire*. Berne: Peter Lang, 1990.

MONIOT, H.; SERWAANSKI, M. (Ed.). *L'Histoire en partage, I. Le Récit du vrai*. Paris: Nathan, 1994.

MONOD, G. Du progrès des études historiques en France depuis le XVIe siècle. Editorial do primeiro número de *Revue historique*, 1876, reeditado em *Revue historique*, n. 518, abr./jun. 1976, p. 297–324.

MONOD, G.; FAGNIEZ, G. "Avant-propos" do 1° número da *Revue historique*, retomado no n. 518, abr./jun. 1976.

MORAZE, C. *Trois Essais sur histoire et culture*. Paris: Armand Colin, 1948.

NOIRIEL, G. Pour une approche subjectiviste du social. *Annales ESC*, nov./dez. 1989, p. 1435-1459.

NOIRIEL, G. Naissance du métier d'historien. *Genèses*, n. 1, set. 1990.

NOIRIEL, G. *Sur la "crise" de l'histoire.* Paris: Belin, 1996.

NORA, P. Entre mémoire et histoire. La problématique des lieux. In: NORA, P. (Dir.). *Les Lieux de mémoire, I. La République*. Paris: Gallimard, 1984.

NORA, P. (Ed) *Essais d'égo-histoire.* Paris: Gallimard, 1987.

NORA, P. L'ère de la commémoration. In: NORA, P. (Dir.). *Les Lieux de mémoire, III. Les France*. Paris: Gallimard, 1992.

NORA, P. L'histoire de France de Lavisse. In: NORA, Pierre (Dir.). *Les Lieux de mémoire, II. La Nation*. Paris: Gallimard, 1986.

NORA, P. Lavisse, instituteur national. In: NORA, P. (Dir.). *Les Lieux de mémoire, I. La République.* Paris: Gallimard, 1986.

NOVICK, P. *That Noble Dream, The "Objectivity Question" and the American Historical Profession*. Cambridge: Cambridge University Press, 1988.

ORY, P. (Dir.). *Nouvelle Histoire des idées politiques*. Paris: Hachette, 1987.

PASSERON, J.-C. *Le Raisonnement sociologique. L'espace non-poppérien du raisonnement naturel*. Paris: Nathan, 1991.

PASSERON, J.-C. Homo sociologicus. *Le Débat*, n. 79, mar./abr. 1994.

PASSERON, J.-C.; PROST, A. L'enseignement, lieu de rencontre entre historiens et sociologies. *Sociétés contemporaines*, n. 1, mar. 1990.

PAXTON, R. Les fascismes, essai d'histoire comparée. *Vingtième siècle, revue d'histoire*, n. 45, jan./mar. 1995.

REFERÊNCIAS

PÉGUY, C. De la situation faite à l'histoire et à la sociologie dans les temps modernes. In: *Œuvres en prose complètes*, II. Paris: Gallimard, 1988. p. 481-519. (Bibliothèque de la Plêiade).

PÉRIODES. La construction du temps historique. A*tas do 5° colóquio de Histoire au Présent*. Paris: EHESS; Histoire au Présent, 1991.

PESCHANSKI, D.; POLLAK, M.; ROUSSO, H. (Ed.). *Histoire politique et sciences sociales*. Bruxelas: Éd. Complexe, 1991.

PIGANIOL, A. Qu'est-ce que l'histoire? *Revue de métaphysique et de morale*, 1955.

PIOBETTA, J.-B. *Le Baccalauréat*. Paris: Baillière et fils, 1937.

POMIAN, K. Histoire et fiction. *Le débat*, n. 54, mar./abr. 1989

POMIAN, K. *L'Ordre du temps*. Paris: Gallimard, 1984.

POMIAN, K. L'heure des Annales. La terre – les hommes – le monde. in: NORA, P. (Dir.). *Les Lieux de mémoire, II. La Nation*. Paris: Gallimard, 1986.

POMIAN, K. *Sur l'histoire*. Paris: Gallimard, 1999.

POPPER, K. *La Logique de la découverte scientifique*. Paris: Payot, 1978. (1. ed. em inglês, 1959).

POPPER, K. *Misère de l'historicisme*. Paris: Plon, 1956. (1. ed. em inglês, 1944).

POULOT, D. *Le Sublime ou le Travailleur comme il est en 1870 et ce qu'il peut être*. Paris: Libr. Internationale, 1870.

PRESSAC, J.-C. *Les Crématoires d'Auschwitz, la machinerie du meurtre de masse*. Paris: CNRS Éditions, 1993.

PROST, A. Comment l'histoire fait-elle l'historien ? *Vingtième siècle, revue d'histoire*, n. 65, jan./mar. 2000.

PROST, A. Histoire, vérités, méthodes. Des structures argumentatives de l'histoire. *Le Débat*, n. 92, nov./dez. 1996.

PROST, A. L'historien, le juge, le temoin et l'accusé. In: BRAYARD, F. (Ed.). *Le Génocide des juifs entre procès et histoire*. Bruxelas: Éd. Complexe, 2000.

PROST, A. *Les Anciens Combattants et la Société française, 1914-1939*. Paris: Presses de la FNSP, 1977.

PROST, A. Qu'est-il arrivé à la sociologie du travail française? *Le Mouvement social*, n. 171, abr./jun/1995.

PROST, A. Seignobos revisité. *Vingtième siècle, revue d'histoire*, n. 43, jul./set. 1994.

RAPHAËL, L. *Die Erben von Bloch und Febvre. "Annales" Geschichtsschreibung und Nouvelle Histoire in Frankreich – 1945-1980*. Stuttgart: Klett-Cotta, 1994.

RANCIÈRE, J. *Les Mots de l'histoire. Essai de poétique du savoir*. Paris: Éd. du Seuil, 1992.

RANCIÈRE, J. Histoire et récit. In: BALDNER, J.-M. *et al. L'Histoire entre épistémologie et demande sociale*. Toulouse, Versailles: IUFM Créteil, 1994.

REBÉRIOUX, M. Le débat de 1903: Historiens et Sociologues. In: CARBONELL, C.; OLIVET, G. Au berceau des Annales, Le millieu strasbourgeois, l'histoire en France au début du XX ième siècle. *Actes du Colloque de Strasbourg*, 1979. p. 219-230.

RECHERCHE HISTORIQUE EN FRANCE DE 1940 À 1965 (La). Paris: Comité français des sciences historiques, Éd. du CNRS, 1965.

RECHERCHE HISTORIQUE EN FRANCE DEPUIS 1965 (La). Paris: Comité français des sciences historiques, Éd. du CNRS, 1980.

REMOND, R. (Dir.). *Pour une histoire politique*. Paris: Éd. du Seuil, 1988.

REVEL, J. Les paradigmes des Annales. *Annales ESC*, nov./dez. 1979.

RICŒUR, P. *La Métaphore vive*. Paris: Éd. du Seuil, 1975.

RICŒUR, P. Expliquer et comprendre. Sur quelques connexions remarquables entre la théorie du texte, la théorie de l'action et la théorie de l'histoire. *Revue philosophique de Louvain*, t. 75, fev. 1977.

RICŒUR, P. *La Mémoire, l'histoire, l'oubli*. Paris: Éd. du Seuil, 2000.

RICŒUR, P. *Temps et Récit*. Paris: Éd du Seuil, 1983, 1984 e 1985.

RIOUX, J.-P.; SIRINELLI, J.-F. (Ed.). *Pour une histoire culturelle*. Paris: Éd. du Seuil, 1996.

ROBERT, J.-L. *Les Ouvriers, la Patrie et la Révolution, Paris 1914-1919*. Besançon: Annales littéraires de l'université de Besançon, n. 592, 1995.

ROCHE, D. *Le Peuple de Paris. Essai sur la culture populaire au XVIIIᵉ siècle*. Paris: Aubier-Montaigne, 1981.

ROSENTHAL, P.-A. Métaphore et stratégie épistémologique: La Méditerranée de Fernand Braudel. In: MILO, D. S.; BOUREAU, A. 1991.

ROUSSO, H. *La Hantise du passé*. Paris: Textuel, 1998.

RUANO-BORBALAN, J.-C. (Ed.). *L'Histoire aujourd'hui*. Auxerre: Sciences humaines éditions, 1999.

SADOUN-LAUTIER, N. *Histoire apprise, histoire appropriée. Éléments pour une didactique de l'histoire*. Tese apresentada na EHESS (sob a orientação de S. Jodelet), 1992.

SAMARAN, C. *L'Histoire et ses méthodes*. Paris: Gallimard, 1973. (Encyclopédie de la Pléiade). (1. ed. 1961).

SEE, H. *Science et philosophie de l'histoire*. Paris: F. Alcan, 1933.

SEIGNOBOS, C. *Études de politique et d'histoire*. Paris: PUF, 1934.

SEIGNOBOS, C. *Histoire politique de l'Europe contemporaine. Évolution des partis et des formes politiques 1814-1896*. Paris: Armand Colin, 1897.

SEIGNOBOS, C. *Histoire sincère de la nation française. Essai d'une histoire de l'évolution du peuple français*. Paris: Rieder, 1933.

SEIGNOBOS, C. L'enseignement de l'histoire comme instrument d'éducation politique. In: *Conférences du Musée pédagogique*. Paris: Imprimerie nationale, 1907.

SEIGNOBOS, C. L'enseignement de l'histoire dans les facultés. *Revue internationale de l'enseignement*, I, 15 out. 1883, p. 1076–1088; II, 15 jul. 1884, p. 35–60; III, 15 ago. 1884.

SEIGNOBOS, C. L'enseignement de l'histoire dans les universités allemandes. *Revue internationale de l'enseignement*, 15 jun. 1881.

SEIGNOBOS, C. *L'Histoire dans l'enseignement secondaire*. Paris: Armand Colin, 1906.

SEIGNOBOS, C. *La Méthode historique appliquée aux sciences sociales*. Paris: F. Alcan, 1901.

SIMIAND, F. Méthode historique et Science sociale. *Revue de synthèse historique*, 1903, retomado in Annales ESC, 1960.

SIRINELLI, Jean-François. *Génération intellectuelle. Khâgneux et Normaliens dans l'entre-deux-guerres*. Paris: Fayard, 1988.

STOIANOVICH, T. *French Historical Method. The* Annales *Paradigm*. Ithaca: Cornell University Press, 1976.

STONE, L. Retour au récit ou réflexions sur une nouvelle vieille histoire. *Le Débat*, n. 4, 1980.

TEMPS RÉFLÉCHI (Le). L'histoire au risque des historiens. Espaces Temps, *Les Cahiers*, Paris, n. 59-61, 1995.

TUTIAUX-GUILLON, N.; MOUSSEAU, M.-J. *Les Jeunes et l'Histoire: identités, valeurs, conscience historique: enquête européenne "Youth and history"*. Paris: INRP, 1998.

VENDRYES, P. *De la probabilité en histoire*. Paris: Albin Michel, 1952.

VENDRYES, P. *Déterminisme et Autonomie*. Paris: Armand Colin, 1956.

VEYNE, P. *Comment on écrit l'histoire*. Paris: Éd. du Seuil, 1971.

VEYNE, P. *L'Inventaire des différences. Leçon inaugurale au Collège de France*. Paris: Éd. du Seuil, 1976.

VIDAL-NAQUET, P. *Le Trait empoisonné: réflexions sur l'affaire Jean Moulin*. Paris: La Découverte, 1993.

VILAR, P. Réflexions sur la crise de l'ancien type. In: BRAUDEL, F. *et al.* (Eds.). *Conjoncture économique, structures sociales. Hommage à Ernest Labrousse*. Paris: The Hague, 1974.

VILAR, P. *Une histoire en construction. Approche marxiste et problématiques conjoncturelles*. Paris: Hautes Études-Gallimard-Éd. du Seuil, 1982.

VOVELLE, M. *Piété baroque et Déchristianisation en Provence au XVIIIe siècle. Les attitudes devant la mort d'après les clauses des testaments*. Paris: Plon, 1973.

WEBER, M. *Essais sur la théorie de la science*. Tradução do alemão para o francês e Introdução de Julien Freund. Paris: Plon, 1965.

WHITE, H. *Metahistory. The Historical Imagination in Nineteenth-Century Europe*. Baltimore-Londres: The John Hopkins University Press, 1973.

WIEVIORKA, A. *L'Ère du témoin*. Paris: Plon, 1998.

# Lista dos textos em destaque

1.–Victor Duruy:Algumas questões de seu programa............................. 20

2.– Pierre Bourdieu:A organização do campo histórico....................... 47

3.– Marc Bloch:Elogio das notas de rodapé........................................ 55

4.– Charles Seignobos:A crítica não é natural...................................... 62

5. – Charles Seignobos: Os fatos históricos só existem por sua posição
relativamente a um observador........................................................ 65

6. – Paul Lacombe: A impossibilidade de fazer qualquer observação
sem partir de uma hipótese............................................................. 71

7.– Robin G. Collingwood: Questionar do ponto de vista histórico............... 76

8.– Lucien Febvre:Tudo pode ser documento..................................... 77

9.– Robin G. Collingwood: Qualquer coisa pode tornar-se fonte.................. 79

10.– Henri-I. Marrou: Elucidar as razões de sua curiosidade................. 91

11.– Jules Michelet: Fui criado por meu livro...................................... 91

12.– Claude Lévi-Strauss: Não há história sem datas........................... 95

13.– Reinhart Koselleck: Profecia e prognóstico..................................105

14.– Marc Bloch: Cada fenômeno tem sua própria periodização........................110

15.– Fernand Braudel: Os três tempos................................................112

16.– Reinhart Koselleck:Dois níveis entre conceitos...........................116

17.– Max Weber: O tipo ideal é um quadro de pensamento...................122

18.– Pierre Bourdieu: Servir-se dos conceitos com pinças históricas.................129

19.– Lucien Febvre: Os homens, únicos objetos da história...................135

20.– Marc Bloch: O historiador, como o bicho-papão da lenda..............136

21.– Lucien Febvre:"Viver a história"................................................137

## Lista dos textos em destaque

22. – Antoine Cournot: A partida de xadrez como símbolo da história............141

23. – Wilhelm Dilthey: Experiência vivida e realidade...........................142

24. – Henri-I. Marrou: A história como escuta..............................147

25. – Henri-I. Marrou: A compreensão como amizade no âmbito da história 148

26. – Robin G. Collingwood: Só existe história de coisas pensadas....................151

27. – Robin G. Collingwood: Autoconhecimento e conhecimento da diversidade das questões humanas................................152

28. – Charles Seignobos: Somos obrigados a imaginar...........................153

29. – Paul Lacombe: Do contingente ao determinado............................157

30. – Paul Lacombe: A experiência imaginária ao fazer história...................160

31. – Raymond Aron: Ponderar as causas.................................161

32. – Paul Ricœur: Respeitar a incerteza do acontecimento.....................165

33. – Henri-I. Marrou: A teoria precede a história...............................168

34. – Charles Seignobos: Evitar o estudo da dança sem a música.........................170

35. – Émile Durkheim: O método comparativo..............................174

36. – François Guizot: A classe burguesa e a luta de classes.....................191

37. – Karl Marx: Não inventei as classes, nem a luta de classes..................201

38. – François Dosse: O novo discurso histórico...............................206

39. – Paul Veyne: A história é uma narrativa de acontecimentos verdadeiros 221

40. – Hayden White: A prefiguração prévia..................................232

41. – Krzysztof Pomian: A narração histórica...............................235

42. – Michel de Certeau: Um discurso didático.............................240

43. – Michel de Certeau: A história como saber do outro.....................242

44. – Jacques Rancière: Uma narrativa no sistema do discurso..................246

45. – Jacques Rancière: Saber qual literatura que se faz.....................248

46. – Charles Seignobos: Por que se deve ensinar história?....................264

47. – Pierre Nora: Memória e história.................................267

48. – Lucien Febvre: História, esquecimento, vida e morte...................268

49. – Carl Becker: A fala do historiador é a de Todo-o-Mundo..................271

Este livro foi composto com tipografia Bembo e impresso em papel Off-White 70 g/m² na Formato Artes Gráficas.